黑龙江省级新文科研究与改革实践项目（2021HLJXWY054），
农业高校公共管理与法学类专业政产学研协同育人机制创新与实践；

黑龙江省高等教育教学改革项目（SJGZ20220045），新发展理念
下的土地类专业实践教学体系创新研究

思想政治教育研究文库

课程思政：
基于公共管理类专业的实践

杜国明　主编

光明日报出版社

图书在版编目（CIP）数据

课程思政：基于公共管理类专业的实践 / 杜国明主编. --北京：光明日报出版社，2023.10

ISBN 978 - 7 - 5194 - 7509 - 3

Ⅰ.①课… Ⅱ.①杜… Ⅲ.①高等学校—思想政治教育—教学研究—中国 Ⅳ.①G641

中国国家版本馆 CIP 数据核字（2023）第 185196 号

课程思政：基于公共管理类专业的实践

KECHENG SIZHENG：JIYU GONGGONG GUANLILEI ZHUANYE DE SHIJIAN

主　　编：杜国明

责任编辑：李　倩　　　　　　　责任校对：李壬杰　董小花

封面设计：中联华文　　　　　　责任印制：曹　净

出版发行：光明日报出版社

地　　址：北京市西城区永安路 106 号，100050

电　　话：010-63169890（咨询），010-63131930（邮购）

传　　真：010-63131930

网　　址：http：//book. gmw. cn

E - mail：gmrbcbs@ gmw. cn

法律顾问：北京市兰台律师事务所龚柳方律师

印　　刷：三河市华东印刷有限公司

装　　订：三河市华东印刷有限公司

本书如有破损、缺页、装订错误，请与本社联系调换，电话：010-63131930

开　　本：170mm×240mm

字　　数：287 千字　　　　　　印　　张：16

版　　次：2024 年 3 月第 1 版　　印　　次：2024 年 3 月第 1 次印刷

书　　号：ISBN 978 - 7 - 5194 - 7509 - 3

定　　价：95. 00 元

编　委　会

主　编：杜国明

副主编：吕　武　张　娜

成　员：程　镝　何宏莲　聂婴智　杭艳红

　　　　徐嘉辉　刘美丹　刘　骥

目　录
CONTENTS

第一章 立德树人的理论与践行

当前，我国正处于"两个一百年"奋斗目标的历史交汇期，也是全面建成小康社会后"十四五"规划发展的关键时期。为实现 2035 年教育现代化的奋斗目标，我们必须迎接挑战，以习近平新时代中国特色社会主义思想为指导，全面贯彻党的二十大精神，全面落实习近平总书记关于教育的重要论述和全国教育大会精神，以立德树人为根本，以报国强国为己任，以强化治理为关键，牢记高等教育的历史使命与责任担当，加强对科学知识的传播和卓越人才的培养，推动并积极发挥高等教育在中华民族伟大复兴历史进程中坚强的支撑作用。2018 年 9 月 10 日，习近平总书记在全国教育大会上强调："我们围绕培养什么人、怎样培养人、为谁培养人这一根本问题，全面加强党对教育工作的领导，坚持立德树人，加强学校思想政治工作。"立德树人思想为我国教育事业的发展提供了理论依据，为具体的思想政治教育工作指明了发展方向，推动高校课程思政建设把握历史契机，确立发展坐标，输入发展动能，走上时代前列。

第一节 立德树人思想的理论渊源

一、马克思主义人学理论是理论基础

马克思人学理论是研究人的存在、本质及其发展规律的科学，其出发点是人，而习近平总书记关于立德树人的思想也是将人作为出发点和落脚点，从一定程度上来说是对马克思主义人学理论的创新与发展。主要体现在以下三个方面：首先，马克思认为需要是人的本性，立德树人的思想的提出就是为了满足人的成长需要。因此，从人的需要这方面来看，立德树人的思想是对马克思人学理论的发展。其次，马克思强调人的价值实现，并且认为人的价值表现在社会关系中并通过人的各种实践活动表现出来。而立德树人的思想是教育青少年

学生在实现社会价值的过程中更好地实现人生价值。最后，马克思人学理论的核心就是要实现人的全面而自由的发展，而立德树人的思想同其发展目标是一致的，是关于希望将学生培养成德才兼备、全面发展的人才的思想理论。综上，马克思主义的人学理论为习近平总书记关于立德树人的思想提供了理论基础，习近平总书记关于立德树人的思想是对马克思主义人学理论的创新与发展。

二、我国优秀传统德育思想是文化来源

我国德育教育的历史源远流长，不管是被视为《大学》之纲领的"大学之道，在明明德、在亲民、在止于至善"，还是《大学》的核心思想"修身、齐家、治国、平天下"，都将个人德行的培育放在了教育和实现理想的首位。此外，我国传统文化中还有"立德、立功、立言"三不朽的说法，也将"立德"放在了第一位。可见，"德"的首要作用是得到普遍认同的。《资治通鉴》有云："才者，德之资也；德者，才之帅也。"表明立德是树人的前提和基础。青少年时期是世界观、人生观、价值观定型的黄金时期，接受正确的德育思想洗礼是非常重要的。在新时代条件下，习近平总书记继承和发展了我国优秀传统德育思想，形成了立德树人这一符合新时代发展要求的教育思想。如今，中国特色社会主义进入新时代，党的历史使命和目标任务也被赋予了新的时代内涵，理想信念显得尤其重要。关于立德树人的思想有利于激励和引导大学生继承和发扬中华优秀传统文化，树立共产主义远大理想和中国特色社会主义共同理想，坚定为实现中华民族伟大复兴的中国梦而奋斗的理想信念。此外，在长期的历史发展过程中，中华民族形成了一系列宝贵的精神财富，这些精神财富是中华民族发展的不竭精神动力。立德树人的思想就要求学习这些伟大的精神，发扬中华民族的优秀传统文化，使优秀的中国精神可以生生不息，发扬光大。习近平总书记十分重视对中国优秀传统道德文化的吸收，并且善于将其与新时代我国发展的特点结合起来，赋予思政教育新的内容，形成符合时代发展要求的德育思想。

三、新中国成立后党的历代领导人的德育思想是现实基础

德育是我国思想政治教育的重要内容。新中国成立以来，党的历代领导人都将"培养怎样的人，怎样培养人"这个问题放在非常重要的地位并给予高度重视，并且结合时代特点形成了一系列符合当时社会发展要求的德育思想，为我国德育思想体系的形成和丰富做出了巨大贡献。毛泽东提出："我们的教育方针，应该使受教育者在德育、智育、体育几方面都得到发展，成为有社会主义

觉悟的有文化的劳动者。"① 到了邓小平时代，他提出培养有理想、有道德、有文化、有纪律的社会主义新人。"理想就是社会主义现代化。很多人只讲现代化，忘了我们讲的现代化是社会主义现代化。"② 江泽民则强调，德育教育的中心内容是加强四项基本原则教育，要求学校重视德育，建立完善的教育体系和理论体系。胡锦涛则提出"学校教育、育人为本，德智体美、德育为先"的教育理念，要求培养德智体美全面发展的社会主义建设者和接班人。党的历代领导人由于所处时代不同，对德育的认识和思考也有所不同，从强调政治教育，到突出理想信念，再到重视德育、德育为先，他们教育理念和价值传承为习近平总书记关于立德树人的思想提供了丰富的现实基础。习近平总书记关于立德树人思想的形成和发展离不开党历代领导人的德育思想观点，其形成是在前人所提出的德育内容的基础上，对党历代领导人德育思想的承继和发展，并结合时代特点进行创新发展的结果，不仅进一步丰富了我国德育思想的内容，而且对我国思想政治教育立德树人的工作构建了新的蓝图，指明了新的方向，提出了新的要求，是新时代关于我国思想政治教育立德树人工作的创造性理论成果。

第二节　立德树人思想的主要内容

一、从"立德"的角度理解立德树人的主要内容

"立德"，主要包括教师和学生两个主体。其中，学生主体是立德树人任务的重点。从教师的角度来看，应该深刻认识到"德"的作用，并积极引导、培养青少年学生成为一个有"德"公民，在全社会形成一种崇德向善的氛围。从学生的角度来看，就是要主动并自觉运用社会主义核心价值观浇灌心田，将其作为一种行动指导，切实地转化为实践活动。大学阶段是品德养成的重要时期，对于塑造品德和坚定信念，应当从如下几个方面具体把握：

1. 四德并举

2001 年 9 月 20 日，中共中央印发《公民道德建设实施纲要》，从社会生活、职业生活、家庭生活三个层面，将"德"具体划分为社会公德、职业道德、家庭美德，并将此作为公民道德建设的着力点。2019 年 10 月颁布的《新时代公民

---

① 毛泽东．毛泽东文集：第 7 卷 [M]．北京：人民出版社，1999：226.
② 邓小平．邓小平文选：第 3 卷 [M]．北京：人民出版社，1993：209.

道德建设实施纲要》顺应了我国社会主义新时代的新特点，在延续《公民道德建设实施纲要》实施以来我国公民道德建设取得的成就的基础上，增加了个人品德这一新的着力点，完善、深化了我国公民道德建设的战略部署。社会公德、职业道德、家庭美德和个人品德这"四德"是道德在不同领域的具体化："社会公德适用于社会交往和公共生活中，涵盖了人与人、人与社会、人与自然的关系；职业道德适用于职业活动中，涵盖了从业人员与服务对象、职业与职工、职业与职业之间的关系；家庭美德适用于家庭生活中，涵盖了夫妻、长幼、邻里之间的关系；个人品德是私德，是个人在生活中'独善其身'良好的道德修养。"古人所倡导的"修身、齐家、治国、平天下"就充分揭示了"四德"的序位和彼此之间的相互关系。一个人只有在日常生活的每一件小事中以较高的道德标准来要求自己，具备优良品德修养，才能够在社会交往中文明礼貌、乐于助人；在职业生活中遵守职业准则、爱岗敬业、诚信友善；在家庭生活中家庭美满、邻里和睦。反之，如果一个人个人品德败坏，就很难要求他在其他生活领域有较好的道德表现。因此，在社会主义公民道德建设体系中，必须重视个人品德的建设，做到"四德并举"，这是加强社会主义道德建设的必然要求，也是立德树人思想的题中应有之义。

2. 弘扬中华传统美德

中华传统美德源自古代德育思想，是最具有现实价值的传统精髓，是经过几千年历史洗礼后留下的智慧结晶。习近平总书记指出："中华传统美德是中华文化精髓，蕴含着丰富的思想道德资源。"[1] 长期以来，中华优秀美德都是规范、引导人们实践行为和精神追求的道德准则，同时又在实践中不断被继承并丰富发展，历久弥新。有学者在众多中华优秀传统美德的基础上，总结中华传统美德的六大精髓为：责任、理想、忠恕、知耻、气节、守礼。

中国传统文化认为人是社会性群居动物，因而强调责任，对中国人而言，尽责是本分。随着人在社会关系中所扮演身份角色的转换，其具体职责各不相同：在家庭中，应行的是夫妻之道，尽父母子女之责；在社会中，应尽到一位公民的基本责任义务，爱护公物、维护社会秩序；在职场中，应尽的是恪尽职守、爱岗敬业之责。"精忠报国、克己奉公"的爱国主义情怀和集体利益至上的担当是责任崇高而神圣的升华[2]。"人无志不立"，胸怀远大理想与志气，并为

---

① 习近平. 习近平谈治国理政 [M]. 北京：外文出版社，2014：170.
② 沈跃珊. 寓大学生传统美德教育于中国传统节日之中 [J]. 牡丹江大学学报，2021，30（04）：76-80.

之不懈努力奋斗是每个中华儿女的精神本色①。"忠恕"之道，系儒家所推崇的"仁"学的缩影和道德规范，也就是人们常言的将心比心，推己及人②。在我们与疫情斗争的过程中，来自五湖四海的医护"大白"则是忠恕之道在当今社会的集中体现。《礼记·中庸》中有"知耻近乎勇"的记载，时刻审视自己的行为，常怀羞耻之心，明辨是非、善恶、丑美，取舍有度，正直做人③。"气节者，民族魂也"，中华民族自古以来就十分推崇气节。陶渊明"不为五斗米折腰"的高洁，文天祥"时穷节乃见，一一垂丹青"的浩然正气，鲁迅"横眉冷对千夫指，俯首甘为孺子牛"的爱憎分明都是气节的生动体现。"守礼"寓意遵守礼制，"礼"是人际关系中以求得和谐的一种礼仪规范和行为要求，中华民族自古以来是礼仪之邦，追求人与人之间仁爱友善的氛围。

中华优秀传统美德涵盖了人与国家、人与人、人与自身关系等各个方面的内容，明确了在国家、社会和个人等不同层面应当具备的美德和价值追求，是习近平立德树人思想的重要内涵，与社会主义核心价值观在国家层面、社会层面和个人层面的追求是相一致、相吻合的。正是对中华传统美德的吸收和发展，才使得立德树人的思想具有历史发展脉络中的传承和一以贯之的坚守，继承传统美德中的精髓并将之发扬光大，是立德树人思想得到大众认同并成为当今教育发展指导思想和基本理念的重要因素。

3. 强化社会主义核心价值观之德

社会主义核心价值观是社会主义核心价值体系的内核。党的十八大以来，社会主义核心价值观备受重视，在党的各项重要工作会议上被多次提及，成为高频词汇。在2014年召开的北京大学师生座谈会上，习近平总书记提出"核心价值观承载着一个民族一个国家的精神追求，体现着一个社会评判是非曲直的价值标准"。2017年，习近平总书记在十九大报告中指出，要把社会主义核心价值观融入社会发展各方面，转化为人们的情感认同和行为习惯。从"德育"的角度看，社会主义核心价值观对人们精神境界和价值追求的提升起着基础性和关键性的作用④。社会主义核心价值观是新时代"德"的科学内涵，是习近平

---

① 郭凤旗. 努力做有志向有情怀有担当的新时代青年［J］. 秘书工作，2021（11）：59-60.

② 姚莺歌，翟奎凤.《大学》"絜矩之道"思想的历史诠释与现代价值——以朱子为中心的讨论［J］. 东岳论丛，2020，41（09）：136-145.

③ 姚莺歌，翟奎凤.《大学》"絜矩之道"思想的历史诠释与现代价值——以朱子为中心的讨论［J］. 东岳论丛，2020，41（09）：136-145.

④ 李建华，张响娜. 如何把社会主义核心价值观转化为行为习惯［J］. 理论视野，2019（05）：18-24.

立德树人思想内涵的关键。

社会主义核心价值观由二十四个字组成：富强、民主、文明、和谐；自由、平等、公正、法治；爱国、敬业、诚信、友善。这二十四个字四词一组，依次体现了在国家、社会、个人三个不同层面的目标追求。其中，国家层面的核心价值观是我国建设社会主义现代化国家的目标，也是我国人民对实现中华民族伟大复兴的殷切期盼，在整个价值观当中处于统领地位；社会层面的核心价值观反映了社会主义社会的基本属性，表达了人们对美好社会生活的向往，也是我们党长期践行的价值理念；个人层面的核心价值观涵盖了公民道德行为的各个领域，是系统性、全面性的道德准则和规范。社会主义核心价值观的这三个层面不是割裂的，而是相互联系、相互作用的统一体。国无德不兴，人无德不立，任何国家、社会和个人都必须要树立德业①。培育和践行社会主义核心价值观之德，有利于我们在世界道德园地中运用"中国智慧"，做好"中国榜样"，传达"中国价值"，凝聚"中国力量"，全面提升公民素质，提高社会价值的认同感，增强国家文化软实力，巩固全民族团结奋斗的共同思想基础。

二、从"树人"角度理解立德树人的主要内容

"树人"就是要以"促进人的全面发展"为出发点，以"着力培养造就中国特色社会主义事业合格建设者和接班人"为落脚点，将社会主义道德规范和社会主义核心价值观贯穿到"树人"实践的全过程，并用"德"强化心灵，巩固信念，指导实践。立德树人旨在为新时代国家和社会发展培养又红又专、德才兼备、全面发展的中国特色社会主义合格建设者和可靠接班人。

1. 树"又红又专"之人

"又红又专"是毛泽东同志在中共八届三中全会上发表讲话提出来的。"红"，即树立无产阶级世界观；"专"，即掌握专业知识和专门技术。"红"在前"专"在后，要求我们必须首先摆正政治方向，具有良好的政治素养，为我们所掌握的专业知识做好指向，才能更好地发挥过硬本领，为现代化建设添砖加瓦。"红"和"专"犹如车之两轮，一个代表着政治素养，一个象征着业务能力素养，只有同时具备这两种素质，才能成长为社会主义合格的建设者和可靠的接班人，只有这两个素质均衡发展，才能在社会主义大道上齐头并驱、奋力驰骋。从哲学上来看，"红"和"专"是一对矛盾，二者相互对立，又相互

---

① 陈延斌，田旭明. 明确"核心价值观是一种德"的现实意义 [N]. 光明日报，2014-11-19.

统一，"红"是关键，处于统治地位，毛泽东同志说"政治是第一位的，必须反对不问政治的倾向"①。没有正确政治方向的人是危险的，青年干部如果淡化政治，甚至不讲政治，不能在政治上保持清醒，那么就容易在日益复杂的斗争中迷失方向，就不可能成长为社会主义事业的合格接班人。当然，我们也不可忽视"专"的作用。如果大学生空有一腔政治抱负，而缺乏扎实过硬的本领，自身是很难得到发展的，又何谈为国家做贡献呢？因此，立德树人思想要求教育出的人才，是既具有良好政治素养、坚定中国特色社会主义方向、坚持中国共产党的领导，又努力汲取知识、掌握过硬本领、促进社会主义事业发展的人才。

2. 树"德才兼备"之人

司马光在《资治通鉴》中就曾写过有关"德""才"的论断，"是故才德全尽谓之圣人，才德兼亡谓之愚人，德胜才谓之君子，才胜德谓之小人"。当今社会也有"有德有才，提拔重用；有德无才，培养使用；有才无德，限制录用；无德无才，坚决不用"的用人论。可见，我国从古至今都是偏向于重用德才兼备之人。现阶段，我国正处于用人之际，无德无才的愚人难以为社会发展做出贡献，有才无德的小人是需要我们提防的边缘人物，有德无才的平庸之辈，受个人能力的限制，很难指望他创造出多大的价值，而只有德才兼备的人，才能成为我们新时代中国特色社会主义事业合格的建设者和可靠的接班人。古人云，"君子以厚德载物"，"德"指的就是人的思想修为、道德素质，是一个人世界观、价值观和人生观的外化，如诚实守信、团结合作等。曾有人云："人才是什么？就是我交代一件事情，做好了，再交代一件事情，又做好了。"② 可见，"才"侧重的是个人能力，这个能力应该包括专业知识、逻辑能力、创新能力、应变能力等。但是人无完人，不可能要求每个人都成为德才兼备之人，当"德"之熊掌，"才"之鱼不可兼得的时候，就要依照"德才兼备，以德为先"的原则。这是因为人的学识和能力是可以后期培养的，但是一个人的德行一旦形成了，难以重新塑造，正所谓"江山易改，本性难移"。因此，"德"是社会主义人才所必须具备的品质。那么，新时代的"德"具体包含哪些呢？根据习近平总书记关于立德树人思想的内涵，它应该包括社会公德、职业道德、家庭美德和个人品德，除此之外，第五种"德"之政治品德也必须具备。良好的政治素养，优秀的政治品德，是人才朝正确方向迈进的关键。德才兼备，德为方向才

① 欧阳雪梅. 毛泽东"又红又专"思想的提出及影响［J］. 毛泽东研究，2015（04）：45-51.

② 高巍翔. 全面建设社会主义时期党的思想政治教育研究（1956—1966）［D］. 武汉：武汉大学，2015.

为辅助，德是才的火车头，才是德的燃料桶，德与才相辅相成，才能达到"树人"的目标。

3. 树"全面发展"之人

实现人的全面发展是马克思主义的终极价值取向，也是现代化教育和培养人才的最终目标①。马克思把人的能力的全面发展视为人的全面发展的核心。他曾指出，"任何人的职责、使命、任务就是全面发展自己的一切能力，其中也包括思维能力"②。因此，人的全面发展应该包括两个方面的内容：一是人的智力和体力得到全面、和谐的开发；二是人的道德素养方面得到较大提升。毛泽东同志在1957年提出的德育、智育、体育全面发展的教育方针，奠定了我国以德启智，培养全面发展之人的理论基石。习近平总书记多次强调教育的目的是为社会主义现代化建设培育高质量人才，全面发展是衡量高质量人才的一个重要标准。但必须指出，这里的"全面"并不是僵化的、绝对的，而是一种理想追求，旨在追求人的多方面、多层次的和谐发展，不求样样精通，但不应在某一方面存在严重短板，而是要尽量补齐短板，达到一个相对均衡的发展状态。马克思关于人的全面发展思想是实施素质教育的基本理论依据，素质教育应该以人的全面发展为指导，改变传统单调的平面化的教育模式，更新教育理念，满足个体的教育需求，才能实现人真正意义上的全面发展。促进人的全面发展离不开主客观两方面的协同合作，个人要有做全面发展之人的内在自觉性，学习进步的主动性，结合自身情况设立目标，及时查漏补缺，不断突破自己。客观上，生产力始终是社会发展的最终决定力量，整体社会不断地进步和发展，外在环境的刺激可以为人的全面发展提供助力。

第三节　立德树人思想在课程思政建设中发挥的作用

古言云："其身正，不令而行；其身不正，虽令不从。"从立德树人的角度剖析了立德树人德是前提和根本，只有先立正德，才能树好人。这为高校课程思政的建设提供了思路，指明了发展方向，确立了使命。

课程思政作为落实立德树人根本任务的重要策略，不仅是我国大学教育本

---

① 李璞玉. 试论中国化马克思主义的人的全面发展理论 [J]. 马克思主义与现实，2008（1）：204-206.

② 付子堂. 马克思主义法学理论的中国实践与发展研究 [M]. 北京：中国人民大学出版社，2020：144.

质特征的体现，也对在多元思潮激烈碰撞、意识形态领域争斗日益严峻的复杂环境中，推进我国现代化事业，早日实现中国梦，具有非常重要的功能性价值。因此，我们必须要以立德树人这一根本任务作为课程思政建设的发展方向、设计蓝图和教育使命，丰富和践行立德树人思想的内涵。

一、立德树人思想为课程思政建设指明方向

高校课程思政建设作为我国高校近年来开展的一项特色工作，是"铸魂育人"工作的创新环节，其教学目的就是充分发挥课程育人的作用，塑造和提升大学生的政治思维和道德素养，为我国社会主义建设事业培养合格的建设者和接班人。习近平总书记在 2013 年同各界优秀青年代表座谈时就曾提到，"青年一代有理想、有担当，国家就有前途，民族就有希望"。2020 年 3 月 15 日给北京大学援鄂医疗队全体"90 后"党员的回信中，这句话被再次提及。由此可见，中国梦的实现寄托在青年一代的身上，其实也表现了其立德树人思想的具体化，为我国立德树人教育工作指明了努力的方向和目标，不仅有利于大学生认识到责任与担当，而且可以推进思想工作的顺利开展，使立德树人思想更加切实地落实到实际工作中，避免了空洞化的风险。立德树人思想是基于实现我国千秋伟业对人才迫切需求背景下提出来的。这就要求我们必须旗帜鲜明、毫不含糊地坚持党对课程思政建设工作的领导，把好方向盘，坚持社会主义大学的办学方向，搞好课程思政建设，强化专业课程，贯彻思政影响，落实好立德树人根本任务，最终实现党的教育让人民受益，让中国特色社会主义制度受益，让我国社会主义事业受益的根本目的。

二、立德树人思想为课程思政建设提供思路

"思想政治理论课是落实立德树人根本任务的关键课程。"① 也就是说，课堂是传播立德树人思想的载体，反过来，立德树人思想可以为课堂建设的良性发展提供思路。立德树人思想不仅具有十分丰富的内涵，而且还有深厚的文化底蕴和强大的内在自信。立德树人思想的内涵包括了加强理想信念教育、加强社会主义核心价值观教育、弘扬中国优秀传统文化教育等各个方面。这要求我们课程思政建设不仅要做到专业知识的传输，更要加强对学生理想信念的教育，引导学生树立远大理想，自觉将个人的价值追求融入祖国的命运中，担负起实

① 习近平．习近平主持召开学校思想政治理论课教师座谈会［N］．人民日报，2019-03-19.

现中华民族伟大复兴中国梦的历史重任。在我国优秀传统文化的弘扬和传承方面加大力度，增强文化认同感和文化自信，让优秀传统文化的精神基因深深植入学生的骨髓。课程思政建设应符合时代发展的要求，在保证学生专业能力符合社会要求的同时，实现根本性的立德树人工作的顺利完成。立德树人的思想是基于马克思主义人学理论的继承和创新，来源于我国悠久的优秀德育思想历史，离不开新中国成立后党的历代领导人关于德育思想论述的基础。由此，我们的课程思政建设必须毫不动摇地坚持马克思主义指导的地位，坚持党对课程思政建设的领导，坚定社会主义办学方向，扎根我国德育理论与实践，完善专业课学科体系，引发学生的思考和共鸣，使学生形成坚定的政治思维和思想认识，为学生筑起一道精神屏障，在成为术业有专攻的精英之时，同样坚定马克思主义理想信念。

三、立德树人思想明确了课程思政建设的使命

我国已进入社会主义新时期，教育目标也随之提出了新的时代要求。党的十八大报告提出：坚持为社会主义现代化建设服务、为人民服务，把立德树人作为教育的根本任务，培养德智体美全面发展的社会主义建设者和接班人。这一重要论述明确把立德树人写进了我国的教育方针，进一步明确了我国高校课程思政建设的使命。立德树人是学校教育的根本任务，贯彻落实立德树人是党领导的中国特色社会主义高等教育的立身之本，也是高等教育内涵式发展的核心①。立德树人思想围绕"立什么德，树什么人，为谁立德树人，如何立德树人"展开的关于我国德育教育思想的科学学说，对它的研究和解读是课程思政建设中不可回避的重要课题，立德树人也是课程思政建设的价值追求。而课程思政作为学生接受思想政治理论教育的创新渠道，是回答高校"培养什么人、为谁培养人、如何培养人"这一根本问题的重要环节，其初心是宣扬马克思主义思想，巩固马克思主义在意识形态领域的指导地位，增强学生对中国特色社会主义道路、理论、制度、文化的自信心和自豪感，引导学生树立远大理想，将个人价值的实现与国家的前途命运联系在一起，提高学生政治素养、思想道德素质以及文化素养，培养学生规则意识和纪律观念。课程思政的"思政"要素，决定了它必须坚持将立德树人贯穿教育始终，课程思政建设要紧紧扣住立德树人这个中心点，不断探索提高人才培养的具有针对性和实效性的实现路径，

---

① 田志伟，赵常兴. 新时代高校思政教育中落实立德树人的必要性及其实践路径［J］. 实事求是，2018（05）：59-64.

切实肩负起为党、国家和人民培养有理想、有道德、有文化、有纪律的社会主义新人的历史使命。

第四节　立德树人思想在课程思政建设中的落实

在 2016 年 12 月召开的有关思想政治教育的工作会议上，习近平总书记强调，"必须坚持把立德树人作为高校工作的中心环节，贯穿思想政治教育与教学的全过程，实现全程育人、全方位育人，最终实现我国高等教育事业的新局面"。这要求课程思政建设过程中必须全面贯彻党的教育方针，坚持改革创新，坚持德育优先、育人为本的教学理念，还要深入挖掘整合各种零散的、隐形的教育资源，丰富教学形式和内容，将立德树人的要求贯通到课程思政各门课程中去，全方位无死角地落实"立德树人"根本任务。

在新时代，立德树人是课程思政的根本任务永恒不变，其内涵和时代要求是与时俱进的。这决定了课程思政建设永远在路上，高校课程思政建设要紧紧围绕教学大纲的设计，推进课程思政教学内容的改革创新、教学方法的革新等方面，提出具有针对性的落实策略，以取得课程思政建设的良性发展，落实立德树人的任务目标。

一、将立德树人思想融入教学大纲的设计上

我国多年的专业课教育基本模式对学生专业理论知识方面的培养是举世瞩目的，但思政教育虽然被党提升到重要高度，却在与专业课的结合上稍欠火候。2019 年 8 月，由中共中央办公厅、国务院办公厅联合印发实施的《关于深化新时代学校思想政治理论课改革创新的若干意见》对深化课程思政建设创新提出了新的时代要求和基本遵循。鉴于我国目前对高素质人才的迫切需求和课程思政建设的必然性，将立德树人思想融入专业课教学大纲的设计中十分必要。以马克思主义为指导，坚持社会主义方向，将专业知识与社会主义核心价值观融会贯通，在传授知识的同时，润物细无声地滋养学生的道德品质，发挥显性教育和隐性教育的合力作用，引导学生树立正确的政治观念和价值取向。用社会主义核心价值观的"富强"，引发学生关于科技强国的思考；"爱国"激起学生的爱国爱民情怀和国家安全观意识；"敬业"要求学生刻苦钻研，努力创新，提高科研能力；"诚信"要求学生心里竖起一杆道德的秤，做一个诚实守信的公民。实现课程思政与专业课程携手同向同行，形成相互支撑的学科体系。在大

纲的每个章节和课时的设计中，结合专业知识点，寻找立德树人思想的切入点，有计划、有步骤地将课程思政总体目标加以落实。

二、推进课程思政教学内容的改革创新

随着网络时代的到来，革新课程教学内容，增添新的教学因素，已经是一个摆在课程思政建设面前不可回避的重要问题。第一，教学内容的主题要明确，教学内容应该更贴合实际。主体明确是为了传递给学生一种较为直观的价值取向，避免学生雾里看花，走弯路，也易于学生的理解、接受和吸收。教学内容贴合实际，要求教师善于将理论知识和与学生息息相关的现实问题进行有机结合，更大程度地引发学生思考，具有现实意义。第二，对教学内容进行精、简、实。不断提供给学生最前沿的专业知识和技术信息，结合思政理论与时俱进和更新，确保学生接受正确、新鲜的知识和理念，在有限的课堂时间里接受最大限度地教育精华。第三，课程思政建设要牢牢把握时事政治的"风向标"。现如今，国内国际环境风云莫测，将时政素材运用到专业课的讲授中去，以特有的鲜活性和时代感，融入专业课堂，便于学生更深刻地理解党的大政方针，增强学生对社会主义制度优越性的自信和自觉培养居安思危的意识。

三、推进课程思政教学方法的革新

推进思政改革创新，"要利用好课堂教学这个主渠道，提升思想政治教育亲和力和针对性，满足学生成长发展需要。"[①] 课程思政作为学生接受思政教育的全新阵地，其教学方法的改革创新能够有效推动思政建设的发展和思政工作取得新成效。第一，专业课教师要转变传统教学观念，主动挖掘与学生的共通点和契合点，提高学生课堂主动参与度，积极探索多元化的教学方法，比如灵活运用案例教学法、专题教学法和互动教学法等，激发学生主动参与课堂的积极性，使学生将专业知识和思想信念等深入内化。第二，要重视理论教学与实践教学的有机融合。实施以立德树人为目标导向的实践育人活动是专业课教育的延续和更进一步的升华，有助于学生更好地接受、理解课堂上所学习的理论知识，切实地践行立德树人的基本要求。第三，灵活运用多媒体教学等方式。教育要紧跟社会发展潮流，积极探索网络化的数据优势和空间突破，扬长避短，满足新时代大学生的教育需要，同时也推进课程思政建设的时代感和现代化。

---

① 习近平. 坚持中国特色社会主义教育发展道路培养德智体美劳全面发展的社会主义建设者和接班人［N］. 人民日报，2018-09-11.

第五节　立德树人思想与课程思政建设辩证

"立德树人"是教育的根本任务，要想落实好立德树人这个根本任务，就要发挥好课程思政的积极作用，实现立德树人目标与专业课建设的互补与联动。

一、传统道德的坚守

课程思政建设实际是希望在专业课的领域内实现学生政治思想、价值观的完美塑造。课程思政教学中强调传统道德，就是对中国优秀传统文化的弘扬和传承，对民族优秀文化思想的坚守。"学习党史、国史，是坚持社会主义，把党和国家各项事业向前推进的必修课。"① 中华民族五千多年的发展史就是一部民族文明的创造史，给我们留下了浓缩的"仁厚、正义、慈善、古道热肠"等宝贵的传统道德财富。近年来，有关学生道德沦丧的新闻，挑战我们的底线，践踏和颠覆了我国的传统道德。因此，加强传统道德教育，对其有目的、有选择地批判性继承，修复和坚守被弱化的道德底线，已成为推进我国思想政治道德建设刻不容缓的要求。立德树人思想源于我国传统的优秀道德文化，无论是古代社会以儒学经典为主线构建的、可凝练为"仁义礼智信"的伦理道德体系，还是随着近代中国社会的转型引起的道德和基本价值观念的变迁，再到新中国成立以后逐步建立起来的马克思主义理论指导下的社会主义道德体系，都是与当时社会发展紧密联系在一起，顺应时代发展潮流的价值观。它们并不是割裂的，而是一脉相承又与时俱进的道德观。随着我国进入社会主义发展新时代，社会主义市场经济建设取得卓越成绩，然而与社会主义市场经济体系相匹配的新的道德体系尚未建立完善，随之而来的就是人们道德观念的淡薄、弱化，这无疑会阻碍经济发展和社会进步，对优秀传统道德的弘扬和坚守就显得十分必要且重要。

二、立德树人思想的创新

课程思政建设不能脱离专业课的基础，专业课发展也需要随着时代的发展而不断更新，使其具有时代特色。习近平新时代关于立德树人思想的论述就体

---

① 习近平. 习近平在中共中央政治局第七次集体学习时强调在对历史的深入思考中更好走向未来，交出发展中国特色社会主义合格答卷［N］. 人民日报，2013-06-27.

现了党领导下关于德育思想理论的升华，专业课的建设中传播新时代的新思想，自然可以在专业课的平台上提升学生与时俱进的思想意识。"立德树人是新时代中国教育的理性回归，是包括'思想政治教育、课程思政、环境育人、文化育人及三全育人'在内的整体化人才培养的核心诉求，具有鲜明的时代特质"①。立德树人思想的创新之处在于它是基于我国现阶段大踏步迈向中华民族伟大复兴进程，对教育和人才具有时代性诉求的基础上做出的科学论述。立德树人思想的价值就体现在它是为我国德育教育服务的科学理论，是我国现阶段最新的德育理论成果，社会的不断进步和发展，导致人们对德育的需求也不断发展变化。因此，德育的具体内涵和思想精髓是随着时代的要求而不断创新、进步的。只有不断创新、不断发展的理论成果，才能教育出与时俱进的学生。大学生作为社会建设的主力军，肩上背负着党、国家和人民给予的厚望，要求他们的思想、道德和专业技能等各方面都必须紧跟时代发展。"要运用新媒体新技术使工作活起来，推动思想政治工作传统优势同信息技术高度融合，增强时代感和吸引力。"② 要求高校要抢占网络思想阵地，善于抓住信息时代网络化的优势，积极探索课程思政建设的创新模式，完善德育教育与专业课教育的有机结合，更好地落实立德树人根本任务的实现。

三、坚守与创新的良性互动

课程思政建设强调对专业课思政理念的贯彻与塑造，区别于单纯专业课强调具体领域或行业知识的教育，它需要完成的是在专业研究能力的培养中实现政治意识、政治思维的教育和品德人格的培养。传统与现代、历史与创新、道德与知识等都应该有一个辩证互补、互动共进的联合。传统的专业课授课方式单一，课堂上普遍推行"课堂讲授""实验模拟"等模式，师生之间缺乏思想上的有效沟通互动，学习氛围普遍刻板、单调，缺乏时政性，而创新课程思政建设则可以通过更加个性化、特色化的思想宣传，根据学生的思想特点，做到"精准滴灌"，实现师生之间、同学之间的"多维互动"，教学内容上既不忽视专业领域的研究，又有效添加时政热点等影响思想观念形成的新因素，使得专业课堂更加立体、富有生命力和亲和力。

历史上的德育思想都是随着时代的发展不断提出新的内涵和要求，一步步

---

① 张国峰，孙秋柏，樊增广. 整体化立德树人的时代特质及其实践路径 [J]. 黑龙江高教研究，2019，379（12）：106-109.

② 习近平. 把思想政治工作贯穿教育教学全过程开创我国高等教育事业发展新局面 [N]. 人民日报，2016-12-09.

不断发展完善。古代德育思想的主要目的是为了教化百姓，以维护统治阶级伦理纲常，而立德树人思想是立足于我国现阶段的发展实情，在马克思主义理论指导下，高瞻远瞩地提出为社会主义事业培育"有理想、有本领、有担当"的时代新人，其共通点都是为了维护社会稳定、促进社会发展。立德树人就是树立一个又红又专、德才兼备、全面发展的人，这表明它首先强调的是道德层面的，但必须重视理论知识和能力的培养。二者具有辩证统一性，相互联结、相辅相成。理论知识是德育的载体，为道德的发展提供了动机，道德为知识的使用指明方向，并在很大程度上决定了它的使用效力。高校课程思政建设应致力于探索、挖掘这些具有互动性因素的联合机制，发挥合力作用，共同促进立德树人思想引领下课程思政的建设和发展。

第二章 课程思政是"思政教育"与"专业教育"的深度融合

第一节 思想政治教育的育人内核

一、世界观教育

1. 辩证唯物主义教育

辩证唯物主义是马克思、恩格斯所创立的关于自然界、人类社会和思维发展一般规律的科学。它既同唯心主义和形而上学根本对立，又同一切旧唯物主义有根本区别，是唯物主义和辩证法的有机结合。

辩证唯物主义的基本观点是：物质是第一性的，意识是第二性的，世界的统一性在于其物质性，意识是物质世界长期发展的产物，是人脑的机能和属性，是物质世界的主观映象；事物是普遍联系的，联系是指事物内部各要素之间和事物之间相互影响、相互制约和相互作用的关系；事物的普遍联系必然导致事物的运动、变化和发展，事物是永恒发展的，发展是前进的上升的运动，发展的实质是新事物的产生和旧事物的灭亡；对立统一规律是事物发展的根本规律，事物内部固有的矛盾性既是事物普遍联系的根本内容，也是事物变化发展的根本动力；量变和质变是事物运动的两种最基本的状态，一切事物的发展变化都表现为由量变到质变和由质变到量变的质量互变过程；事物的发展是由肯定到否定，又由否定到否定之否定的螺旋式上升过程。

进行辩证唯物主义教育，就是要帮助人们理解和掌握辩证唯物主义的基本观点，并运用这些观点去认识、分析和解决问题。要遵循客观规律，按客观规律办事，同时又要发挥主观能动性，把尊重客观规律和发挥主观能动性结合起来要用全面的、联系的、发展的观点看世界，善于透过纷繁复杂的社会现象抓住事物的本质,反对用孤立的、片面的、静止不变的观点看世界;要坚持"两点论""重点论"的统一,既要全面把握事物,又要善于抓住事物的重点;要注意量变质变的关系,既要重视量的积累,注意事物细小的变化,同时又要根据事物的发展进程,不失时机地促使事物由量变到质变转化;要采取科学分析的态度法,坚持从肯定和否定的结合上去考察事物。在当前复杂的社会环境中选择辩证唯物主义教育,帮助人们掌握辩证唯物主义的基本观点,有助于人们学会用正确的观点和科学的方法透过复杂的社会现象看到我们社会的发展趋势,坚定建设中国特色社会主义的信心;有助于人们正确看待市场经济建设和全面深化改革进程中出现的种种问题,看到党和政府为解决这些问题付出的巨大努力,明确我们在解决这些问题、推进中国特色社会主义事业进程中负有的历史责任,从而投身到社会主义现代化建设过程中去。

2. 历史唯物主义教育

历史唯物主义是关于人类社会发展一般规律的科学。马克思、恩格斯从社会存在与社会意识的辩证关系出发,深刻揭示了生产力与生产关系、经济基础与上层建筑矛盾运动等一系列规律,为人们正确认识人类社会历史及其发展趋势,正确认识资本主义社会和社会主义社会的发展规律,提供了科学的理论指导。

历史唯物主义认为,社会存在和社会意识是辩证统一的,社会存在决定社会意识,社会意识是社会存在的反映,并反作用于社会存在;人类社会的发展是一个自然历史过程,社会历史发展有其固有的客观规律;生产力和生产关系、经济基础和上层建筑的矛盾是人类社会的基本矛盾,是社会发展的根本动力;生产关系一定要适合生产力状况的规律和上层建筑一定要适合经济基础状况的规律是人类社会发展的基本规律;在阶级社会里,社会基本矛盾表现为阶级矛盾和阶级斗争,阶级斗争是推动阶级社会发展的直接动力;人民群众是历史的主体,是历史的创造者;共产主义是人类社会发展的必然归宿。

进行历史唯物主义教育,就是要帮助人们理解和掌握历史唯物主义的基本观点,并运用这些观点去认识和分析社会历史现象,去创造社会生活。要通过历史唯物主义教育,引导人们认识到社会规律或历史必然性是不可抗拒的,社会主义代替资本主义是任何力量也阻挡不了的历史发展的必然趋势,从而坚定社会主义和共产主义理想信念;要使人们理解和把握生产力和生产关系的矛盾运动规律,坚持把解放生产力和发展生产力作为制定路线、方针和政策的出发点和归宿,坚持以经济建设为中心,积极投身改革开放和现代化建设;要使人们理解和把握经济基础与上层建筑的矛盾运动规律,坚持在改革和完善社会主义经济基础的同时，不断改革和完善社会主义上层建筑；要使人们认识到，以马克思主义为指导的社会主义意识形态，是促进社会主义社会发展的巨大精神力量，因而在进行物质文明建设的同时，还要加强社会主义精神文明建设，帮助人们坚定共产主义信念，树立共同理想，积极投身现代化建设；要使人们认识到人民群众是历史的主体，始终坚持一切为了群众、一切依靠群众、从群众中来、到群众中去的群众路线，始终坚持以人为本，坚持发展为了人民、发展依靠人民、发展成果由人民共享。

3. 马克思主义认识论教育

马克思主义在批判和继承前人认识论成果的基础上。把实践观点引入认识论，把辩证法运用到反映论，创立了能动的革命的反映论，第一次科学地解决了认识的产生和发展规律问题，实现了人类认识史上的伟大变革，为我们认识世界、改造世界提供了科学的理论指导。

马克思主义认识论认为，实践是认识的基础，人的认识从实践产生，为实践服务，随实践发展，并受实践检验，认识是主体在实践基础上对客体的能动反映；和认识相互作用，认识特别是反映客观事物本质和规律性的理性认识，对实践有着巨大的指导作用；认识运动是一个辩证发展过程，从实践到认识，从认识到实践，实践、认识、再实践、再认识，认识运动不断反复和无限发展；真理和价值在实践基础上是辩证统一的。

进行马克思主义认识论教育，就是要使人们理解和把握马克思主义认识论的基本观点，不断提高在实践中自觉认识世界和改造世界的能力。首先，要帮助人们把握认识和实践的辩证统一关系，在实际工作中坚持一切从实际出发，理论联系实际，实事求是，在实践中检验真理和发展真理，坚持解放思想、实事求是、与时俱进、求真务实，不断进行理论创新和实践创新。其次，要帮助人们把握认识的发展规律，学会运用归纳与演绎、分析与综合、从抽象上升到具体、历史与逻辑相统一等辩证思维的科学方法，将丰富的感性材料加以去粗取精、去伪存真、由此及彼、由表及里地制作加工，将感性认识上升为理性认识；坚持一般理论和具体实践相结合原则，运用调查研究等方法，实现由理论向实践的飞跃。最后要帮助人们把握真理与价值的关系，坚持真理尺度和价值尺度的辩证统一，在实践中坚持和弘扬科学精神和人文精神，既坚持以科学的实事求是精神去认识世界和改造世界，又坚持把人民的利益和人的发展看作一切认识和实践活动的出发点，贯彻"以人为本"的原则。

二、政治观教育

1. 基本国情教育

所谓基本国情，是指一国相对稳定的总体的客观实际情况，即那些对经济发展起决定性作用的最基本的、最主要的发展因素和限制因素，它常常决定着该国长远发展的基本特点和大致轮廓。早在民主革命时期，毛泽东就指出"认清中国的国情，乃是认清一切革命问题的基本的根据"。[①] 同样，认清中国的国情，也是认清一切建设和发展问题的基本根据。因此，对人民群众进行广泛而深入的基本国情教育，对于团结全国人民共同奋斗，把我国建成富强民主文明和谐美丽的社会主义强国具有重要意义。

认清当代中国国情，最重要的是要认识把握我国社会的性质和发展阶段以及现阶段的主要矛盾。党的十一届三中全会以来，党对我国社会主义所处的历史阶段进行了科学的分析，提出了我国还处于并将长期处于社会主义初级阶段的科学论断，准确地把握了我国的基本国情。进行基本国情教育，就是要使受教育者科学认识和准确把握我国社会主义初级阶段的基本国情。

第一，要帮助受教育者深入理解社会主义初级阶段的科学含义。社会主义初级阶段包括两层含义：一是我国社会已经是社会主义社会，二是我国的社会主义社会还处在初级阶段。前一层含义阐明了初级阶段的社会性质，后一层含义阐明了我国社会主义社会的发展程度。社会主义初级阶段的两层含义既相互区别又紧密联系，构成了一个具有特定内涵的新概念。我国社会主义初级阶段不是泛指任何国家进入社会主义都会经历的起始阶段，而是特指我国在生产力发展水平不高、商品经济不发达条件下建设社会主义必然要经历的特定历史阶段。我们必须坚持而不能离开社会主义，必须从初级阶段实际出发而不能超越这个阶段。

第二，要帮助受教育者认识社会主义初级阶段的基本特征，特别是新世纪新阶段我国发展呈现出的新的阶段性特征。党的十三大从我国人口结构、工业发展水平、地区发展状况、科学教育文化发展等几个方面概括了我国社会主义初级阶段的基本特征；党的十五大从九个方面对社会主义初级阶段的特征进行了全面概括；党的十七大报告从八个方面分析和概括了新世纪新阶段我国发展呈出的新的阶段性特征，并指出当前我国发展的阶段性特征，是社会主义初级阶段基本国情在新世纪新阶段的具体表现。党的十九大报告指出，我国社会主

---

① 毛泽东. 毛泽东选集［M］. 北京：人民出版社，1991：633.

要矛盾的变化，没有改变我们对我国社会主义所处历史阶段的判断，我国仍处于并将长期处于社会主义初级阶段的基本国情没有变。进行基本国情教育，就是要帮助受教育者认识社会主义初级阶段是一个相当长的历史发展阶段，必然经历若干具体的发展阶段，在不同时期会呈现出不同的阶段性特征。只有认清我国发展的阶段性特征，才能更好地认清我国的基本国情。

第三，要帮助受教育者认清我国社会主义初级阶段的长期性。从1956年生产资料私有制的社会主义改造基本完成算起，到21世纪中叶社会主义现代化基本实现，社会主义初级阶段至少需要上百年时间。邓小平在1992年视察南方谈话中指出："我们搞社会主义才几十年，还处在初级阶段。巩固和发展社会主义制度，还需要一个很长的历史阶段，需要我们几代人、十几代人，甚至几十代人坚持不懈地努力奋斗，决不能掉以轻心。"① 党的十九大郑重重申，我国仍处于并将长期处于社会主义初级阶段的基本国情没有变。认清社会主义初级阶段的长期性，有助于帮助人们克服急躁情绪，克服各种超越阶段的错误观念和政策，提高从实际出发想问题、办事情的自觉性，坚持党在社会主义初级阶段的路线、纲领、方针、政策，脚踏实地地完成初级阶段的各项任务，不断推进中国特色社会主义建设。

2. 党的基本理论、基本路线、基本纲领、基本经验教育

改革开放以来，我们逐步形成了党的基本理论、基本路线、基本纲领和基本经验。这是中国共产党领导广大人民群众建设中国特色社会主义伟大实践的结晶，是中国共产党和中国人民的宝贵精神财富，对于加强和改进党的建设、建设和发展中国特色社会主义具有重大指导意义。对广大人民群众进行党的基本理论、基本路线、基本纲领和基本经验教育，是当前思想政治教育的重要内容。

（1）帮助受教育者深入理解和把握党的基本理论、基本路线、基本纲领、基本经验教育

党的基本理论包括马克思列宁主义、毛泽东思想、中国特色社会主义理论体系，是我们的行动指南，是全国各族人民团结奋斗的思想基础。

党的基本路线是党在一定历史时期为解决社会主要矛盾制定的行动纲领，是总揽全局的根本指导方针。党的十三大正式提出了党在社会主义初级阶段的基本路线：领导和团结全国各族人民，以经济建设为中心，坚持四项基本原则，坚持改革开放，自力更生，艰苦创业，为把我国建设成为富强民主文明的社会

---

① 邓小平. 邓小平文选 [M]. 北京：人民出版社，1993：379.

主义现代化国家而奋斗。党的十七大通过的党章又把"和谐"与"富强民主文明"一起写进基本路线。党的十九大对党的基本路线做了新表述:"全党要牢牢把握社会主义初级阶段这个基本国情,牢牢立足社会主义初级阶段这个最大实际,牢牢坚持党的基本路线这个党和国家的生命线、人民的幸福线,领导和团结全国各族人民,以经济建设为中心,坚持四项基本原则,坚持改革开放,自力更生,艰苦创业,为把我国建设成为富强民主文明和谐美丽的社会主义现代化强国而奋斗。"

党的基本纲领是党的基本理论的重要内容,是党的基本路线的具体体现。党的十五大制定了社会主义初级阶段的基本纲领,明确了什么是中国特色社会主义的经济、政治和文化,阐明了建设中国特色社会主义经济、政治和文化的本目标和基本政策。党的十七大丰富了基本纲领的内容,阐明了构建社会主义和谐社会的基本目标和基本政策。党的十八大提出了建设中国特色社会主义"五位一体"的总布局,强调要建设社会主义市场经济、社会主义民主政治、社会主义先进文化、社会主义和谐社会、社会主义生态文明,促进人的全面发展,逐步实现全体人民共同富裕,建设富强民主文明和谐的社会主义现代化国家,进一步丰富党的基本纲领。

党的基本经验是贯彻党的基本理论、基本路线、基本纲领伟大实践的理论升华,是对中国特色社会主义建设客观规律的深刻把握。党的十六大系统总结了改革开放特别是十三届四中全会以来,党领导人民建设中国特色社会主义所要坚持的十条基本经验。在党的十七大、纪念党的十一届三中全会召开 30 周年大会上,胡锦涛把改革开放 30 年来我们积累的宝贵经验概括为"十个结合":必须把坚持马克思主义基本原理同推进马克思主义中国化结合起来,解放思想、实事求是、与时俱进,以实践基础上的理论创新为改革开放提供理论指导;必须把持四项基本原则同坚持改革开放结合起来,牢牢扭住经济建设这个中心,始终保持改革开放的正确方向;必须把尊重人民首创精神同加强和改善党的领导结合起来,坚持执政为民、紧紧依靠人民、切实造福人民,在充分发挥人民创造历史作用中体现党的领导核心作用;必须把坚持社会主义基本制度同发展市场经济结合起来,发挥社会主义制度的优越性和市场配置资源的有效性,使全社会充满改革发展的创造活力;必须把推动经济基础变革同推动上层建筑改革结合起来,不断推进政治体制改革,为改革开放和社会主义现代化建设提供制度保证和法制保障;必须把发展社会生产力同提高全民族文明素质结合起来,推动物质文明精神文明协调发展,更加自觉、更加主动地推动文化大发展大繁荣;必须把提高效率同促进社会公平结合起来,实现在经济发展的基础上由广大人民共享发展成果，推动社会主义和谐社会建设；必须把坚持独立自主同参与经济全球化结合起来，统筹好国内国际两个大局，为促进人类和平与发展的崇高事业做出贡献；必须把促进改革发展同保持社会稳定结合起来，坚持改革力度、发展速度和社会可承受程度的统一，确保社会安定团结、和谐稳定；必须把推进中国特色社会主义伟大事业同推进党的建设新的伟大工程结合起来，加强党的执政能力建设和先进性建设，提高党的领导水平和执政水平、拒腐防变和抵御风险能力。进行党的基本理论、基本路线、基本纲领、基本经验教育，就是要引导受教育者认真系统地学习这些内容，准确把握其精神实质。

（2）帮助受教育者坚定坚持党的基本理论、基本路线、基本纲领、基本经验的信念和决心

改革开放以来，中国特色社会主义之所以能焕发出蓬勃的生机和活力，中国共产党之所以能够带领全国各族人民取得社会主义现代化建设的巨大成就，就是因为我们始终毫不动摇地坚持党的基本理论、基本路线、基本纲领和基本经验。实践告诉我们，党的基本理论、基本路线、基本纲领、基本经验是正确和科学的，只有坚持党的基本理论、基本路线、基本纲领、基本经验不动摇，才能推进中国特色社会主义事业不断发展，顺利完成建成富强民主文明和谐的社会主义现代化国家的历史任务。进行党的基本理论、基本路线、基本纲领、基本经验教育就要使广大人民群众深刻认识其正确性和科学性，坚定坚持党的基本理论、基本路线、基本纲领、基本经验的信念和决心。当前，面对复杂多变的国际环境和艰巨繁重的全面深化改革的任务，要在新的历史起点上进一步开创中国特色社会主义事业新局面，就必须更加自觉、更加全面地坚持贯彻党的基本理论、基本路线、基本纲领、基本经验，不为任何风险所惧，不被任何干扰所惑，做到思想上坚信不疑、行动上坚定不移。

（3）引导受教育者在中国特色社会主义建设伟大实践中不断丰富和发展党的基本理论、基本路线、基本纲领和基本经验

党的基本理论、基本路线、基本纲领和基本经验是在中国特色社会主义实践过程中不断形成和发展起来的，是对中国特色社会主义实践经验的科学概括和总结。实践永无止境，创新永无止境。我们在坚持党的基本理论、基本路线、基本纲领、基本经验的同时，要随时随地地注意研究新情况，解决新问题，总结新经验，不断推进理论和实践创新，不断丰富和发展党的基本理论、基本路线、基本纲领和基本经验。只有在坚持的基础上不断丰富发展，在丰富发展的同时坚定地坚持，党的基本理论、基本路线、基本纲领和基本经验才能始终保持强大的活力。

3. 民族精神教育

民族精神是一个民族在长期共同生活和社会实践的基础上形成的，为本民族大多数成员所认同和接受的民族意识、民族心理、民族品格、民族气质的总和，是民族文化固有的、延绵不断的一种历史文化传统。在五千多年发展中，中华民族形成了以爱国主义为核心的团结统一、爱好和平、勤劳勇敢、自强不息的伟大民族精神。它是中华民族五千多年生生不息、发展壮大的强大精神支柱，是我国各民族世世代代自强不息、团结奋斗的牢固精神纽带，是我们不断开创新未来的不竭精神动力。

民族精神教育是思想政治教育的重要内容和紧迫任务。加强民族精神教育，是增强综合国力和国际竞争力的需要，是应对西方敌对势力对我国实行"西化""分化"阴谋的需要，是全面建成小康社会和推进中国特色社会主义建设事业的需要。对受教育者进行以爱国主义教育为核心的民族精神教育，应着眼于培养人们对中华民族共同历史、文化、生活方式的归属感，培养人们对伟大祖国悠久历史和优秀传统的认同感，引导人们形成良好的道德品质和行为习惯，在弘扬中培育民族精神的时代内涵。当前和今后一段时期，要把国家意识（国家观念、国情意识、国家安全和国家自强教育）、文化认同（民族语言、民族历史、革命传统和人文传统教育）、公民人格教育（社会责任、诚信守法、平等合作、勤奋自强教育）作为民族精神教育的重点内容。

在民族精神教育过程中，应特别注意：第一，把中华民族优良传统教育与时代精神教育有机地结合起来。要将弘扬民族优秀文化传统与培育时代精神相结合，既要弘扬中华民族优良的人文传统和革命传统，又要吸收和借鉴人类发展的一切文明成果，以发展的眼光开展民族精神教育。第二，重视并充分发挥社会实践在民族精神教育中的作用。要科学规划社会实践的内容，拓展社会实践的新领域、新载体、新形式，使教育对象在耳闻目睹的事实和亲身体验中感知民族精神的强大力量，激发对祖国和民族的感情，增强民族意识和民族责任感。第三，把握民族精神教育的契机。善于抓住有利于振奋民族精神的重大活动和重大事件，不失时机地开展民族精神教有；要努力挖掘和宣传体现民族精神的先进典型，营造浓郁的民族精神的氛围，形成强有力的舆论导向。第四，把学校教育与家庭教育、社会教育有机结合起来。既要发挥学校在弘扬和培育民族精神中的主渠道、主阵地作用，又要加强家庭教育、社会教育与学校教育之间的相互配合，使其相互补益、相互强化，从而形成民族精神教育的整体合力。

4. 时代精神教育

时代精神是一个社会在最新的创造性实践中形成的反映社会进步发展方向，引领时代进步潮流、为社会成员普遍认同和接受的思想观念、价值取向、道德规范和行为方式，是一个社会最新的精神气质、精神风貌和社会时尚的综合体现。以改革创新为核心的时代精神，是马克思主义与时俱进的理论品格、中华民族富于进取的思想品格与改革开放和社会主义现代化建设实践相结合的伟大成果，是民族精神和中国共产党优良传统在当代的弘扬，已成为我国各族人民不断开创中国特色社会主义事业新局面的强大精神力量。全面建成小康社会，实现中华民族伟大复兴的中国梦，必须大力弘扬以改革创新为核心的时代精神，使全体人民始终保持昂扬向上的精神状态，使全民族的创造精神和创造活力充分迸发。为此，必须加强时代精神教育。

改革创新是时代精神的核心。弘扬和培育时代精神，应该以弘扬和培育改革创新精神为重点。改革创新精神表现为突破陈规、大胆探索、勇于创造的思想观念，表现为不甘落后、奋勇争先、追求进步的责任感和使命感，表现为坚韧不拔、自强不息、锐意进取的精神状态。弘扬和培育改革创新精神，首先，坚持解放思想与时俱进。要坚决克服满足现状、不思进取的思想，居安思危、奋发图强；坚决克服因循守旧、故步自封的思想，勇于创新、昂扬向上；坚决克服惧怕困难、畏首畏尾的思想，锐意进取、勇往直前。其次，要着眼于改革开放的具体实践。要把弘扬时代精神体现到深化改革的深度中，着力回答时代对改革提出的新课题，着力解决体制转轨中的深层次矛盾和问题，推动改革不断取得新突破；体现到加快发展的实践中，着力把握发展规律、创新发展理念、转变发展方式、破解发展难题，提高发展质量和效益，实现又好又快发展；体现到推动创新的实践中，敢为人先，勇于超越，让全社会的创造活力竞相迸发，创新人才脱颖而出，创新成果不断涌现。

三、人生观教育

1. 理想信念教育

理想是人们在实践中形成的对未来社会和自身发展的向往与追求。信念是人们在一定认识基础上确立的对某种思想或事物坚定不移并身体力行的精神状态。坚定的理想信念是一个人、一个政党、一个民族、一个国家的精神支柱和精神动力。社会主义、共产主义理想信念，是无产阶级和共产党人对人类社会发展规律和自身历史使命的自觉意识的集中体现。这里所说的理想信念教育，指的就是社会主义、共产主义理想信念教育。理想信念教育是对思想政治教育的核心内容进行理想信念教育，是要引导广大人民群众树立中国特色社会主义共同理想。党的十八大以来，习近平同志提出并深刻阐述了实现中华民族伟大复兴的中国梦，实现全面建成小康社会、建成富强民主文明和谐的社会主义现代化的共同理想。它集中体现了人民群众的共同利益和愿望，是全体人民团结一致克服困难和争取胜利的强大武器。通过理想信念教育，要帮助人民群众确立在中国共产党领导下走中国特色社会主义道路、实现中华民族伟大复兴的共同理想和坚定信念。要引导人们认识到中国共产党是中国人民和中华民族的先锋队，是中国特色社会主义事业的领导核心，代表中国先进生产力的发展要求，代表中国先进文化的前进方向，代表中国最广大人民的根本利益，从而坚定对中国共产党的信任；历史和现实都证明，党的十一届三中全会以来，由中国共产党团结和带领全国人民共同开创的中国特色社会主义道路，是进一步实现民族振兴、国家富强和人民幸福的唯一正确的道路，从而坚定走中国特色社会主义道路的信念；要引导人们认识到中华民族伟大复兴需要一代代中华儿女前赴后继、共同奋斗，从而使人们坚定实现中华民族伟大复兴的信心，树立为实现民族复兴而奋斗的远大志向，为全面建成小康社会、建成富强民主文明和谐的社会主义现代化国家而努力奋斗。

进行理想信念教育，就是要引导人们特别是共产党员和先进分子树立共产主义的远大理想和坚定信念。第一，要使人们认识到实现共产主义是历史发展的必然趋势。共产主义理想不是乌托邦，不是凭空猜测，而是建立在对人类社会历史发展规律特别是资本主义社会基本矛盾运动规律的科学分析基础之上的，反映了历史发展的必然趋势。第二，要使人们认识到共产主义的实现是一个漫长而曲折的历史过程。"无论哪一个社会形态，在它所能容纳的全部生产力发挥出来以前，是决不会灭亡的；而新的更高的生产关系，在它的物质存在条件在旧社会的胎胞里成熟以前，是决不会出现的。"① 社会主义社会的充分发展和向共产主义社会过渡需要很长的历史时期，当代资本主义的灭亡和向社会主义、共产主义的转变也是长期的过程。第三，要引导人们在建设中国特色社会主义进程中为实现共产主义而奋斗。共同理想是实现最高理想的基础和必经阶段；实现共同理想，必须以最高理想为根本方向。共同理想与中国特色社会主义共同理想辩证统一于人民为实现共产主义而奋斗的全部历史过程之中。我们必须始终坚持远大理想与现实奋斗相统一，既要树立共产主义远大理想，以高尚的思想道德要求鞭策自己，更要从社会主义

---

① 马克思，恩格斯. 马克思恩格斯选集：第 1 卷［M］. 北京：人民出版社，1995：152.

初级阶段的实际出发，脚踏实地为实现中国特色社会主义的共同理想不懈努力。

2. 人生价值教育

人生价值是一个人的一生对自我、他人和社会所具有的意义和作用。它不仅包括个人对社会的责任和贡献，而且也包括社会对个人的尊重和满足。人生价值观就是人们对人生价值的总体看法和根本观点。它在人生观中居于核心地位，在深层次上影响、制约和指导人们的实践活动。加强人生价值观教育，对于帮助人们正确处理个人和社会的关系，实现人生的价值，具有重要意义。进行人生价值观教育，首先要引导受教育者确立正确的人生价值目标。人生价值目标是指从根本方向和原则上指明人生应该追求什么和怎么做的基本取向，表现为人生"应当如何"的态度。它直接或间接地联系着人生的一切实践活动，为实现人生价值提供目标导向，是人生实践的重要指南。进行人生价值观教育，要注重引导受教育者选择和确立正确的人生价值目标。要帮助受教育者认识到，社会主导的价值目标在客观上制约着个体的价值目标，因而个体的价值目标必须符合社会主导的价值目标；要引导受教育者从自身实际条件出发确定个人价值目标。其次，引导受教育者正确地进行人生价值评价。人生价值评价是依据一定的价值标准，通过个人心理活动、群体意识倾向和社会舆论，对自己或他人的价值观念和社会行为进行衡量、分析和判断的过程。进行人生价值评价，必须正确把握人生价值评价标准。人生价值评价的根本尺度，是看一个人的实践活动是否符合社会发展的客观规律，是否通过实践促进了历史的进步。而评价人生价值的基本尺度，是劳动以及通过劳动对社会和他人做出的贡献，这是社会评价一个人的人生价值的普遍标准。同时，还要有正确的人生价值评价方法。要坚持能力有大小与贡献须尽力相统一；坚持物质贡献与精神贡献相统一；坚持自身贡献与社会贡献统一；坚持动机和效果相统一。

最后，引导受教育者努力实现人生价值。一是要帮助受教育者认识到，实现人生价值要从客观条件出发。人生价值是在劳动创造活动中实现的，人的创力的形成、发展和发挥都要依赖于一定的客观条件，只有从社会客观条件出发充分发挥自己的主体能动性，才能更好地实现人生价值。二是要引导受教育者不断提高自身素质和能力。个人的素质和能力在很大程度上决定着一个人的人生价值的实现程度。要实现人生价值，就必须不断提高自身素质，包括思想道德素质、科学文化素质和身体心理素质，提高认识问题和解决问题的能力。三是引导受教育者发扬艰苦奋斗精神。要坚决抵制拜金主义、享乐主义、个人主义思想，反对贪图安逸、追求享乐、满足现状、不思进取、个人利益至上的思想，做到积极进取，敢于拼搏，吃苦耐劳，无私奉献。四是要引导受教育者在实践中创造人生价值。实践是创造人生价值的源泉和基本途径。在当前，要引导受教育者积极参与推进社会主义现代化、实现中华民族伟大复兴的实践，在实践中实现和创造人生价值。

3. 生命价值观教育

生命是世界存在和发展的基础，"全部人类历史的第一个前提无疑是有生命的个人的存在。"① 而人类的生命存在及其实践活动，总是在一定的生命价值观的指导下进行的。生命价值观就是人们对于生命价值问题的根本看法和态度，也是一种生活态度和生活理想。个人是否具有正的生命价值观，对其生命质量及其发展有重要影响，也在一定程度上对社会发展产生影响。因此，必须加强生命价值观教育，引导受教育者认识生命、尊重生命、珍爱生命、欣赏生命，树立正确的生命价值观。

第一，认识生命的教育。帮助人们正确地认识生命和理解生命，是生命价值观教育的首要内容。广义而言，可把一切生命有机体的存在都确认为生命的存在；狭义而言，生命专指人的生命。人的生命具有有限性、创造性、独特性、双重性、超越性等特征，包括自然生命和文化生命两个层次。人的自然生命即物质形态的生命，是所有生命发展的最高阶段，是大自然演化的杰出结果；人的文化生命即精神形态的生命，是人的生命区别于其他生命的根本标志。人的生命是人类社会存在和发展的重要的基础性条件。

第二，尊重生命的教育。世界上最宝贵的就是生命，生命是人的其他价值创造、实现和评估的先决条件，脱离生命的存在和延续过程，就无所谓生命价值的实现。生命对于每个人来说只有一次，失去了便不可复得，维持生命存在是每个人自然的不可剥夺的权利。因而必须珍惜和热爱生命，把生命的尊严看作最高价值。尊重生命，不仅要尊重自己和他人的生命，而且要尊重一切生命。

第三，生命意义教育。人是一个探询意义的生命存在，正是意义决定了人的生命存在和爱恨的方向，体现了生命的价值和尊严，生命的真谛就在于对意义的追寻。生命价值观教育要引导和帮助受教育者正确认识生命意义，积极寻找和发现生命的意义，并在实践中实现和创造生命意义。

第四，人生幸福教育。幸福是人生的根本目的和最终追求。生命价值观教育要引导人们尤其是青少年追求幸福、实现幸福、享受幸福，过有意义的幸福生活。首先，培养受教育者体验幸福的生命情感。丰富而真挚的情感是人的生

---

① 马克思，恩格斯. 马克思恩格斯选集：第 1 卷 [M]. 北京：人民出版社，1995：50.

命幸福的基础，也是幸福的源泉。自尊、乐观、具有丰富情感的人，才能感受生活的真善美，才能拥有幸福美好的人生。其次，引导受教育者追求个性化的幸福生活。一个幸福的人应该有自己独特的幸福追求，在认识并不断反思自我的过程中，形成自己生命的终极价值。最后，引导受教育者通过合理的手段获得幸福。对幸福的追求要有平和理性的心态，这样才不会在物欲和世俗面前丧失自我，才能努力履行和完成自己的义务和职责。

第五，死亡教育。人的生命总是要走向灭亡的，这是任何一个人都无法回避和逃脱的命运。因为死亡，才显示出生命的珍贵；意识到死亡的必然和生命的短暂，人们更应尊重和珍爱生命。生命价值观教育要引导人们认识死亡，接受死亡，征服死亡，超越死亡，并在这一过程中实现生命的价值。一是引导受教育者正确地认识死亡。死亡是一种正常的自然现象，对于每一个人都具有不可避免性、终极否定性和不可逆转性。死亡是对生命的一种否定，生与死紧密联系、不可分割。要引导受教育者正确地认识死亡，澄清对死亡的种种困惑和误解，使其从死亡的思考中发现生命的意义，体会生命的乐趣。二是引导受教育者体验死亡。要引导受教育者从自身的病痛中部分体验死亡，从别人的死亡中体验死亡，从大自然一切事物的生灭、聚散中体验死亡，从中感悟生命的可贵。三是引导受教育者向死而生，努力于当下。只有科学地认识和思考死亡，向死而生，我们才能更加珍惜现在的生活，更有计划地安排自己的生命，努力于当下，提高生命质量，实现和创造生命价值。

四、民主与法治观教育

1. 社会主义民主教育

《中共中央关于社会主义精神文明建设指导方针的决议》指出："高度民主是社会主义的伟大目标之一，也是社会主义精神文明在国家和社会生活中的重要体现。"① 为了实现这一伟大目标，对人民群众进行社会主义民主教育是十分必要的。

进行社会主义民主教育，首先是要帮助教育对象理解和把握社会主义民主的本质和内涵。通过社会主义民主教育，要使受教育者认识到人民民主是社会主义的生命，人民当家做主是社会主义民主政治的本质和核心；要使受教有者认识到社会主义民主和资本主义民主存在本质区别，资本主义民主建立在生产

---

① 中共中央书记处研究室，中共中央文献研究室．坚持四项基本原则反对资产阶级自由[M]．北京：人民出版社，1987：6.

资料私有制基础之上，只是统治阶级内部的民主，少数剥削者的民主，社会主义民主建立在生产资料公有制基础上，是为广大劳动人民所享有的民主；要引导受教育者正确认识民主和专政、民主和集中、民主与法治的辩证统一关系；要使受教育者认识到建设高度健全的社会主义民主，是我国社会主义现代化建设的一个重要目标和长期任务，达到高度健全的社会主义民主这一目标需要一个很长的过程。只有深刻认识和全面把握社会主义民主的本质和内涵，才能更好地进行社会主义民主教育。

进行社会主义民主教育，应注重公民民主意识的培养。民主意识是享有民主权利的人们基于一定的政治知识和经验，对置身于其中的政治系统及其运作的自觉意识，是一种充满政治责任感、使命感和义务感的主体意识。民主意识的发展程度，决定着人们参与民主生活和行使民主权利的水平，从而决定着社会主义民主的实现程度。因而应采取多种措施大力培养人们的民主意识，为实现社会主义民主目标创造条件。

进行社会主义民主教育，还要加强公民政治参与能力的培养。政治参与是在民主社会中公民基于共同利益而通过合法的方式和途径参加社会政治生活，从而影响政府政治决策以及其他一切公共政治生活的政治行为。扩大公民有序政治参与是发展社会主义民主政治、建设社会主义政治文明的内在要求和重要目标。社会主义民主教育的重要内容，就是要激发人们政治参与的积极性和主动性，提高人们政治参与的能力和水平，促使人们理性、有序、广泛地参与政治生活。这既是社会主义民主教育的落脚点，也是提高公民民主意识的重要途径。

2. 社会主义法治教育

党的十五大提出了依法治国，建设社会主义法治国家的方略。十六大报告进一步强调："必须在坚持四项基本原则的前提下，继续积极稳妥地推进政治体制改革，扩大社会主义民主，健全社会主义法治，建设社会主义法治国家。"[1]党的十八届四中全会通过《中共中央关于全面推进依法治国若干重大问题的决定》，强调全面推进依法治国，建设中国特色社会主义法治体系，建设社会主义法治国家。为了达到建设社会主义法治国家的伟大目标，就必须加强社会主义法治教育，推动全社会树立法治意识。当前，进行社会主义法治教育要抓好以下几方面工作。

一是向公民普及法律知识。普及法律知识是提高公民法治素养的基础，是

---

① 中共中央文献编辑委员会. 江泽民文选：第3卷［M］. 北京：人民出版社，2006：58.

培养公民法治意识和指导公民法律实践的前提和基础。要加强法律常识教育，帮助人们理解和掌握马克思主义法学的基本观点，了解我国的法律制度和法律体系，了解宪法和法律的基本精神和内容，尤其是与人们的日常生活密切相关的法律规范的基本精神和内容。这是社会主义法治教育的基础性工作，应持之以恒地坚持抓好这一工作。

二是培养公民的法治观念。法治观念是指人们对法律现象在理性认识的基础上形成的重视、遵守和自觉地执行法律的思想观念。要着重培养人们的社会主义法治观念、权利义务观念、法律面前人人平等等观念。首先，引导公民树立社会主义法治观念。要引导人们以马克思主义为指导，正确理解社会主义民主的性质和特征，树立起符合时代精神的社会主义法治观念。其次，引导公民树立权利与义务观念。要帮助人们正确理解法律权利与法律义务的性质，把握权利与法律义务的关系，懂得如何适当行使法律权利，正确履行法律义务。帮助受教育者树立明确的法治观念，既是法治教育的基本任务，也是法治教育的核心。

三是公民应当具备一定的法律能力。法律能力主要包括法律思维能力和法律运用能力。法律思维能力是对法律原理和概念的理解与把握、法律命题的推理与归纳等能力。法律运用能力是运用法律知识和法律规范来指导个人行为，解决具体法律问题的能力。在法治教育中，要通过多种途径着力提高公民的法律能力，使法律更好地促进人们的工作和生活。

四是促使公民养成法律习惯。培养人们的法律习惯，要着重培养法律思维习惯和法律行为习惯。法律思维习惯是人们依照法律的规定、原理和精髓，去思考、分析和解决法律问题的思维方式与倾向，法律行为习惯是人们在实践中形成的依照法律办事和行为的习惯。促使公民养成法律习惯，自觉守法，"办事依法、遇事找法、解决问题用法、化解矛盾靠法"[1]，是法治教育的落脚点，是法律转化为现实力量的重要体现。要着重培养受教育者讲法律、讲证据、讲程序、讲法理的思维方式和依法办事的行为习惯，使法律落实到人们的生活中。

3. 遵纪守法教育

纪律是指一定的社会组织为自己的成员所规定的具体的行为准则。凡是社会组织，无论其目标、性质和规模有怎样的不同，都需要有规范其成员行为的纪律。社会主义社会的纪律是社会组织各项活动顺利进行的保证，也是整个社

---

[1] 新华社. 中共中央关于全面推进依法治国若干重大问题的决定 [N]. 人民日报，2014-10-29（01）.

会生活有序进行的保证。没有纪律，工作、学习、生活秩序就无法保障，社会主义现代化建设就难以正常进行。

开展遵守纪律的教育，首先要引导受教育者育者正确认识纪律和自由的关系。纪律和自由是对立统一的关系，两者相互制约、相辅相成，纪律是自由的保证，没有纪律、个人自由就无法保障，不受任何制约的绝对自由在现实生活中是根本不存在的。其次，要培养受教育者的纪律观念。社会组织应制定科学而合理的纪律，使人们有所遵循。在此基础上，要引导人们认识纪律的合理性和必要性，形成遵守纪律光荣、违反纪律可耻的意识。最后，要帮助人们养成自觉遵守纪律的习惯。要提高人们遵守纪律的自觉性，促使人们在日常工作、学习和生活中自觉地用纪律来约束和规范自己的行为。

五、道德观教育

1. 集体主义教育

集体主义是一切言论行动以合乎广大人民群众的集体利益为最高标准的思想体系。集体主义又是公民道德建设的原则，是社会主义经济、政治、文化、社会和谐建设的必然要求。在社会主义社会，人民当家做主，国家利益、集体利益和个人利益根本上的一致，集体主义成为调节三者利益关系的重要原则。集体主义教育是教育者有目的、有计划、有组织地引导受教育者树立文明集体主义观念、增强热爱集体的强烈情感、形成良好的集体主义行为习惯的实践活动。集体主义教育的内容主要包括以下几个方面：首先，要帮助受教育者认识集体主义。集体主义强调集体利益和个人利益辩证统一；强调集体利益高于个人利益，在个人利益与集体利益发生矛盾冲突时，必须坚持集体利益高于个人利益的原则，即个人应当以大局为重，使个人利益服从集体利益，为集体利益做出牺牲；强调重视和保障个人的正当利益，那种把社会主义集体看作是"敌视个人""消灭个人利益"的观点，是对集体主义的误解，社会主义集体主义原则的根本思想，就是正确处理集体利益和个人关系。其次，要培养受教育者的集体主义情感。要注意引导受教育者热爱关心集体，加强对集体的责任感和荣誉感；在集体生活中，发扬互相尊重、团结互助的精神。最后，要帮助受教育者形成良好的集体主义行为，引导受教育者在学习、工作和生活中，践行集体主义原则，正确处理国家、集体、个人的利益关系，形成良好的集体主义行为习惯。

我国正处于社会主义初级阶段，从广大人民群众的一般道德水准出发，根据发展社会主义市场经济的需要，对人们的道德要求应当具有层次性。作为社会主义道德原则的集体主义也具有层次性，大体上可分为三个层次：一是无私奉献、一心为公。这是集体主义的最高层次，是共产党员、先进分子应努力达到的道德目标。二是先公后私、先人后己。这是具有较高道德觉悟的人们能够达到的社会道德要求。三是公私兼顾。这是对我国公民最基本的道德要求。我们要根据社会的要求和受育者思想道德的实际情况，分层次地进行集体主义教育。

2. 社会公德教育

社会公德是全体公民在社会交往和公共生活中应该遵循的行为准则，涵盖了人与人、人与社会、人与自然之间的关系。在现代社会，公共生活领域不断扩大，人们相互交往日益频繁，社会公德在维护公众利益、公共秩序，保持社会方面的作用更加突出，是公民个人道德修养和社会文明程度的重要表现。进行社会公德教育，就是要大力倡导以文明礼貌、助人为乐、爱护公物、保护环境、遵纪守法为主要内容的社会公德，鼓励人们在社会上做一个好公民。首先，在人与人之间关系层面上，要倡导文明礼貌、助人为乐。要做到举止文明礼貌大方、互敬互谅，尊重他人、尊重个性、尊重差异；要"以团结互助为荣、以损人利己为耻"，积极参加公益事业，力所能及地关心和关爱他人，在对他人的关心和帮助中获得人生的快乐。其次，在人与社会之间关系层面上，要倡导爱护公物、遵纪守法。要自觉爱护公共财物，珍惜和爱护社会共同劳动成果，反对损坏公物、化公为私；要"以遵纪守法为荣、以违法乱纪为耻"，既要遵守国家颁布的有关法律、法规，也要遵守特定公共场所和单位的有关纪律规定。最后，在人与自然之间关系层面上，要倡导热爱自然、保护环境。要崇尚自然、善待生命、保护环境、节约资源，树立生态文明观念，关心、支持、参与生态文明建设，为建设生产发展、生活富裕、生态良好的文明社会做出贡献。

当前，我国公民遵守社会公德的状况，总体是好的，但也存在着一些不尽如人意甚至令人忧虑的现象。因此，必须进一步加强社会公德教育，提高社会成员遵守社会公德的自觉性，提高全社会公德水平。首先，要努力提高社会成员的科学文化素质、人文素质和心理素质，这是一项长期的工作，也是提高社会成员社会公德素养的基础性工作。其次，要建立全方位的社会公德教育体系。必须把家庭教育、学校教育和社会教育紧密结合起来，相互配合，相互促进。要突出社会公德教育，巩固家庭教育、学校教育的成果，促进公民社会公德教育的深化。再次，要开展多样化的社会公德实践活动。最后，要营造有利于社会公德教育的社会氛围。一切思想文化阵地、一切精神文化产品，都要宣传和引导社会公德规范，大力宣传良好的社会公德行为和品质，坚决批评违反社会公德规范的各种不道德行为和错误观念，帮助人们辨别是非，营造良好的舆论文化氛围。

3. 职业道德教育

职业道德是指人们在职业活动中应该遵循的行为准则，涵盖了从业人员与服务对象、职业与职工、职业与职业之间的关系。随着现代社会分工的发展和专业化程度的增强，市场竞争日趋激烈，整个社会对从业人员职业观念、职业态度、职业技能、职业纪律和职业作风的要求越来越高。因此，必须大力加强职业道德教育，不断提高从业人员的职业道德素养，鼓励人们在工作中做一个优秀的工作者。

第一，加强职业道德意识教育。职业道德意识主要包括道德情感、职业道德意志、职业道德信念等。职业道德认识是人们对职业道德知识的理解和掌握，包括对各行各业在社会中的地位、性质、作用、服务对象、服务手段等方面的认识。职业道德情感是人们根据一定的职业道德观念，在处理职业关系、评价职业行为时所产生的内心体验，主要包括对所从事职业的荣誉感、责任感等。职业道德意志是指人们在履行职业义务的过程中，自觉地克服困难和排除障碍的毅力。职业道德信念是人们发自内心地对职业道德原则和规范的真诚信仰。通过职业道德意识教育，使全体从业人员具有明确的职业道德意识是职业道德教育的基本任务。

第二，加强职业道德规范教育。社会主义职业道德规范可分为核心规范和行业具体规范两个层面。为人民服务是社会主义职业道德的核心规范，是从业人员在职业活动中应遵守的最根本的准则。职业道德规范教育的首要任务就是帮助从业人员树立为人民服务的思想。职业道德的一般规范是《公民道德建设实施纲要》① 所指出的"爱岗敬业、诚实守信、办事公道、服务群众、奉献社会"，这是对各行各业提出的共同的职业道德要求。职业道德规范教育的基本任务就是帮助从业人员掌握并践行这些规范，树立爱岗敬业意识、勤业精业意识、职业规范意识。行业具体规范是从事该行业的从业人员必须遵守的规范，帮助从业人员了解并严格遵守各行各业的具体职业道德规范，也是职业道德教育的重要任务。引导各行各业的人们从自己的工作实际出发，把握并遵守上述不同层次的道德规范，必然大大提高全社会的职业道德水平。

第三，加强职业道德行为引导。职业道德行为是指从业人员在一定的道德认知、情感、意志和信念的支配下，在实践活动中履行职业道德义务的实际行

① 中共中央文明委、中央宣传部. 公民道德建设实施纲要［M］北京：人民出版社，2001：2.

动。职业道德行为和习惯，是职业道德意识的综合表现和结果，通过职业道德行为和习惯的实际体验，又反过来提高职业道德意识水平。加强引导是职业道德教育的关键，是职业道德教育的最终落脚点。

4. 家庭美德教育

家庭美德是每个公民在家庭生活中应该遵循的行为准则，涵盖了夫妻、长幼、邻里之间的关系。家庭生活与社会生活有着密切的联系，正确对待和处理家庭问题，共同培养和发展夫妻爱情、长幼亲情、邻里友情，不仅关系到每个家庭的美满幸福，也有利于社会的安定和谐。

进行家庭美德教育，就是要大力倡导以尊老爱幼、男女平等、夫妻和睦、勤俭持家、邻里团结为主要内容的家庭道德，鼓励人们在家庭里做一个好成员。一是要引导人们树立"老吾老以及人之老，幼吾幼以及人之幼"的观念。作为家长要精心抚育子女，以民主、平等的态度对待孩子，鼓励他们自强自立、积极向上；作为子女，要孝敬父母，敬重长辈，关心他们的物质和精神生活，理解并尊重老人的意愿。二是要引导人们树立男女平等的观念，夫妻之间要实现权利和义务上的平等、人格地位上的平等，要平等地对待自己的子女；要引导人们正确处理夫妻关系，倡导互敬、互爱、互信、互谅的风气，做到夫妻双方忠诚于爱情，珍惜、保护、发展已经建立起来的情感。三是要引导人们弘扬勤俭持家的风气，勤劳节约，量力而行，量入为出，妥善安排家庭生活。四是要引导正确处理邻里关系，邻里之间要以礼相待，做到互谅互让、互帮互助、宽以待人、团结友爱。

六、心理健康教育

1. 学习心理教育

大学时期是人的社会化或心理社会性发展的重要阶段。这一时期，大学生经历着从青少年向成年人的角色转换，而心理健康是他们顺利过渡的心理基础。近年来，我国大学生心理健康教育工作得到了国家和政府的高度重视，各高等学校心理健康教育工作蓬勃开展、有声有色，并取得了很大成效。然而，人际关系、学业压力、社会适应、就业愿景等方面的困扰，必然使大学生成为各类心理行为问题的易感人群，且严重性有递增趋势。我国大学生心理健康教育虽起步较晚，但在建构大学生心理健康教育体制、打造和规范课程等方面初步形成特色。当前，有效预防大学生心理行为问题，进一步解决大学生日益增长的心理健康需要与发展不平衡、不充分的矛盾，须构建生态型的大学生心理健康教育与服务体系，着力提高全体大学生的心理健康水平。①

第一，完善心理健康教育体制。一般来说，大学生心理健康教育工作主要由心理健康教育中心或心理咨询中心总体负责。这一机构负责心理健康教育各项活动的开展、课程的安排、心理咨询与辅导活动、危机干预和处理等。在院系层面，各院系的辅导员和班主任对学生情况更为了解和熟悉，他们也是心理健康教育服务体制的重要组成部分。班级和宿舍也是开展心理健康教育工作的有效阵地。现在一些高校在班级中设立了心理委员，定期在班级内开展心理健康的主题班会或活动，取得了较好的效果。党团和社团组织往往会吸引很多大学生参与，因此，可依托党团组织和社团组织开展心理健康教育活动，比如开展专题讲座、实践活动会激发更多同学提升心理素质，进而提高其心理健康水平。最后，高校心理健康教育工作的开展离不开多个部门的支持和指导。学生处、研究生院、教务处、校团委等部门应积极协同配合，为开展学生心理健康教育工作提供有力的支持。

第二，拓宽心理健康教育途径。开展心理健康教育首先要发挥课堂的主渠道作用，通过开设不同形式的心理健康课程，大学生可以掌握心理健康的知识和调适方法，促进自己在学习、人际交往、自我和情绪以及求职就业方面的发展。同时，随着信息技术的发展，网络已成为学生获取信息的主要途径，在构建心理健康服务体系的过程中，要充分利用互联网的优势，逐步推进心理健康教育工作的信息化，构建能够与时俱进的心理健康服务体系。

第三，丰富心理健康教育的内容。从大学生希望满足的心理健康需要出发，提供更加到位的心理健康教育内容。当代大学生的心理健康服务需要聚焦在良好人际关系追求、择业和职业发展、学习进步等发展性的需要上。现有的大学生心理健康教育的模式总体上仍是以预防治疗为主，发展成长为辅，今后需要向发展成长为主转变，使大学生正确认识和处理好学习成才、人际关系、情绪管理、择业交友、社会适应、健康生活方式、求职就业等方面的具体心理行为问题。

2. 情感教育

情感教育目标的确定要人本化。以往，我们过于重视情感教育的知识灌输，目标过于抽象和理想化，割裂了情感与现实生活不可分割的联系，让生活本身在情感教育中没有价值和意义。因此，我们在设定情感教育目标时，要避免以上各种对丰富生活的裁剪和扭曲，一定要着眼于现实的生活世界，构想一个切

---

① 罗晓路. 大学生心理健康教育的现状与对策［J］. 教育研究，2018，39（01）：112-118.

实可行的目标。让学生用积极的情感感受生活的美好，享受情感对人的价值，是生活化的情感教育的最终目标。

3. 人际交往教育

人际关系的好坏是一个人是否适应现代社会及事业是否取得成功的保证。作为特殊群体的青年大学生，正是人生发展的关键时期，他们的人际交往情况直接影响他们的生活、学习及发展，也影响着高等教育目标的顺利实现。因此，培养大学生建立良好和谐的人际关系是高校思想政治教育工作的一项重要内容。一方面，人与人之间的交往是大学生获取信息、积累知识的重要方法。大学生可以通过人际交往传递信息、交流经验，从而增长见识，开阔视野。另一方面，人际交往是大学生个体认识自我、完善自我的重要手段。大学生通过人际交往，可以从言谈举止中认识对方，也可以从他人的反应和评价中了解自己。只有深刻认识自己，全面了解别人，学生的成长成才与自我完善才更加容易实现。

第二节　"思政课程"的内涵

一、"思政课程"的概念

"思政课程"即思想政治理论课程，是以系统传授马克思主义基本原理、教育学生树立共产主义远大理想和中国特色社会主义共同理想、培养学生高尚道德情操和正确价值观念、培育学生以德为先为本的综合素养等为目标追求的教育课程。因此，"思政课程"是课程德育的主渠道，是学生思想政治教育的主渠道，是引导大学生系统地掌握马克思主义基本原理和马克思主义中国化理论成果，了解党史、新中国史、改革开放史、社会主义发展史，认识世情、国情、党情，深刻领会习近平新时代中国特色社会主义思想，培养运用马克思主义立场、观点、方法分析和解决问题的能力，使其自觉践行社会主义核心价值观[1]，坚定理想信念的核心课程体系。

"思政课程"由传统的思政课程和不断创新的、具有时代特征的新思政课程组成，传统的思政课程是基本原理的宏观阐述，是一级思政课程。传统思政课程由"马克思主义基本原理概论"（原理课）、"中国近现代史纲要"（纲要课）、

---

[1] 方鸿志，刘璐，邓婉琦. 高校"课程思政"与"思政课程"协同育人研究［J］. 渤海大学学报，2021，43（03）：89-92.

"毛泽东思想和中国特色社会主义理论体系概论"（概论课）、"思想道德修养与法律基础"（基础课）构成，这四门课程是一个有机的整体，"原理课"基础性、理论性最强，"纲要课"以历史的深度和厚重见长，"概论课"的实践性、民族性和时代性最鲜明，"基础课"则注重应用性和实践性①；新思政课程是突出某一方面基本原理的微观阐述，与国家发展形势密切相关，是二级思政课程。新思政课程主要包括"形势与政策""当代世界经济与政治"以及"民族理论与政策"等。

二、"思政课程"的特征

思政课程是落实立德树人根本任务的关键课程，是马克思主义传播的主阵地，是大学生思政教育的主渠道，是社会主义核心价值观教育的主课程。2019年，习近平总书记在学校思想政治理论课教师座谈会上指出，"思政课作用不可替代，思政课教师队伍责任重大"。办好思想政治理论课，最根本的是要全面贯彻党的教育方针，解决好"培养什么人、怎样培养人、为谁培养人"这个根本问题。"思政课程"特征鲜明，主要表现在以下方面：

1. 思政课程具有意识形态性

"思政课程"属于德育课程，主要支撑学科是马克思主义理论学科，具有鲜明的意识形态性，即政治性。坚持政治方向是高校思想政治理论课教育教学的最根本准则。习近平总书记在全国高校思想政治工作会议上强调，"我们的高校是党领导下的高校，是中国特色社会主义高校。办好我们的高校，必须坚持以马克思主义为指导，全面贯彻党的教育方针。要坚持不懈传播马克思主义科学理论，抓好马克思主义理论教育，为学生一生成长奠定科学的思想基础。要坚持不懈培育和弘扬社会主义核心价值观，引导广大师生做社会主义核心价值观的坚定信仰者、积极传播者、模范践行者。"

"思政课程"是进行思想政治教育的专门课程，在系统进行马克思主义理论和思想政治理论教育方面具有较强的优势。"思政课程"教育教学对立德树人具有独特优势，其覆盖所有专业，面向所有学生，彰显社会主义大学的重要特征，是大学生思想政治教育的主渠道和高校意识形态建设的重要平台，对于引导学生坚定中国特色社会主义道路自信、理论自信、制度自信、文化自信，确立正确的政治方向、政治观点、政治信仰和政治立场发挥着重要的思想引领和价值

---

① 汪永芝，李文英. 高校思想政治理论课实践环节标准体系的构建［J］. 教育与职业，2012（20）：160-161.

导向作用。

2. 思政课程具有思想性

思政课程的思想性是在教育教学中所表现的政治倾向和社会意义。思政课程的思想性主要表现在运用马克思主义基本理论引导受教育者树立正确的世界观、人生观和价值观，培养大学生学会运用马克思主义的基本观点与方法分析问题和解决问题，这是思政课程的本质特征，也是国家对思政课程的基本要求。

中国的思想政治教育具有鲜明的时代特征，反映了中国共产党和社会主义国家的政治意志。思政课程教育教学具有导向性，促进受教育者思想政治觉悟的提高。思政课程丰富的教学内容和完整的理论体系引导大学生以正确的价值取向正确处理自身与集体、国家和他人的关系，树立与社会主义政治方向相适应的思想观念。

3. 思政课程具有外显性

显性教育是道德教育的主体方式，它是通过有意识的、直接的、外显的教育活动使受教育者自觉受到影响的有形的道德教育。显性教育是把道德教育目标作为教育活动的出发点，而显性课程是为实现教育目标而进行有组织有计划的教育教学活动。

思政课程具有显性教育的功能，是以思想政治教育为主要内容和主要目标的课程，它具有目标明确、条件可靠、效率显著等特点和优势。思政课程其最大的特点就是教育目的明确，公开的、直接向受教育者表明教育目标、教学目的和要求，即通过马克思主义科学理论和党的创新理论开展教育教学，引导受教育者认同和接受科学理论，把理论知识的认知转化为信念和信仰追求，这就是思想政治教育显性教育特征的表现。

4. 思政课程具有主体性

现代教育的本质就是要充分发挥人的主观能动性，促进人的社会化与个性化发展，不断完善自我，实现自我价值。从因果关系来看，学生是主动性的着力点，没有主体性的教育是低效率的教育。德国哲学家雅斯贝尔斯说，教育的本质是"用一颗灵魂去唤醒另一颗灵魂"，很好地表现了当代思政教育中主导性与主体性的教育原理。

一个凸显主体性的思政教育体系必须考虑到学生的知识整合、逻辑思维以及观点表达，任何一方面的缺失都必然会导致主体性的严重不足。

思政理论课的课堂教学坚持以人为本，遵循以学生为本的主体性原则，将学生看作能动的、独立的个体，把落脚点放在学生身上，增强获取知识的主体性、思考问题的主体性和表达观点的主体性，让学生真正做到从被动学习到主动学习再到研究型学习的转变。一切从学生的实际出发，尊重他们的人格和思想，与他们进行平等对话和自由交流，思政课才能入脑入心。①

第三节　思想政治教育的实践路径略论

一、掌握思想政治课堂教育的主渠道

思想政治教育理论课教学是学生思想政治教育最为根本，也是最为重要的途径。究其原因，既是由思想政治理论课教学自身特点和优质决定的，也是经由思想政治教学所取得的效果确切印证的。从思想政治理论课的特点和优势来看，首先，思想政治课具有外在的规定性，在时间和空间上都能得到保障，思想政治理论课是由国家教育部门规定的，高等学校必须开设的课程，并且为了保证其建设和发展，党和国家先后出台了各项政策和意见，这些客观上为其运转和实施提供了政策上的支撑和保障，也调动了诸多因素的支持。把相关课程设置为大学生的必修课，不仅增大了学校、教师以及学生对其重视程度，同时也使得其在时间和空间上得到了有效的保证，这为相关课程的顺利开展奠定了前提基础。其次，思想政治理论具有规划性，思想政治教育理论课是根据党和国家的要求，社会发展对人才的需求以及大学生的思想行为特点和实际等多方面因素进行内容选择和设置的，每个单独的课程具有自己的教学目标和教学任务，而各门课程综合起来形成思想政治理论课的合力。这种规划性有助于学生具体全面地学习思想政治教育理论课内容，从而对学生产生深刻的影响。再次，思想政治理论课具有师资力量的保障性。思想政治教育理论课是以马克思主义为指导思想，旨在提升大学生的思想境界和道德修养，这个任务是重要的，而且是艰巨的，不是任何普通的劳动者都可以胜任的，而是需要专业的人才。现今，各个高校都有专门从事思想政治理论课教学的教师团体，他们钻研学术，敬业奉献，成为提升大学生思想道德品质的重要引路人。

思想政治理论课具备其他教育形式所没有的优势，能够最直接取得教育效果，因而需要我们坚守思想政治理论课，并把它作为大学生思想政治教育的主渠道。坚守固然重要，但是绝不是裹足不前，故步自封，而是应该不断地优化，

---

① 谢波，刘会娜．政法院校法学课程思政建设问题探讨［J］．中国法学教育研究，2020（01）：190-210.

使其更为科学和完善。第一，在对待思想政治理论课的态度上看，要杜绝应付了事的错误做法，充分认识到思想政治理论课的价值和意义，明了思想政治理论课所承担的重要责任，只有先改变认识上的问题，才能够为实践做出正确的指导。第二，要进一步深化理论研究，为思想政治教育提供学科支撑。理论不仅是实践的来源，更是实践发展的不竭动力。只有具备理论魅力和真理魅力，才能够使思想政治理论课教学更具备吸引力。在理论研究过程中既要深化探讨基本理论问题，也要注重与实践问题相结合，使理论真正服务于课程建设。第三，要加强教师队伍建设，为思想政治理论课的开展培养专业性的人才。教师是思想政治理论课的主导者，承担着组织、管理、教育、引导、研究等多项职能。他们的理论水平决定了教学深度，他们的专业素质关乎教育的效果，因此，从源头上把好教师的质量关，健全教育和培训体系，健全考核、评价机制，完善奖惩制度，运用激励措施等，这些都是提升教师素质的重要形式。最后，要注重思想政治理论课教育模式和方法的创新，教育模式和方法是传输思想政治教育内容的重要媒介，采取适当的教育模式和方法会起到事半功倍的效果，因而要根据思想政治理论课的内容和特点，针对学生的实际需要，综合现代课程的教育教学方法，不断改进和创新思想政治理论课的模式和方法。

二、实现思想政治教育在专业课程中的育人导向

目前，我国大学都是按专业对学生进行分科教育，更需要发挥专业课育人功能，结合自身的专业课特点和职业素养要求，形成全员全过程全方位育人的浓厚氛围。在教学过程中，将专业课教育和思想政治教育有机统一起来，传授专业知识的同时，培养学生家国情怀，注重个人能力和个人素养的培育。教师要树立教书育人的理念，拓展专业思想政治教育的空间，改变单纯的专业知识的传统教学模式，适当添加一些与专业课程内容有关并且与社会紧密联系的价值观的内容，传道授业解惑，达到价值渗透的目的，丰富专业课教学，调动学生的积极性，达到专业课思想政治教育协同教育的目的。① 例如，在医学课上，讲授专业知识和基本技能专业知识的同时，专业课的老师也要注重培养学生的家国情怀，培养医学生的责任和担当，从而很好地和专业课基础知识结合起来，培养学生的情怀，走出孤芳自赏的小我，把自己的小我融入祖国的大我，人民的大我，与时代同进步，与国家共呼吸。特别是在国家危难之时，每个人都要

---

① 朱梦洁．"课程思政"的探索与实践：以专业课为视角［D］．上海：上海外国语大学，2019：50.

承担起相应的责任。最鲜活的例子就是这次疫情，在这次全民抗疫中，伟大的白衣天使们主动请缨冲在疫情的一线，为了人民的生命健康权，在拼命，医者仁心，背后是使命和担当苟利国家生死以，岂因祸福避趋之。作为新时代学医的青年，我们肩有大任，要在学好自身过硬专业本领的同时培养自己的医学美德，不辜负党的期望，成为新时代有本领、有担当的时代新人！

三、重视日常思想政治教育的主阵地

学校是学生学习和生活的重要场所，学生思想政治教育活动应该不仅只在课堂中进行，还要贯彻到学生的全部生活中，因而，应该将日常思想政治教育作为主阵地路径，并且将其做实和拓展。日常思想政治教育具有几大基本特点，其一是覆盖面广，日常思想政治教育体现在学生学习和生活的各个层面，在学校中，不仅在教育中有所体现，在服务中，在管理中甚至在课外活动中都涉及日常思想政治教育。日常思想政治教育覆盖面积的广泛性，既调动了各个层面的思想政治教育资源，也调动了不同部门的积极性，因而有助于形成整体的教育合力。其二是影响渗透性强，日常思想政治教育的形式丰富多样，但是又不似课堂教育那般直接，如果把课堂教育中的知识灌输比喻为湍急的水流，那么日常思想政治教育就如同绵绵的细雨，虽然不如课堂教育中收效那么快，但是润物细无声，往往起到意想不到的灌溉效果。日常思想政治教育将其传达的内容以学生乐于接受的形式于细微之处表现出来，对学生形成潜移默化的影响，这种影响不是一蹴而就的，可能短期之内根本意识不到，但是经过长时间的熏染渗透，最终对学生的思想品质产生了积极的影响。因而，日常思想政治教育是课堂教育的重要补充，做实日常思想政治教育有助于丰富学生思想政治教育的路径，也有助于建设整体而全面的学生思想政治教育路径体系。

当前，大学生思想政治教育的现状并不尽如人意，往往给人留下说得多，做得少的印象。如何正确把握日常思想政治教育的内容，改变原有的认识局限，实现内容的拓展深化至关重要。日常思想政治教育除了要巩固课堂教学中强调的爱国主义教育、三观教育、公民道德教育等内容以外，还应包括其他范畴，例如，"学习观和学习方法教育"、成才观和成才途径教育、心理健康教育、安全教育、法制教育、创新意识和创新能力教育、职业生涯规划和就业指导教育、社会责任教育、学术道德教育、廉政教育、领导力培养等方面。当然这些内容并不是一成不变的，而是与社会发展协调相一致，与学生发展相契合，同时日常思想政治教育内容虽然广泛，但是并不松散混乱，而是需要有规整、有层次、有步骤地进行。

四、管护好思想政治教育的网络平台

网络影响和改变了社会，也影响和改变着大学生的生活方式。网络成为当下大学生获取信息的主要途径，也成为他们表达思想、抒发情感甚至吐槽不满的重要媒介。很多大学生表示没有网络就没有了生活，从这个层面上看，网络对大学生的影响是深刻的。网络信息具有全面性，因而网络对大学生的影响也是全面的，网络生活占据着大学生大量的时间，如果不能利用好网络平台，就失去了影响大学生的一块重要的阵地。同时，网络平台具备其他路径不具备的优势。方便快捷，不受到时空限制，信息更新速度快，传播面积广，可以同时进行多端交流，因此要充分利用网络平台的特点，积极地开展思想政治教育工作。既要利用网络的广泛性、多样性、可选择性、高集成性等特征，引导学生有选择、有针对地吸纳积极健康的信息，自主自觉在网络上接受教育，完成自我学习和提升；又要利用网络信息的开放性、共享性等特点，引导学生及时接收信息，提高他们学习的积极性和主动性。此外，网络信息良莠不齐，复杂多样，在运用网络进行学习的过程中，要敦促学生自觉抵制不良信息的侵害，主动地遵守相关的法律规范准则，在运用网络的同时加强自我管理和自我约束。

五、加强思想政治教育的社会实践

1. 社会实践对学生思想政治教育具有重要价值

社会实践是高等教育中不可缺少的有机组成部分，是最重要的教学形式，是高等教育发展的共同趋势。社会实践对于学生思想政治教育具有重要的价值，它使学生能够将在课堂中学到的知识运用到实践中去，使学生对知识有进一步的深化理解，最终实现知行合一。具体来说，社会实践是学生对社会、对生活有了真实的体验，更加了解自己的国家，了解党和国家的基本方针政策，同时，亲身参与社会实践有助于学生身心的健康发展，增强自身的意志品质和社会责任感；社会实践是进行深入学习的过程，面对社会实践中遇到的问题，如何理智地对待问题、分析问题、解决问题，这些具体的能力是在书本中难以学到的，只有在社会实践中经受挫折才能掌握住。社会实践使学生从校园走向社会，了解社会发展现实，同时成为独立的社会实践主体，在实践中自我否定、自我教育、自我发展，树立正确的前进目标并为之奋斗，并且不断开阔眼界，以更好地开放和包容的心态去直面人生道路上遇到的问题，从根本上推动学生的成长成才。因而，进行思想政治教育不能够单独把学生固定在学校当中，成为温室里的花朵，要放心大胆地把他们放置在社会实践当中，接受外界风雪的洗礼，

增强学生的抵抗能力。

2. 提升社会实践实践效果的方法

社会实践的效果影响和制约着学生思想政治教育的效果，因此需要我们多维度努力来提升社会实践的效果。首先，要把社会实践作为学生思想政治教育的一项必要内容提上日程，并且以规定学时和学分的方式来保障社会实践的开展，不要让社会实践流于形式。敢于探索符合学生实际的实践形式，设立专门的组织和管理机构精心进行准备、策划和安排，在组织上行动上提供保障，力图学生能够顺利开展社会实践活动。其次，要建立学校与社会部门的稳定合作关系，社会实践部门为学生的实践提供场所和条件，学校和学生为社会实践的发展尽可能贡献力量，不是单纯的一方接济一方，而是各取所长，互助共赢。此外，还可以建立专门的社会实践活动基地，通过基地汇集人才，网络资源，最终达到辐射示范的良好效果。第三，要完善学生社会实践活动形式，包括暑期时间内、参观学习、岗位实习、公益活动、志愿者服务活动。在这些社会实践活动中既要注重实践活动本身对学生的教育和锻炼，也要注重活动中进行跟踪和活动后进行反馈，这样有助于及时发现和解决问题，同时也方便对学生的社会实践情况进行总结和评估。

除了上述内容外，外在的生活环境对学生思想政治教育产生的作用也不可小觑，尤其是人际关系方面，在教师之间、朋辈之间的交往过程中，学生容易受到影响和感染。学生思想政治教育的实践路径是发散式的，路径的多样性和交叉性决定了学生思想政治教育路径是网状结构，只有精心地编织每一根线绳，才能维护网络的质量，才能保障这个网络的最大功能的发挥①。

第四节　思想政治教育在专业教育中的作用

一、思想政治教育是专业教育的基础

自然科学中蕴含着丰富的人文价值，是求知和求善的统一。柏拉图认为，知识是以理念为基础的，最高理念是善的理念，因此，求知与求善是统一的。亚里士多德认为科学是探索世界的必然真理的公理体系，而探求知识便是最高的幸福，因此将求知和求善结合起来。每一门自然科学课程都要从历史、社会

---

① 胡巍. 学生思想政治教育路径研究 ［D］. 长春：东北师范大学，2015.

和伦理学的角度回答的三个基本问题。本学科的历史和传统是什么？本学科涉及的社会经济问题是什么？本学科面临的伦理和道德问题是什么？思想政治教育要将这些问题融入其中，激发学生学习兴趣，提高学生灵活运用知识的能力，将学术知识与伦理道德联系起来，有利于大学生健全人格的培养。

高校思想政治教育采用科学的世界观和方法论，有计划、有目的地教育和启发大学生，帮助其树立正确的政治立场、价值理想、思想观念，塑造健康的生活态度和健全的心理素质，提升道德境界。高校思想政治教育主要包括理想信念教育、爱国主义教育、公民道德教育、心理健康教育、人文素质教育等内容。专业教育中的科学知识的学习、科学思想的汲取、科学方法的训练、科学精神的熏陶，对于大学生的理想信念、道德修养、规律意识、写作能力、创新精神的养成是最重要的途径。融德育于智育之中是教育规律所决定的。在师生零距离接触中，教师的敬业精神、丰富阅历、学术水平、人格修养等是重要的、不可替代的思想政治教育资源，并有思想政治教育功能；在专业教育中，学生参与具有高度自主性和团队互动性，其相互之间的团结合作，对培养和提升其沟通能力、表达能力以及协调能力等都有重要作用。同时，专业教育教学中，科学知识的学习和专业技能的培训，也有助于学生形成科学的世界观和理想信念。专业教育启发学生科学思维、普及科学精神，具有重要的思想政治教育功能。因此，在教育实践中植入思想政治教育，是对教育载体和资源的有效利用。

二、思政教育能够促进专业教育目标的实现

现今，大学生就读于不同的专业，不同的专业有不同的专业培养目标，专业培养目标侧重于人才专业方面的科学知识、专业技能。人才培养目标与专业培养目标不同。在 2018 年 9 月的全国教育大会上强调："培养什么人，是教育的首要问题，我国是中国共产党领导的社会主义国家，就要培养德智体美劳全面发展的社会主义建设者和接班人。"明确指出了人才培养目标，指明了人才必须德才兼备。要实现人才培养目标，培养出拥护中国共产党领导和我国社会主义制度、立志为中国特色社会主义奋斗终生的有用人才。在培养人才的过程中，必须坚持"教书、育人"两个中心环节，把思想政治教育贯穿教育教学全过程，设计专业教育有机融合思想政治教育的人才培养计划，实现全方位育人。

全面深化改革的推进，对大学生的思维方式、生活方式产生重要影响，给现代高校的教育宗旨和育人目标带来重要变革。当今社会所需的复合型人才，不仅要具有扎实的专业知识和完善的思维系统，更需要具有正确的价值判断和选择能力，拥有健全人格和端正品行。专业教育与思想政治教育的育人目标是一致的。为实现共同育人目标，需要彻底改变教书育人"两张皮"现象，促进二者有机融合。专业课并非只是传授知识的载体。在教学设计与实施过程中，应始终关注如何促进学生人格与综合素质的发展。将思想政治教育中丰富的内涵融入专业教学中，结合时代发展特征，对学生进行理想信念、治学态度、创造精神以及职业道德等方面的教育，有助于健全学生适应社会发展所需要的思想理念，建构正确的价值观念体系。与此同时，在专业教学中开展思想政治教育，可以使学生将所学思想政治理论转化为现实专业学习和实践中的情感、态度与观念，帮助学生坚定专业学习的目标和信心。由此，可以实现专业教育与思想政治教育的融合，使二者在互补中共同促进学生综合素质的全面提升。大学培养的人才需要德智体美各方面全面发展，而不是仅在某一方面片面发展，更不是只重视智育的缺"德育"的发展。思想政治工作和教育内容的全面性，要求德智体美相互渗透，特别是要发掘专业知识中的思想道德和辩证思维的教育元素，结合专业教学将其渗透其中。中国古代"文以载道"表达的就是这个要求。所以从这个意义上说，所有教师都是德育教师和思想政治工作者，都应该以自己对专业知识的道德把握和渗透、以自己学高身正的师德魅力和人格，在对学生进行专业教育的同时，潜移默化地进行渗透其中的思想道德教育。教育内容的系统全面不仅一般地要求思想政治教育全面渗透到诸育之中，而且强调具体的渗透融合。比如：在近现代史中引入对中华民族伟大复兴历史进程的研究，在人文社会科学类课程中贯穿历史唯物主义教育，在自然科学类课程中结合辩证唯物主义的启迪，在专业课程中加入职业生活中的道德法律教育，在社会实践中让师生亲自体验改革开放的实践感受，在师生理论社团学习中强化对马克思主义经典著作和社会现实问题的学习研究，在互联网上的各种多元思想文化中坚持社会主义核心价值观的一元导向，在大小环境育人上注重以文化人和以文育人等。

三、思想政治教育能够促进专业教育效果的实现

1. 专业教育中融入"渗透法"

中共中央国务院印发的《关于进一步加强和改进新形势下高校思想政治工作的意见》明确指出，要"把思想价值引领贯穿教育教学全过程和各环节"。教育部颁布的《高校思想政治工作质量提升工程实施纲要》也明确指出，要"把各门专业课程所蕴含的思想政治教育元素和所承载的思想政治教育功能，融入

课堂教学各个环节"。这两部纲领性文献为专业教育与思想政治教育融合指明了实现路径。思想政治教育与专业教育是不可相互替代的两个教育过程,各有其规律性。专业教育与思想政治教育融合要遵循思想政治工作规律、遵循教书育人规律、遵循学生成长规律。因此,在专业教育中进行思想政治教育就不能机械地套用思想政治理论课或日常思想政治教育的方法。总体来讲,不宜采用宏大叙事、专题教育等方法,也不宜用大段的时间开展思想政治教育,而必须采用渗透式的教育方法。从学生在校学习的过程来看,专业课教师与学生接触时间比较多,对于专业教师进行思想政治教育学生少有先入为主的想法。所以在专业教学中,专业教师可以通过运用关联性语言或创设关联性情景,把思想政治教育元素融入课程之中,这样学生更易于接受。所谓关联性是指使事物之间发生联系的一种机制,这种机制能使专业教育所蕴含的思想政治教育元素有机融入课堂,对学生起到润物细无声的作用。特别是受学生欢迎的专业课教师,学生亲其师,信其道,其课堂的隐性思想政治教育更能产生事半功倍的效果。

2. 专业教育中融入"滴灌法"

要提升思想政治教育亲和力和针对性,将总体上的"漫灌"和因人而异的"滴灌"结合起来。滴灌式教育方法是近年来大学生思想政治教育实践中总结出来的新方法。它"强调的是点对点、面对面的教育引导和沟通协调,注重的是思想政治教育工作触角的延伸和切入。'滴灌'教育方法能够针对大学生的思想困惑和心理危机,对症下药,施以耐心、持续和恰当的思想工作"。① 滴灌式融入的"滴"是指对大学生的需要,从细微之处着手,在教育教学中坚持不懈地注入思想政治教育内容,虽是涓涓细流,却能直抵学生的心田;"灌"是指专业教师主动承担育人责任,在教学中积极进行价值引导,向学生灌输正确的世界观、人生观和价值观,虽是只言片语或是碎片式内容,却能打动学生心灵。专业教育与思想政治教育融合的内涵决定了这种"融合"必须是滴灌式融入。专业教师以专业教育为载体进行价值引领,使思想政治教育不断贴近实际、贴近生活、贴近学生,为学生点亮理想的灯、照亮前行的路,能够进一步提升思想政治教育的效果。

四、思想政治教育能够增强专业教育的吸引力和实效性

各门学科,无论属于人文社会科学还是属于自然科学,其专业教学过程中

---

① 李维意,杜萍.论高校社会主义核心价值体系"滴灌"教育模式[J].理论导刊,2014 (01):82-84.

都蕴涵着丰富的思想政治教育元素。学科的形成和发展是人类社会实践的结果，从中可以学习到一定的世界观和方法论；学科领域的优秀人物，能够激发学生树立人生理想与社会责任感；专业训练在提高学生动手能力和解决问题能力的同时，还有助于培养学生团队精神和职业道德；在专业教育实践调研中，学生可以通过实地调查来进一步加深对党的路线、方针、政策和国情的认识。这些丰富的资源和载体可以在提高思想政治教育实效性中发挥重要作用。思想政治教育浸润在专业知识中，使专业教育教学内涵更加丰富，更富有生机和人文关怀。专业课程中的思想政治教育作为一种非"标签"式的教育，论道而不仅局限于说教，述理而不生硬，靠学生自身的体验、感受来接受潜移默化的教育，有助于消除学生的逆反心理，收到良好的教育效果。不仅如此，在专业教育教学中进行思想政治教育的主体是专业教师，他们了解本学科学生的需求和思维方式，对学生更具有榜样和权威效应，进而更易在无形与点滴积累中对学生的世界观、人生观和价值观产生深刻影响。专业教师在思想政治教育中能发挥不可替代的作用。

通过专业教育中渗透思想政治教育，可以让学生在潜移默化中接受思想政治教育，通过专业实习教育加强对党的基本理论、基本路线的理解，更深刻地领悟思想政治教育传授的奉献精神、团结合作，对于团队学习有新的理解，拓宽自己的人际交往渠道，无形之中提升自己的专业素养和思想道德修养，进一步坚定自己的思想信念，不断在教育实践中完善自己，成为新时代合格的大学生。

第五节 "课程思政"与"思政课程"的关系

"思政课程"和"课程思政"是实现高校课程协同育人的重要两翼，二者并行是培养新时代全面发展人才的有效路径。要深入推进"思政课程"和"课程思政"建设，围绕立德树人的根本任务，把思政课程与课程思政教育教学相统一，探索实现思政课程与课程思政的有机结合。要想推进思政课程与课程思政实现有机结合，必须明确思政课程与课程思政的目标追求和功能定位。由此可见，课程思政与思政课程既联系密切，又有区别。

一、"课程思政"与"思政课程"的关联性

1. "思政课程"与"课程思政"结合的关键点是思政

"思政课程"与"课程思政"二者结合的关键点是思想政治教育。课程思

政是思想政治教育形态的变革，也是思想政治教育形式的变化。具体来说，就是通过创新课程形式和课堂渠道，挖掘思政课程以外的其他课程和教学方式中蕴含的思想政治教育资源，促进思想和价值的引领。

思政课程与课程思政结合的目标就是要通过课堂和课程这个主渠道，探索和丰富高校思想政治教育的多种途径与方式，加强学校思想政治教育，最后实现思政课程与课程思政同向同行，增强思想政治教育的协同效应，从而更好地完成立德树人这一根本任务，达成培养时代新人的最终目标。由此可见，二者是同向性与同行性的统一，统一于高校"培养什么样的人、如何培养人、为谁培养人"这个根本问题上，统一于"立德树人"这一中心环节。

2. "课程思政"与"思政课程"具有同向性

"课程思政"与"思政课程"都具有坚定的社会主义办学方向，二者在育人方向、政治方向以及文化认同上具有一致性。

首先，"课程思政"与"思政课程"在育人方向上具有一致性。习近平总书记在全国思想政治工作会议上强调的"三个必须"。第一点就是必须坚持以马克思主义为指导，全面贯彻党的教育方针。因此，"课程思政"与"思政课程"在立德树人的育人方向上始终是一致的。不管是"课程思政"还是"思政课程"，最根本的是要解决"培养什么样的人，为谁服务"的问题。当代中国，"课程思政"与"思政课程"的育人方向都是要统一到学习贯彻习近平新时代中国特色社会主义思想层面上，统一到中国道路、中国理论、中国制度、中国文化的认同层面上来，统一到为增强道路自信、理论自信、制度自信、文化自信的人才培养目标上①。

其次，"课程思政"与"思政课程"在政治方向上具有一致性。"三个必须"中的第二点就是必须坚持正确的政治方向②。"课程思政"与"思政课程"的教育目标都是坚持社会主义办学方向，落实党的教育方针，培养合格的社会主义建设者和接班人。"思政课程"是对国家认同、政治认同等进行正面阐述和价值引领，是加强马克思主义教育、巩固马克思主义在高校意识形态领域指导地位的重要阵地；而"课程思政"则要求并指导各类课程与"思政课程"同向同行，保证顺应国家大局、政治大局，始终坚定不移、一以贯之，共同增进大

---

① 邱仁富. 社会主义核心价值观感受性融入研究 [J]. 学校党建与思想教育, 2018 (03): 25-29.

② 张正光. "思政课程"与"课程思政"同向同行的逻辑理路 [J]. 思想政治课研究, 2018 (04): 16-19, 5.

学生的国家认同与政治认同①。简单说，核心点就是"课程思政"要在"思政课程"的基础上，坚定政治方向、把握政治大局、树立大局意识，与"思政课程"一道共同推动大学生对国家认同与对政治认同。

最后，"课程思政"与"思政课程"在文化认同上具有一致性。能否提升大学生的文化自信，是衡量高校教育有效性高低的根本所在。"课程思政"与"思政课程"建设归根到底是一个价值观认同和文化认同的问题，二者都深层次地触及文化认同、价值观认同这一层面。就二者来说，"课程思政"要解决的文化认同、价值观认同问题必须要在总体上与"思政课程"所阐释的文化认同、价值观认同保持一致，有机统一。"课程思政"与"思政课程"在当代中国价值观层面的统一性，就是要坚定当代中国的价值观，即社会主义核心价值观。社会主义核心价值观教育是两者的共同认同②。

3. "课程思政"与"思政课程"具有同行性

"课程思政"与"思政课程"在保持同向的基础上还要携手同行。"同行"是指二者在育人步调上的一致性，即在教学实践中相互补充、相互促进、共同发展，形成同频共振的效应③。所谓的"步调一致"，是指"课程思政"在课程目标、课程大纲、课程设计等方面要始终与"思政课程"同在一个频道上。也就是说，纳入"课程思政"系列的课程要在课程标准上进行顶层设计，在课程大纲、内容设计等方面进行修订和统筹考虑，根据"课程思政"的要求和标准进行修订，与"课程思政"的要求和标准相一致，即在课程体系建设上体现立德树人的根本要求，融入当代中国的价值要求，把握高校育人的方向和目标。

具体而言，相互补充是指"课程思政"与"思政课程"的功能具有互补性，即"思政课程"是思想政治教育的主阵地，而"课程思政"在其中进行隐性的价值引领，由此构建并形成以"思政课程"为轴心、以"课程思政"为补充的思想政治教育课程体系。相互促进是指"思政课程"对"课程思政"起到示范和引领作用，而"课程思政"的多学科性给予"思政课程"学科支持，从而形成两者相互促进的良性互动；共同发展则是指"课程思政"与"思政课程"相互共享信息和资源，形成二者在协同育人上的共同发展，共同为立德树

---

① 邱仁富. 社会主义核心价值观感受性融入研究［J］. 学校党建与思想教育，2018（03）：25-29.

② 林流动. "思政课程"与"课程思政"的协同要素探析［J］. 闽南师范大学学报（哲学社会科学版），2018，32（04）：153-156.

③ 王丽华. 高职院校"思政课程"与"课程思政"协同育人模式. 构建的逻辑理路探究［J］. 中国职业技术教育，2019（18）：71-74.

人提供服务①。

4. "思政课程"与"课程思政"是显性教育和隐性教育的统一

"思政课程"与"课程思政"是显性教育与隐性教育的关系，旨在形成协同效应。习近平总书记在学校思想政治理论课教师座谈会上指出，"思想政治理论课是落实立德树人根本任务的关键课程"，"思政课的作用不可替代，思政课教师队伍责任重大"，"要坚持显性教育和隐性教育相统一"。由此可见，"思政课程"是高校传播马克思主义的核心课程，思政课堂是思想教育的主渠道，其教育教学活动在明确规定的学分、课时等教学要求框架内实施，属于显性教育；而"课程思政"是立足于专业谈思政，是在传授知识和技能的过程中达到育人效果，在教育教学活动中潜移默化、润物无声地进行渗入性价值引领，属于隐性教育。二者互相促进、相得益彰。

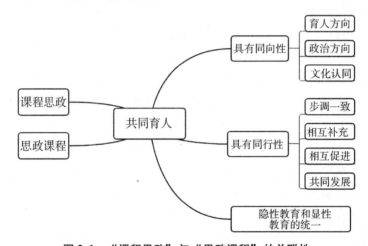

图 2.1　"课程思政"与"思政课程"的关联性

二、"课程思政"与"思政课程"的差异性

1. "课程思政"与"思政课程"的概念层级不同

"课程思政"与"思政课程"在构词上虽然形似，但在内涵和外延上差别很大，两者并不是对等的概念范畴。"思政课程"是落实立德树人根本任务的关键课程，是一类具体的思想政治理论课程体系，而"课程思政"则是要求所有课程发挥育人功能的综合型的思想政治教育课程体系，是思想政治教育形态变

---

① 邱仁富. 社会主义核心价值观感受性融入研究［J］. 学校党建与思想教育，2018（03）：25-29.

革,强调的是课程整合与协同育人的思想政治教育形式①。前者属于形而下的范畴,后者却属于形而上的范畴。

"课程思政"与"思政课程"既不是概念边界的简单互补,也不是概念内容的包含与被包含,而是同一概念体系中的不同层级关系。具体而言,"课程思政"是指导高校各门各类课程充分发挥其所承载的思想政治教育功能、形成"全课程育人"格局的一种新时代教育理念,它"将高校思想政治教育的'主渠道'从单一的思想政治理论课延伸扩展到各门各类全部课程"②,是一个综合型思想政治教育课程体系和育人体系;而"思政课程"则与其他各门各类课程一样,都是落实"课程思政"理念、发挥立德树人功能的一类具体课程体系。

2."课程思政"与"思政课程"的地位和功能不同

"课程思政"是含有思想政治教育目标的课程体系,是一种新的思想政治教育理念和课程观,寻求的是专业知识与思想政治教育内容之间的关联性,使各类课程与思想政治理论课同向同行,通过学科渗透的方式达到思想教育的目的。因此,"课程思政"的主要功能是在教育教学过程中设计德育教学目标、挖掘思想政治教育元素,并提炼出课程中所蕴含的能够体现社会主义核心价值观的价值理念和价值范式,并将这些理念和范式有效地融入课程教学的各个环节当中,引导学生将所学的知识内化为自身道德涵养和政治素养,从而使学生在学习专业知识的过程中潜移默化地塑造自己的世界观、人生观、价值观③,实现"全课程、全方位、全过程"的育人,体现出树人与育才的特征要求。

"思政课程"是专门进行思想政治理论教育的课程体系。一方面,"思政课程"是大学生思想政治教育的根基、本体和主体,主要传播社会主义意识形态,具有鲜明的政治属性,是立德树人的核心课程,是对大学生进行社会主义核心价值观教育、正确的历史观教育、马克思主义理论教育、马克思主义中国化理论教育,特别是习近平新时代中国特色社会主义思想教育的主渠道,旨在教育引导学生掌握科学理论知识、坚定理想信念、坚定"四个自信"、厚植爱国主义情怀、养成优良品德、塑造健康人格,并顺利实现立德树人的育人要求④。另一

---

① 杨威,汪萍.课程思政的"形"与"质"[J].马克思主义与现实,2021(02):195-202.

② 韩宪洲.以课程思政推动立德树人的实践创新[J].中国高等教育,2019(23):12-14.

③ 王丽华.高职院校"思政课程"与"课程思政"协同育人模式.构建的逻辑理路探究[J].中国职业技术教育,2019(18):71-74.

④ 于向东.加强高校马克思主义学院建设的若干思考[J].思想理论教育导刊,2016(03):115-118.

方面，"思政课程"对其他课程起思想引领作用。高校各类专业课程中都蕴含有丰富的思政教育资源，这些资源在没有得到发掘和整理前往往呈多样化样态，其育人功能往往是自发的、偶然的，未必与主流价值观完全一致，这时，思政课程能够起到主导作用，引领各类课程沿着正确的方向前行①。

3. "课程思政"与"思政课程"的课程特点不同

"课程思政"是一种制度化的主动对接与理性构建，是将"课程思政"的育人目标与学校和专业的人才培养目标相结合，克服思政教学与专业教学相互分离的现象，做到培养目标的一致。"课程思政"的学科支撑是马克思主义理论学科以外的其他专业学科，是在确保"思政课程"处于大学生思想政治教育主渠道地位不变的前提下，进一步拓展思想政治教育课堂教学的新渠道、新载体，是课程育人的一种新形式。

"思政课程"是高校大学生的必修课，是以马克思主义理论学科作为主要支撑学科，是具有思政属性的、系统的教育课程体系，具有特殊的育人功能。"思政课程"说明了马克思主义理论和中国特色社会主义理论是经过时间考验与实践检验的真理，它着眼于夯实学生的理论基础，其理论性更强，注重学生能够学会马克思主义的科学立场、观点和方法，具有科学性与真理性。

4. "课程思政"与"思政课程"中的"思政"侧重点不同

"课程思政"与"思政课程"共处于高校育人共同体，都以育人为基点，服从服务于立德树人的根本任务，但二者的侧重点不同。"课程思政"的理论演绎更为侧重"点"，以凸显深化之效；而"思政课程"则更为侧重"面"，以凸显体系化之功能。

"课程思政"的"思政"主要侧重于思想价值引领，采取价值引领和知识传授相结合这一最具效能的育人基本实现形式，在专业知识的传授中融入价值观的引领，有意识地渗透习近平新时代中国特色社会主义思想，"以透彻的学理分析回应学生，以彻底的思想理论说服学生，用真理的强大力量引导学生"，实现知识传授与价值引领的同频共振。

"思政课程"的"思政"侧重于思想政治理论，主要是进行系统的思想政治理论教育②。思想政治理论教育的教学内容设计重点在于阐释共产主义远大理想和中国特色社会主义共同理想的丰富内涵、实现路径与发展要求，同时与国

---

① 高君. 高校课程思政与思政课程的协同效应 [J]. 天津师范大学学报（社会科学版），2022（02）：122-128.

② 石书臣. 正确把握"课程思政"与思政课程的关系 [J]. 思想理论教育，2018（11）：57-61.

际共产主义发展史和中国共产党党史、中华人民共和国国史结合起来,让学生掌握社会和历史的发展规律;在学理上引导学生深刻认识树立远大理想、坚定理想信念的必要性与重要性,并学会运用马克思主义的立场、观点和方法解决有关人生、道德等方面的实际问题①。

5. "课程思政"与"思政课程"的授课方式不同

"课程思政"除了要符合课程教学规律之外,还要符合学生的学习规律和成长规律。"课程思政"所采取的教学方法、依据的原则一般都具有学科专业的特殊性,通常采取一种潜隐的形式渗透于专业课教学过程中,强调在专业课的教学过程当中,使学生慢慢接受和认同我国政府推行、民众普遍认同的社会意识形态,注重专业伦理、社会主义核心价值观在大学生群体中的传播②,使学生于潜移默化中接受主流价值观的熏陶。

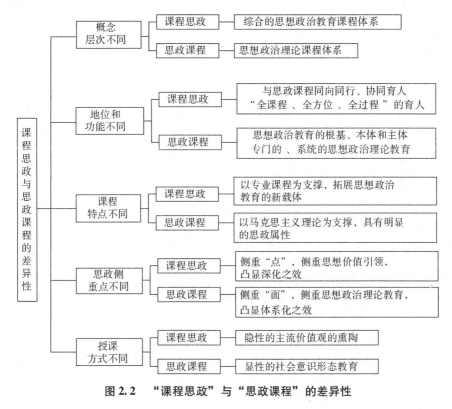

图2.2 "课程思政"与"思政课程"的差异性

① 陈华栋,苏镠镠.课程思政教育内容设计要在六个方面下功夫 [J].中国高等教育,2019(23):18-20.

② 李欢欢,韦湘燕,范小红."思政课程"向"课程思政"的发展逻辑及路径探索 [J].黑龙江教育学院学报,38(04):34-36.

　　"思政课程"的一般性和普遍性更为突出。"思政课程"授课对象为全体在校学生，更多强调一种显性的社会意识形态灌输，通过系统化的课程体系，由具有专业知识背景的教师将社会主流价值观及道德规范通过讲授法等方式直接传授给学生①。

---

① 谭晓爽．课程思政的价值内涵与实践路径探析［J］．思想政治工作研究，2018（04）：44-45．

第三章　课程思政的源起与内涵

第一节　"课程思政"的提出与发展

一、"课程思政"理念的提出

改革开放新时期，高校思想政治教育面临新的环境、新的对象，其教育方式、教育理念也必须随之改变。在思政课程建设的基础上，人们提出了协同育人及课程思政的教育理念。课程思政的提出，是中国共产党人在对既有的思政课程教育理念的传承中，立足中国实际，对马克思主义思想政治教育理念中国化的系统思考、探索和实践①。

1994年8月中共中央颁布了《关于进一步加强和改进学校德育工作的若干意见》，强调在进行课程建设时，要毫不动摇地坚持社会主义办学方向，在此思想指导下，高校在开设社科类、人文类的选修课程时，必须做到这些课程与思想品德课程和马克思主义理论课程同步规划、同步实施、相互结合、互为补充。

1995年11月，国家教委颁布《中国普通高等学校德育大纲》，进一步指出学校的全体教职工都有开展德育工作的责任，不同学科不同专业都要充分发掘和发挥德育功能，将德育与各科教学中的相关内容相结合并贯穿于教育的全过程、各环节，有效地进行德育教育。

2000年，中共中央办公厅颁发了《关于适应新形势进一步加强和改进中小学德育工作的意见》，将课程思政理念贯彻并深入中小学教育，再次对各学科教学内容和各个教学环节必须融入德育作出进一步要求。自此，课程思政的教育理念逐渐得到认同。

---

① 孟旭琼，汤志华. 改革开放以来课程思政教育理念的历史演进［J］. 河南师范大学学报，2021（5）：151-156.

2004 年 10 月，国家颁布了《关于进一步加强和改进大学生思想政治教育的意见》明确提出"高等学校思想政治理论课是大学生思想政治教育的主渠道"，"思想政治理论课是大学生的必修课"等思想，要求"努力形成以当代中国马克思主义为指导的具有中国特色、中国风格、中国气派的哲学社会科学学科体系和教材体系"，强调"各门课程都有育人功能，所有教师都负有育人职责"。

2005 年，上海市率先开启了学校思想政治教育（德育）课程改革的探索之路。上海市先后出台了《上海市学生民族精神教育指导纲要》和《上海市中小学生生命教育指导纲要》，在课程改革中推进以"学科德育"为核心理念，编制学科德育实施意见，整体构建大中小学德育体系，"把德育的核心内容有机分解到每一门课程，将社会主义核心价值观作为核心内容整体、科学、有序地融合进各学科，挖掘每一门课程的育人功能，增强每一位老师的育人责任"①。

上海课程思政改革经历了三个阶段，改革重心由中小学德育课程建设转变为大中小德育课程一体化建设，在此进程中，构建全员、全课程育人格局的理念也越来越清晰②。在此后十年里，上海市在思想政治教学领域的改革与实践不断发挥着引领作用，这个阶段的探索逐步促进了"课程思政"理念的形成。

第一阶段的探索开始于 2005 年，在中小学开启了以"学科德育"为核心理念的课程改革。上海于 2005 年先后出台了《上海市学生民族精神教育指导纲要》和《上海市中小学生生命教育指导纲要》（以下简称"两纲教育"），整体构建大中小学德育体系。自此上海在中小学德育方面坚持探索并实施了多年的"两纲教育"，推进以"学科德育"为核心理念的课程改革，将德育教学内容分解并有机融入上海市中小学的每一门课程，任课教师作为每一门课程的德育主体，承担课堂德育责任，使每一门课程都体现出德育意蕴。

第二阶段的探索始于 2010 年，聚焦于探索大中小学德育课程一体化建设。2010 年，上海承担国家教育体制改革试点项目"整体规划大中小学德育课程"，推进大中小学德育课程一体化建设。以此为契机，在"两纲教育"基础上，上海又探索形成了以社会主义核心价值观为核心教育指向，以政治认同、国家意识、文化自信和公民人格为重点的顶层内容体系构架，并根据不同学段学生特点，开展德育课程一体化设计。在这个阶段的探索中，大中小德育课程衔接主要聚焦高校思想政治理论课与中学阶段政治课程的衔接，重点解决大中小学德

---

① 高德毅，宗爱东．课程思政：有效发挥课堂育人主渠道作用的必然选择［J］．思想理论教育导刊，2017（1）：31-32.

② 金浏河，高哲．对"课程思政"的几点思辨［J］．现代职业教育，2017（18）：60.

育课程知识简单重复、层次递进不明、与学生身心发展匹配度不够等问题，切实提升大中小学德育实施的有机整体性①。

　　第三阶段的探索始于 2014 年，通过这个阶段的探索，"课程思政"理念在此阶段逐步得以形成。自 2014 年起，上海将德育纳为教育综合改革重要项目，逐步探索从"思政课程"到"课程思政"的转变。核心就是坚持"育人为本、德育为先"，把"立德树人"作为教育的根本任务，也就是把培育和践行社会主义核心价值观有机融入整个教育体系，全面渗透到学校教育教学全过程之中。2014 年上海市委、市政府印发《上海市教育综合改革方案（2014—2020 年）》，开始对高校思想政治理论课改革及"课程思政"进行探索，在全市各高校开展试点，上海大学首创的"大国方略"特色课程率先实施思政课教学改革，吸纳各人文社会科学专业知名教授担当授课老师，创新搭建"课程思政"新平台，将国情与时代进程相结合，引导青年树立正确的思想意识、凝聚爱国情怀。随着"大国方略"课程的成功示例，复旦大学"治国理政"、华东理工大学"绿色中国"、上海师范大学"闻道中国"等具有显著思政特色的专业课程大量涌现，由此开启了从"思政课程"向"课程思政"转变的探索之路。

　　2016 年 11 月 18 日，上海市社会科学界第十四届学术年会的思想政治教育学科专场研讨会在华东政法大学召开。研讨会以高校思想政治教育改革和体系创新为核心，研究"思政课程"转变为"课程思政"的教育方法，提出了"课程思政"的教学设计及教育理念。

　　2016 年 12 月 7 日，习近平总书记在全国高校思想政治工作会议上强调指出，"要用好课堂教学这个主渠道""其他各门课都要守好一段渠，种好责任田，使各类课程与思想政治理论课同向同行，形成协同效应"。

　　正是在这样的大环境、大背景下，上海牢牢抓住"思政课堂"这个主渠道和高校"育人"的本质要求，积极探索在高校构建"思想政治理论课程、综合素养课程、专业教育课程"三位一体的高校思想政治教育课程体系。2017 年 4 月 7 日，上海召开了高校思想政治工作会议，上海市委书记韩正在会议上强调"要切实把高校思想政治工作各项任务落到实处、见到实效，要突出思想引领，着力把正确的政治方向、价值导向，贯穿到立校办学、育人育才全过程；同时，他还指出各高校要抓好课堂育人、实践育人、网络育人的改革创新，推动'思政课程'向'课程思政'转变。"由此，全国各高校开始初步进行"课程思政"的理论与实践探索，将目光聚焦于课堂，在教学形式上进行创新和改革，让

---

① 邱开金. 从思政课程到课程思政，路该怎样走［N］. 中国教育报，2017-03-21.

"思政"走出"思政课",使专业课融入"思政味",传统单一的思想政治理论课开始逐步转向思政课与专业课协同育人。此后,社会各界对"课程思政"的认识不断聚焦与深化。

二、"课程思政"的政策引领与实践探索

1. "课程思政"的政策引领

党的十八大以来,中国特色社会主义进入新时代,课程思政教育理念也进入了一个新的历史发展阶段。党中央对思想政治教育作出一系列重要指示,为高校推进课程思政建设指明了前进方向,提供了根本遵循。为更好贯彻落实"立德树人"这一教育根本任务,中共中央、国务院、教育部各部委推出了一系列的政策和文件,引领高校全面推进课程思政建设。"课程思政"从提出到写进教育部文件,逐渐成为高校立德树人、铸就教育之魂的重要理念和创新实践。

2013年8月19日,习近平总书记在全国宣传思想工作会议上强调,高校要把马克思主义作为必修课,在充分发挥思想政治理论课育人功能和思想政治主阵地、主渠道中,不能单打独斗、孤军奋战,其他课程也要发挥思想政治教育的功能,教师要做到既教书又育人,全面贯彻党的教育方针,落实立德树人的根本任务,进一步深化其他课程在全方位、全过程育人中的积极作用,准确定位高校思政课程与专业课程、通识课程之间的逻辑关系,明确高校思政课程和其他课程在思想政治教育育人目标中的实现路径,科学构建高校思想政治教育的大格局。

2016年12月7日,在北京召开了全国高校思想政治工作会议,习近平总书记在会议上强调,高校思想政治工作关系着"高校培养什么样的人、如何培养人以及为谁培养人"这个根本问题。要坚持把立德树人作为中心环节,把思想政治工作贯穿教育教学全过程,实现全程育人、全方位育人,努力开创我国高等教育事业发展新局面。

2017年2月27日,中共中央 国务院印发了《关于加强和改进新形势下高校思想政治工作的意见》(以下简称《意见》),对高校思想政治工作提出了新要求。《意见》指出,要强化思想理论教育和价值引领。把理想信念教育放在首位,引导师生深刻领会党中央治国理政新理念新思想新战略,坚定中国特色社会主义道路自信、理论自信、制度自信、文化自信。《意见》还指出,要坚持全员全过程全方位育人。把思想价值引领贯穿教育教学全过程和各环节,形成教书育人、科研育人、实践育人、管理育人、服务育人、文化育人、组织育人长效机制。要推进高校思想政治工作改革创新,要健全高校思想政治工作评价体

系，研究制定内容全面、指标合理、方法科学的评价体系，推动高校思想政治工作制度化。

2017年10月18日，党的十九大报告中，明确指出要优先发展教育事业，要全面贯彻党的教育方针，落实立德树人根本任务，培养德智体美全面发展的社会主义建设者和接班人。习近平总书记还要求"把立德树人的成效作为检验学校一切工作的根本标准"。此后，为更好贯彻落实"立德树人"这一教育根本任务，教育部又推出了一系列的政策推进高校"课程思政"建设。

2017年12月4日，教育部印发了《高校思想政治工作质量提升工程实施纲要》（以下简称《纲要》）。《纲要》指出：大力推动以"课程思政"为目标的课堂教学改革，优化课程设置，修订专业教材，完善教学设计，加强教学管理，梳理各门专业课程所蕴含的思想政治教育元素和所承载的思想政治教育功能，融入课堂教学各环节，实现思想政治教育与知识体系教育的有机统一。《纲要》还指出：要聚焦突破重点难点。聚焦薄弱环节、重点难点和普遍性问题，主动打好打赢高校党的领导、基层党建和思想政治理论课"三大战役"，扭住不放啃下教师思政、课程思政、网络思政"三块硬骨头"。统筹推进课程育人。深入推动习近平新时代中国特色社会主义思想进教材、进课堂、进头脑，培育选树一批"学科育人示范课程"，建立一批"课程思政研究中心"。

2018年8月8日，教育部、财政部、国家发展改革委制定了《关于高等学校加快"双一流"建设的指导意见》（以下简称《意见》）。《意见》在引导学生成长成才一项中指出：实施普通高校思想政治理论课建设体系创新计划，大力推动以"思政课+课程思政"为目标的课堂教学改革，使各类课程、资源、力量与思想政治理论课同向同行，形成协同效应。

2018年9月10日，在全国教育大会的重要讲话中指出，要努力构建德智体美劳全面培养的教育体系，形成更高水平的人才培养体系。要把立德树人融入思想道德教育、文化知识教育、社会实践教育各环节，贯穿基础教育、职业教育、高等教育各领域，学科体系、教学体系、教材体系、管理体系要围绕这个目标来设计，教师要围绕这个目标来教，学生要围绕这个目标来学。

2018年9月17日，教育部发布《关于加快建设高水平本科教育 全面提高人才培养能力的意见》，提出要强化课程思政和专业思政。在构建全员、全过程、全方位"三全育人"大格局的过程中，要着力推动高校全面加强课程思政建设，做好整体设计，根据不同专业人才培养特点和专业能力素质要求，科学合理设计思想政治教育内容。强化每一位教师的立德树人意识，在每一门课程中有机融入思想政治教育元素，推出一批育人效果显著的精品专业课程，打造一批课程思政示范课堂，选树一批课程思政优秀教师，形成专业课教学与思想政治理论课教学紧密结合、同向同行的育人格局。

2019 年 3 月 18 日，在学校思想政治理论课教师座谈会上，习近平总书记指出，"思想政治理论课是落实立德树人根本任务的关键课程"，"思政课作用不可替代，思政课教师队伍责任重大"。同时，还提出思想政治理论课改革创新要坚持"八个相统一"，其中包括"要坚持显性教育和隐性教育相统一，挖掘其他课程和教学方式中蕴含的思想政治教育资源，实现全员全程全方位育人"。这是自 2016 年在全国高校思想政治工作会议上提出"使各类课程与思想政治理论课同向同行"以来，对推进思政课程与课程思政有机结合的再次强调。

2019 年 8 月 14 日，中共中央办公厅、国务院办公厅印发了《关于深化新时代学校思想政治理论课改革创新的若干意见》（以下简称《意见》）。《意见》指出，全面推动习近平新时代中国特色社会主义思想进教材进课堂进学生头脑，把社会主义核心价值观贯穿国民教育全过程。不断增强思政课的思想性、理论性和亲和力、针对性。整体推进高校课程思政和中小学学科德育。解决好各类课程与思政课相互配合的问题，发挥所有课程育人功能，构建全面覆盖、类型丰富、层次递进、相互支撑的课程体系，使各类课程与思政课同向同行，形成协同效应。

2019 年 9 月 29 日，教育部印发了《关于深化本科教育教学改革全面提高人才培养质量的意见》（以下简称《意见》），《意见》指出，要把课程思政建设作为落实立德树人根本任务的关键环节，坚持知识传授与价值引领相统一、显性教育与隐性教育相统一，充分发掘各类课程和教学方式中蕴含的思想政治教育资源，建成一批课程思政示范高校，推出一批课程思政示范课程，选出一批课程思政优秀教师，建设一批课程思政教学研究示范中心，引领带动全员全过程全方位育人。

2020 年 5 月 28 日，教育部印发了《高等学校课程思政建设指导纲要》（以下简称《纲要》），开始全面推进高校课程思政建设。《纲要》指出："落实立德树人根本任务，必须将价值塑造、知识传授和能力培养三者融为一体、不可割裂。全面推进课程思政建设，就是要寓价值观引导于知识传授和能力培养之中，帮助学生塑造正确的世界观、人生观、价值观，这是人才培养的应有之义，更是必备内容。"这一表述，非常准确地把握了高等学校育人工作中价值、知识、能力这三个基本要素之间的关系，深入阐述了课程思政最为本质的内涵。《纲要》还明确提出，课程思政的建设，教师队伍是"主力军"，课程建设是"主战场"，课堂教学是"主渠道"。同时，《纲要》对推进高校课程思政建设进行了整体设计，强调要科学设计课程思政教学体系，结合学科专业特点分类推进课程思政建设，推动课程思政全程融入课堂教学建设，着力提升专业教师的课程思政建设能力，完善课程思政建设评价激励机制。

综合而言，教育部启动"三全育人"综合改革，加快构建高校思政工作体系，是具有战略性、全局性、系统性的举措。《高等学校课程思政建设指导纲要》从战略意义、指导思想、建设内容、教学体系、课程分类、师资建设、政策激励、支持保障等方面，形成了全面覆盖、类型完整、层次递进、保障有力的体系性建设意见，是在当前形势下深入贯彻落实习近平总书记关于教育重要论述的关键举措，为高校进一步深化教育教学改革、发挥好每门课程的育人作用提供了重要指导。《纲要》对进一步深化推进高校课程思政改革创新明确了工作方向，具有十分重要的理论价值和实践意义。经过多年探索，课程思政"规划—设计—实施—评价—支持"的制度框架基本形成。

2. "课程思政"的实践探索

课程思政建设事关"培养什么人、怎样培养人、为谁培养人"的根本问题，是落实立德树人根本任务的战略举措，是建设高水平人才培养体系的基础工程，是构建全员全程全方位育人大格局的关键环节。课程思政提出后，教育部通过发布文件、提出意见等方式给予各地"课程思政"改革大力度的支持，并将2017年确定为"思政课教学质量年"。

为全面推进高校课程思政建设，全国各类学校纷纷进行课程思政教学改革。各类学校根据学校自身特点、结合学校实际，努力开展"课程思政"改革计划、研发专业课与思政课相结合的课程，全面推进"三全育人"综合改革。

2017年4月，为贯彻落实全国高校思想政治工作会议精神，中共上海市教育卫生工作委员会、上海市教育委员会启动了上海高校课程思政教育教学改革试点工作，从全市范围内遴选若干高校开展整体试点，在办好高校思想政治理论课的过程中，逐步推进综合素养课程和专业课程改革，整体推进高校开展"课程思政"改革试点工作。2017年6月，教育部在复旦大学召开"2017年高校思想政治理论课教学质量年上海调研会暨高校'课程思政'现场推进会"，充分肯定了上海高校"课程思政"改革敢为人先、谋划超前的经验和做法。上海"课程思政"改革为构建以思政课为核心，各类课程与思政课同向同行、形成协同效应的思想政治教育课程体系提供了一套有价值、可推广的"上海经验"。

2017年8月，上海师范大学在全校范围内开设"人生导师"系列专题沙龙，摒弃传统的大班教学模式，采用小范围的专题沙龙，授课教师由一批学术造诣高、教学能力强的"大咖"组成，授课采用师生"互动式对话"的形式，课堂主题的选择具有多样性，突破某一专业领域的限制。选课突出自主性，全校学生可在线自主选择、自主报名、自主参加，最终实现思想政治教育模式由"教导"向"引导"转变、由"教化"向"文化"转变。继上海高校陆续推行"课程思政"改革后，全国各地高校也陆续开始进行"课程思政"实施路径的探索。

2017年8月，北京联合大学艺术学院美术专业教师团队以首都北京丰富的革命历史遗址资源为依托，创新性地将首都北京156处革命历史遗址作为创作题材，并于2017年8月在八一展览馆进行首展。2017年10月16日，由北京联合大学牵头、艺术学院承办的"迎接学习党的十九大 服务北京'四个中心'建设"北京高校师生主题作品展成功开幕，展品在市属5所高校联展，首都多所高校师生到场参观，"溯源红色——北京革命历史遗址采风创作展"思想政治教育的辐射效应得以充分体现。

2017年12月，教育部教育发展研究中心与江西省委教育工委、省教育厅签署红色文化系列教材编写合作协议。根据协议，江西省将以"红色文化"为主要内容，编写包括幼儿、小学低年级、小学高年级、初中、高中（含中职中专）、大学（含高职高专）共6册红色文化教材。江西深挖革命老区丰富的红色文化资源，联合教育部编撰出版了涵盖大、中、小、幼各个学段的《红色文化》教材，并从2019年春季开始，在全省大中小幼开设红色文化课程，明确课程建设标准，构建大中小幼思政课一体化建设格局，循序渐进、螺旋上升地推进红色文化进学生头脑，激励青少年学生坚定理想信念、传承红色基因，做红色江山接班人。

2017年12月，教育部组织了200余位专家深入全国2516所普通高校，随机听了3000堂思政课，随机邀请3万多名学生参与调查，调研发现，86.6%的受访学生表示非常喜欢或比较喜欢上思政课，91.8%的受访学生表示非常喜欢或比较喜欢自己的思政课老师，91.3%的受访学生表示在思政课上很有收获或比较有收获。

2018年1月，中央电视台《焦点访谈》专题报道了上海各高校开展"课程思政"的情况。2018年1月16日，教育部专门在上海召开了加强新时代高校思想政治理论课建设现场推进会，会上总结了2017年高校思想政治理论课教学质量年成果，宣传推广上海加强高校思政课建设、推动"课程思政"取得的明显成效，对加强新时代高校思政课建设，特别是思政课教师队伍建设作出全面部署和安排。此后，全国各高校继续推进课程思政建设，课程思政教育教学改革不断深化。

2018年3月，天津工业大学实施"课程思政"教育教学改革计划，针对

"课程思政"改革计划要求，组织修订本科人才培养方案，推动实施本科教育全课程全过程"传播·塑造"工程，两年间立项建设了 58 项校级"课程思政"教育教学改革专项研究项目、43 门"课程思政"改革精品课，为广大教师提供了系列"课程思政"改革示范课程。

2019 年 6 月，河北各高校也相继开展"课程思政"实践探索。燕山大学、河北金融学院、河北工业职业技术学院等高校结合学校具体特点，推进"课程思政"建设。例如，燕山大学把为党育人、为国育才作为学校开展主题教育的着力点和突破口，针对"课程思政"建设中教师理解不到位、理论知识储备不足、教学过程中生硬加入思政课内容等问题，积极进行整改。河北工业职业技术学院开展"培育优良师德师风，践行立德树人根本任务"等专项活动，建立教育、宣传、考核、监督与奖惩相结合的师德建设长效机制。为提升教师业务能力，学院成立了业务督导组，对课堂教学进行抽查，鼓励教师做塑造学生品格、品行、品位的"大先生"。

2019 年 8 月，北京工业大学进行了关于"构建全员、全程、全方位育人格局，让各类课程与思想政治课同向同行、形成协同效应"的有益探索，把思想政治理论实践与专业实习、志愿服务、星火基金项目、三下乡等结合起来，打通思政小课堂和社会大课堂，实现课堂教学向社会实践的拓展。此外，学校还开展了青年马克思主义者工程培训班建设。

2019 年 11 月，浙江大学传媒与国际文化学院在嘉兴南湖开展马克思主义新闻观教育，感悟红船精神，以现场教学的形式呼唤学子的家国情怀，增强青年人的责任感与初心意识，唤起青年学子的时代责任感。浙江大学已经将"马克思主义新闻观"纳入传媒大类本科生必修课程体系中，并入选浙江大学"课程思政"建设项目，致力于探索学科党建、课程体系和专业实践相结合的"三位一体"综合改革。

2019 年 11 月，在被誉为"全国最大的一堂思政课"的"青年红色筑梦之旅"活动中，海南大学荣获全国先进集体奖。作为全国第二批"三全育人"综合改革试点高校，海南大学将"三全育人"与"不忘初心、牢记使命"主题教育紧密结合，把立德树人贯穿教育教学全过程，大力培养德智体美劳全面发展的社会主义建设者和接班人。为了做好"三全育人"工作，海南大学以"形成一体化育人合力、完善一体化育人内容、丰富一体化育人载体、创新一体化育人路径、强化一体化育人保障"为主要抓手，制订了《海南大学实践育人实施方案》，形成了推进工作的行动指南和"路线图"。

2019 年 11 月，以"女排精神"为教学内容的思政课程与课程思政的融合汇报会在北京体育大学排球馆举行，汇报会由马克思主义学院和中国排球运动学院排球教研室共同主办。北京体育大学排球教研室利用课堂教学主渠道，将对中国女排的敬仰和感动转化成为师生前进的动力。马克思主义学院成立了新时代女排精神课题组，从学术研究入手，探讨如何在思政课程和课程思政的融合中讲好中国女排故事。教研室与课题组以跨学科的创新形式"共同备课"，增强协同效应，共同探讨如何将中国女排故事和女排精神融于排球专项课程教学，厚植师生的爱国情感。

2020 年初，在新冠疫情突发的特殊条件下，各高校更加注重结合时事，开展"课程思政"的探索与尝试。教师在授课中结合时事热点，与学生畅叙这次疫情防控阻击战中的"硬核"科技力量。东北大学冶金学院热能系教师董辉线上讲授《制冷原理与装置》课程，以武汉方舱医院空调系统切入，迅速调动起学生的学习热情和专业责任感；东北大学教师康玉梅将土木人在武汉火神山、雷神山医院的建造过程中十天交付工程的奇迹等案例融入教学，润物无声地开展课程思政教育。

2020 年 9 月，河北省印发《全面推进高等学校课程思政建设工作方案》。要求课程思政建设在所有高校、所有学科专业全面推进。方案明确指出，重点建设各类专业课程思政体系，深入梳理专业课教学内容，结合不同课程特点、思维方法和价值理念，深入挖掘课程思政元素，有机融入课程教学，达到润物无声的育人效果。

2021 年 6 月，教育部在江西省井冈山大学召开课程思政建设工作推进会。会议系统总结《高等学校课程思政建设指导纲要》实施一年来的进展，研究部署下一阶段重点工作，全面推进课程思政高质量建设。会议公布 699 门课程思政示范课程、699 个课程思政教学名师和团队、30 个课程思政教学研究示范中心，启动建设系列课程思政资源库。由此可见，课程思政建设取得了丰硕的阶段性成果，课程思政与思政课程同向同行、协同育人的合力正在形成，育人成效初步显现。

从"思政课程"到"课程思政"是教育价值理性的回归。随着课程思政研究的逐渐深入，课程思政源流、内在机理、理论框架、方法论体系等方面的问题在一定程度上得到解决，理论逻辑与历史逻辑日益清晰；实践探索快速推进，课程思政制度机制建设、教师发展、课程与教学改革、教学资源构建趋于体系化，部分实践问题得到有效解决。回顾"课程思政"的发展历程，其研究经历了初步探索、经验总结、问题剖析、推进策略、模式构建的实践探索阶段，未来将开始进入理论深入研究和实践继续推进的发展阶段。总之，从"课程思政"

的提出到各地的实践探索再到国家的政策引领与全面推进，课程思政的"国—省—校—院—专—课"六级管理框架初步形成，但"课程思政特色"实施体系建设任重道远，推进课程思政内涵式发展是一项系统工程，需在既有研究基础上，系统筹划、创新推进。

第二节 "课程思政"的内涵

"课程思政"是当前教育改革的重要内容之一，是对习近平总书记所要求的"同向同行"和"协同效应"的一种积极回应，其要义在于强调学校各类课程都要充分发挥思想政治教育作用。充分理解"课程思政"的核心内涵，对于各类学校坚持社会主义办学方向，培养德智体美全面发展的社会主义建设者和接班人具有重要的实践意义①。

一、"课程思政"内涵的学界解读

全面把握"课程思政"，首先要了解其内涵，如此才能保证"课程思政"的顺利开展和推进。近年来教育部颁布的相关通知、文件以及教育部领导的讲话中多次出现"课程思政"这一术语。在此背景下，众多学者开始了对"思政课程"概念与内涵的争论，学者们对"课程思政"的内涵有着不同的见解，对"课程思政"这一术语的阐释还未能形成统一的概念。

孙蚌珠认为，"思政课程"是思想政治理论教育的课程体系，"课程思政"则是教学体系。②

高德毅认为，"课程思政"的实质是一种课程观，并不是增开一门课，也不是增设一项活动，而是将高校思想政治教育融入课程教学和改革的各环节、各方面，实现立德树人润物无声。③

高燕认为，"课程思政"是将马克思主义理论贯穿教学和研究的全过程，深入发掘各类课程的思想政治理论教育资源，从战略高度构建思想政治理论课、

---

① 刘承功. 高校深入推进"课程思政"的若干思考［J］. 思想理论教育，2018（06）：62-67.

② 孙蚌珠. 构建多维立体化的思想政治理论课教学体系［J］. 北京教育（德育），2016（01）：46-47.

③ 高德毅，宗爱东. 从思政课程到课程思政：从战略高度构建高校思想政治教育课程体系［J］. 中国高等教育，2017（01）：43-46.

综合素养课程、专业教育课程"三位一体"的思想政治教育课程体系，促使各专业的教育教学都善于运用马克思主义的立场、观点和方法，推动各类课程与思想政治理论课同向同行，形成协同效应的重要途径。①

闵辉认为，"课程思政"是一种整体性的课程观，是一种课程设置理念的革新，其基本理论是要充分挖掘各个学科、各类课程的思想政治教育资源，发挥不同课程的育人功能，从而营造出不同学科课程既同向同行又同心协力的思想政治教育氛围。②

田鸿芬认为，"课程思政"是指思想政治教育施教主体在各类课程的教学过程中有意识、有计划、有目的地设计教学环节，营造出教育氛围，通过间接、内隐的方式把施教主体所认可、倡导的道德规范、思想认识和政治观念有机整合融入具体的教学实践中，并传递给思想政治教育的受教主体，使受教主体最终成为符合国家发展需求的合格人才的教育理念。③

梅强认为，"课程思政"是将高校思想政治教育融入课程教学和改革的各环节、各方面，实现立德树人润物无声。要围绕"知识传授与价值引领相结合"的课程目标，强化显性思政，细化隐性思政，实现"思政寓课程、课程融思政"，构建起全员全过程全方位的育人格局。④

陆道坤认为，"课程思政"是将思想政治教育融入课程教学的各环节、各方面，以"隐性思政"的功用与"显性思政"思想政治理论课一道，共同构建全课程的育人格局。"课程思政"是课程与思想政治教育二者的叠加或者复合，明确这一概念要从四个方面着眼：课程、思想政治教育、课程与思想政治教育的结合原理、课程与思想政治教育结合的背景。⑤

喻江亭认为，"课程思政"从涵盖范围而言有广义和狭义之分，广义上的"课程思政"包含了高校各类育人的途径和方式，包括科研育人、文化育人、心理育人等，而狭义的"课程思政"则是指在课堂教学中融入思想政治教育的理念，即在所有的课程教学中将知识传授与价值引导有机结合，提炼出课程中所

---

① 高燕. 课程思政建设的关键问题与解决路径 [J]. 中国高等教育, 2017 (Z3)：11-14.

② 闵辉. 课程思政与高校哲学社会科学育人功能 [J]. 思想理论教育, 2017 (07)：21-25.

③ 田鸿芬, 付洪. 课程思政：高校专业课教学融入思想政治教育的实践路径 [J]. 未来与发展, 2018, 42 (04)：99-103.

④ 梅强. 以点引线 以线带面：高校两类全覆盖课程思政探索与实践 [J]. 中国大学教学, 2018 (09)：20-22, 59.

⑤ 陆道坤. 课程思政推行中若干核心问题及解决思路：基于专业课程思政的探讨 [J]. 思想理论教育, 2018 (03)：64-69.

蕴含的爱国情怀、人文精神等价值范式，使学生在认知、情感、意志和行为等方面树立正确的价值取向。①

史巍认为，"课程思政"是对以往高校育人课程方法的革新，它改变了原有毕其功于思想政治理论课一役的做法，使其他课程成为价值观教育的有效载体，更加注重在整体课程设计中融入思想政治教育内容，发挥好所有课程的守渠和育人功能。②

罗珍颖认为，"课程思政"是高校在所开设的各类人文社科通识课程、自然科学课程和专业课程里，将各门课程显在和隐在的各类思想政治教育资源都挖掘开发出来，并将其融入大学思想政治教育体系之中，从而形成这类课程与思想政治理论课有协同效应的立德树人育人理念。③

杨涵认为，"课程思政"是通过深入挖掘专业课和公共课的德育因素，促进显性教育和隐性教育相融合，构建思政理论课、公共素养课、专业技能课三位一体的高校思政课程体系和思政课教师、专业课教师与专业技能课教师协同联动的高校思政德育人体系，从而实现从"思政课程"主渠道平面育人向"课程思政"全方位立体化育人的创造性转化。④

张玥等认为，所谓"课程思政"，是指将马克思主义理论贯穿教学和研究的全过程，深入挖掘各类课程的思想政治理论教育资源，高校设置的所有学科及相应课程都要从战略高度构建全员、全过程、全方位及全课程的育人格局，使高校各类课程与思想政治理论课同向同行，形成协同效应，并始终贯穿立德树人根本任务的一种综合教育理念。⑤

赵继伟认为，"课程思政"包括"思想政治理论课""专业课""通识课"和"思想政治教育（实践）活动"等关键词，其含义可以初步理解为：依托或借助思想政治理论课、专业课、通识课等课程而开展的思想政治教育实践活动。"课程思政"不是一种新的理念，而是"大思政"理念、"隐性思想政治教育"

① 喻江亭. 论毛泽东的传统文化观与其当代价值 [C] //孙君恒. 传统文化与马克思主义中国化研讨会论文集. 武汉：武汉大学出版社，2018：326-329.

② 史巍. 论以"课程思政"实现协同育人的关键点位及有效落实 [J]. 学术论坛，2018（04）：168-173.

③ 罗珍颖. 课程思政视角下残疾大学生的素质能力培养研究 [J]. 时代教育，2018（10）：57.

④ 杨涵. 从"思政课程"到"课程思政"：论上海高校思想政治理论课改革的切入点 [J]. 扬州大学学报（高教研究版），2018，22（02）：98-104.

⑤ 张玥，张露青，王锦帆. 医学院校专业课"课程思政"的逻辑解释与实现路径 [J]. 南京医科大学学报（社会科学版），2019（05）：411-414.

理念在课程教学中的具体体现和呈现。①

朱漪认为，"课程思政"就是任何一门课程都具有思政要素、具备思政功能，只不过多少而已以及是否显示出来或被发掘出来。从广义来看，思政的含义即任何教育人的元素都属于思政范畴，那么任何课程都是育人课程，当然任何课程都具有思政要素与功能。如果从狭义的角度来看，思政的育人要素与功能是有一定限定与范围的，也是有特定目标与任务的。②

方黎从青年文化选择的学理角度出发，认为"课程思政"对"优化思想政治理论课的呈现方式、实现课堂从'约束'到'解放'发展、转变专业课等非思想政治理论课教师的思想意识、实现受众由'成物'到'成人'、推进'第二课堂'建设、实现'理性'与'感性'相结合"等方面有着巨大意义，实现了青年文化选择合规律性与合目的性的统一。③

韩宪洲认为，"课程思政"是对新时代中国特色社会主义教育理论体系的生动实践，是新时代我国高等教育发展的理念创新、实践创新、制度创新、文化创新，是新时代我国高等教育领域为更好落实立德树人根本任务而探索创新的新兴事物。④

就"课程思政"的内涵而言，各界学者从课程思政的内在规定性、学理、育人功能、价值意蕴、基本特征、生成路径（逻辑）、本质（基本内核）、哲学意蕴等角度进行探究。尽管学界对"课程思政"的内涵解读的角度不同，但在一定程度上达成一致，即课程思政是学校教育之"立德树人"的组成部分，并与思政课程及其他育人方式"同向同行"，它是一种思想政治教育理念、活动，由学科育人功能生成并与学科有机融合，是隐性思想政治教育等⑤。总之，"课程思政"概念的提出，极大地丰富了思想政治教育的内涵，突破了传统教育理念的局限，具有传授知识与价值引领的双重育人功能，形成了更为科学的课程体系，从而促进了思想政治教育的现代化发展。

---

① 赵继伟．"课程思政"：涵义、理念、问题与对策［J］．湖北经济学院报，2019，17（02）：114-119.
② 朱漪．论课程思政的辩证法特征［J］．教书育人（高教论坛），2019（12）：66-68.
③ 方黎．"课程思政"为什么受青年学生喜爱：基于青年文化选择的学理分析［J］．广西社会科学，2019（04）：179-183.
④ 韩宪洲．课程思政的发展历程、基本现状与实践反思［J］．中国高等教育，2021（23）：20-22.
⑤ 陆道坤．新时代课程思政的研究进展、难点焦点及未来走向［J］．新疆师范大学学报（哲学社会科学版），2022，43（03）：43-58.

二、"课程思政"的概念及本质

1. "课程思政"的概念

"课程思政"是对"思政课程"这一高校思想政治教育直接渠道的拓展和深化，是建构高校"大思政"教育体系、贯彻和践行"要坚持把立德树人作为中心环节，把思想政治工作贯穿教育教学全过程，实现全程育人、全方位育人"要求的重要举措。

课程思政以培养什么人、怎样培养人和为谁培养人为根本导向，是对单纯依赖思政课程在专业课程育人中很难体现完整育人效果的积极回应，它是对传统的思想政治教育在观念上的突破、载体上的扩展、方法上的创新①。课程思政有着三维诠释向度。在宏观层面，课程思政作为一种教育观，反映的是教育整体性哲学观点，是教育主体基于人的全面发展目标而进行的教育价值选择与追求。在中观层面，课程思政是一种课程观，是教育价值实现的载体。在微观层面，课程思政是一种教学方法论，是教育价值实现的方式手段②。

"课程思政"是在"立德树人"教育理念的引领下，将思想政治教育理念贯彻于教育教学的全过程中，促进各门课程在知识传授的过程中强化思想价值引领，从而与"思政课程"形成协同效应。从"课程思政"的概念来看，有广义和狭义之分。

从广义上讲，"课程思政"是一种德育思想和教育理念，它把"立德树人"作为教育根本任务，从立德树人的本质出发，以德育为目标，以课程为载体，以全员、全方位、全程的"三全育人"格局，构建思想政治理论课、综合素质课和专业教育课程"三位一体"的思想政治教育课程体系，促进专业教学与思想政治教学有机融合，使各类课程与思想政治理论课同向同行，形成协同效应，对受教者发挥价值引领和人生教化作用的一种创新的综合教育理念和科学的教学方法③。广义的"课程思政"概念与通过课程之外的其他渠道的思想政治教育，如"科研思政""实践思政""文化思政""网络思政""心理思政""管理

---

① 张驰，宋来."课程思政"升级与深化的三维向度 [J]. 思想教育研究，2020（02）：93-98.

② 张兴海，李姗姗. 高校课程思政改革的"四论" [J]. 中国高等教育，2020（Z2）：7-9.

③ 高德毅，宗爱东. 课程思政：有效发挥课堂育人主渠道作用的必然选择 [J]. 思想理论教育导刊，2017（1）：31-32.

思政""服务思政""资助思政""组织思政"等概念相对应①。

从狭义上讲,"课程思政"是课程与教学论在交叉学科中的具体化,是指高校在专门的"思政课程"之外的课程教学中融入思想政治教育,即在充分发挥思想政治理论课主渠道作用的基础上,通过深入挖掘各类专业、各门课程的思想政治教育潜质,强化专业课程的思想政治教育功能,将思想政治教育元素融入各专业的课程教学和改革的各个环节,在潜移默化中对受教者发挥价值引领作用,促进显性教育和隐性教育的融合,实现思想政治教育与知识体系教育的统一,从而实现"立德树人"目标的一种创新的教育理念和科学的教学方法。

2. "课程思政"的本质

课程思政的本质是立德树人,基于"育人"而生、围绕"育人"而行。课程思政以构建全员、全程、全课程育人格局的形式将各类课程与思想政治理论课同向同行,形成协同效应,把"立德树人"作为教育的根本任务的一种综合教育理念。它是一种广义的教育观、课程观,是将知识教育和理想信念教育、道德教育三者有机结合,把思想引导和价值观塑造有机灵活地融入每一门课程的教学实践中,让所有的课程都发挥出教书育人的功能②。因此,课程思政的本质意义就在于深化了对思政元素所承载的育人功能的认识,真正回归了思政元素所承的载育人功能和价值,而且,这种育人的功能和价值是课程本身所具有的,也是对课程原本结构中功能和价值的一种提升③。

"课程思政"不是指具体的思政课程,也不是简单地在专业课程教学中讲述思想政治教育的内容,"课程思政"的实质就是以深化思政课程体系为原始动力,在发展和创新思政课程形式的同时,将专业课程纳入思政教育和价值输送体系,即在专业课程教学中找到德育和职业生涯规划教育的切入点,引入经典案例和社会实践指导,使社会主义核心价值观与专业知识达成共振,用专业课程中蕴含的政治理念、道德规范等引导和激励青年大学生成长成才。

好的思想政治工作应该像盐,但不能光吃盐,最好的方式是将盐溶解到各种食物中自然而然吸收。因此,"课程思政"要立足学科和课程特色来设计课程教学指南和方案,在传授知识的基础上,深入挖掘专业课和综合素养课的德育

---

① 成桂英. 推动"课程思政"教学改革的三个着力点 [J]. 思想理论教育导刊, 2018 (09): 67-70.

② 杜国明, 韦春玲, 黄善林. 课程思政实践的研究进展及展望 [J]. 中国农业教育, 2019 (5): 88-94.

③ 高君. 高校课程思政与思政课程的协同效应 [J]. 天津师范大学学报 (社会科学版), 2022 (02): 122-128.

内涵和德育因素，将思想政治教育和专业知识产生共鸣的价值和理念融入专业课程教学过程中，引导学生将所学知识转化为品德、素质或能力，以充分发挥思想政治教育的育人功能。"课程思政"要通过构建思想政治理论课、综合素养课、专业课三位一体的综合型思想政治教育课程体系和思政课教师、专业教师、校内外专家协同联动的育人体系①，推动单一的"思政课程"向统一的"课程思政"大格局转变，实现从原有单一的思想政治课程式教育向立体化的德育模式转化②。

综合可见，"课程思政"即"课程承载思政、思政寓于课程"，是一种新的思想政治工作理念，是对传统思政教育在观念上的突破、队伍上的扩充、载体上的拓展、内容上的丰富和方法上的创新。通过创新思政教育理念，充分挖掘和充实各类课程的思政教育资源，促进各类课程与思想政治教育有机融合，从而扩展思想政治教育内涵及外延，实现全员育人、全过程育人的大思政格局③。所以，课程思政在本质上还是一种教育，要坚持以德立身、以德立学、以德施教，从而实现教育"立德树人"的根本任务。

三、"课程思政"的特点

1. 课程思政具有社会性

"课程思政"具有鲜明的社会性，它涉及社会的方方面面。教育家陶行知先生曾提出"生活即教育，社会即学校，教学做合一"的主张，这也充分说明了教育离不开社会作用的影响。任何课程体系的构建，都存在学术逻辑与社会逻辑两种价值取向。学术逻辑强调知识本质的探索，社会逻辑则凸显社会需求，虽侧重不同，但对"课程思政"而言，均不可或缺。

在当今社会利益分化、多元价值观念相互碰撞的背景下，各种碎片化信息的接收使得人们容易受到外界的影响。党和政府总是会根据不同发展阶段的实际问题，推出解决思政教育问题的各种对策。课程思政的任务就是要从国家道德、社会公德、职业道德、个人道德等视角对社会主义核心价值观进行细化，寻找社会主义核心价值观的历史源头，分析其在伦理、法治、文化等不同领域

---

① 杨涵. 从"思政课程"到"课程思政"——论上海高校思想政治理论课改革的切入点 [J]. 扬州大学学报（高教研究版），2018，22（02）：98-104.
② 王茜. "课程思政"融入研究生课程体系初探 [J]. 研究生教育研究，2019（04）：64-68，75.
③ 何红娟. "思政课程"到"课程思政"发展的内在逻辑及建构策略 [J]. 思想政治教育研究，2017，33（05）：60-64.

的表现形态，引导学生对社会主义核心价值体系形成全面的了解。

2. 课程思政具有协作性

教育以人才培养为核心、以立德树人为根本，其重心是实现学生德智体美全面发展。"综合协同育人"是坚持社会主义办学方向，构建德智体美劳全面培养的教育体系的根本途径。从课程思政的提出来看，其基本要求就是各类课程与思想政治理论课同向同行，形成协同效应是推进课程思政建设的目标指向。协同育人这一目标的实现有赖于高校各个部门、各个教师的联合作战，有赖于所有学科与课程的共同作用，还需要各类课程的协同合作，"课程思政"便是顺应了此举的创新。

"课程思政"的协作性就是围绕"课程思政"所要求的价值塑造、能力培养、知识传授三位一体的教学目标，发挥专业课程的育人功能和所有教师的育人责任，构建分工明确又协同一致的立体式、全员化的育人体系，推动"思政课程"单渠道育人向"思政课程"和"课程思政"有机结合的立体化育人模式转化。

3. 课程思政具有内隐性

思想政治教育实施的目的既可以通过显性的方式旗帜鲜明地加以表达，也可以凭隐性的方式潜藏在教育过程之中。"思政课程"具有显性教育的性质，直接对受教育者进行思想政治教育；"课程思政"则具有隐性教育功能，是"思政课程"的系统性延展与补充。"课程思政"隐性教育具有榜样示范性、交流平等性、知识专业性和方式灵活性的特点，可以弥补思政课程显性教育的一些局限，从而达到显性教育与隐性教育的统一。

"课程思政"对学生而言是"隐性"的，强调学生在接受专业课程之外受到无形的教育。相对于"增加知识储备"，"培养人格、塑造品性和培育公共精神"具有隐性的特征，教师应通过有意识的施教，以"润物细无声"的方式，让思政元素自然地流淌于课程教学之中，帮助学生实现"增值"。"课程思政"可以通过专业课程、专业课堂和教学方式中蕴含的思想政治教育资源进行教育教学活动，发挥其隐性的思想政治教育功能，实现思想和价值引领，增强学生的价值判断和选择能力，帮助学生健康成长，实现立德树人的目的。

4. 课程思政具有自然性

所谓的"自然性"就是要遵循思想政治教育过程的逻辑，减少"人为的干预"，使教育的流程顺畅自然。思想政治教育应尊重、遵循认知规律，将知识的呈现固着在学生的情感基础之上，做到情知互补、情知合一，不能因为要结合思想政治教育而导致课程教学中知识传授、能力培养与价值引领之间的割裂甚至冲突。

"课程思政"要根据教育目标、教育主体、教育目的，将"课程思政"加以灵活运用，体现"教无定法"的自然本性，在尊重学生们自身性格及特点的前提下，依据每科专业课自身或严谨、或轻松、或感性的特点，寻找适合的、与思想政治教育相结合的方式进行改革，从而做到"术道结合"，做到 1+1>2，真正达到习近平总书记所要求的"守好一段渠、种好责任田""与思想政治理论课同向同行，形成协同效应"。

5. 课程思政具有暗示性

受暗示性是人的一种天性，接受暗示的前提是无意识心理作用，即人在没有心理抗拒的前提下自然而然地接纳某种外在或自身思想、行为乃至外在情境的影响。

暗示教育是思想政治教育"柔性施教"的一种有效方式。对于教育者来说，暗示教育方式是有意识的，是主动影响大学生的柔性施教过程；而对于受教育者而言，他们完全是在无意识的状态下自然接纳教育影响。也就是说，对于教育者，暗示教育方式是理性化的精心设计过程，而对于受教育者，思想政治教育的影响则是在非理性的状态下发生作用的。

专业课程作为"课程思政"的重要组成部分，教育者要在专业课程教育教学过程中，结合其逻辑思维特点，有意识地、潜移默化地对学生进行思想教育，实现专业知识的传授与价值引导的有机统一，达到"以文化人、以文育人"的隐形"课程思政"目的。

第四章　课程思政的理论探究

2016 年 12 月在全国高校思想政治工作会议上，习近平总书记强调要用好课堂教学这个主渠道，"各类课程都要与思想政治理论课同向同行，形成协同效应"的课程思政目标要求。在 2017 年教育部发布的《高校思想政治工作质量提升工程实施纲要》中，课程育人位列"十大育人体系"之首。如何打破长期以来思想政治教育与专业教育相互隔绝的"孤岛效应"，将立德树人贯彻到高校课堂教学全过程、全方位、全员之中，推动思政课程与课程思政协同前行、相得益彰，构筑育人大格局，是新时代中国高校面临的重要任务之一。

孔子曰："质而无文，其行不远。文而无质，其行不久。"教育主体的主观认识对教育过程和结果具有重要影响，理论创新是实践创新的内在先导。理论是行动的指南，任何一门应用科学的成就，都与基础理论和应用基础研究的发展息息相关，基础理论的可靠性是技术成熟程度的重要标志。高校课程思政的推进和发展也需要首先通过理论创新来提供前瞻和指引，只有具有了良好的理论基础，才能够有效地展开课程思政，因此本章通过对马克思主义人学理论、自我塑造理论、积极心理学理论、生态系统理论等哲学、心理学和社会学理论的分析，深入探索和发掘了专业学科与思想政治教育的内在联系。

2021 年两会期间，习近平总书记进一步提出"'大思政课'我们要善用之，一定要跟现实结合起来"。同年，他在庆祝中国共产党成立 100 周年大会上的重要讲话中，明确提出"把马克思主义基本原理同中国具体实际相结合、同中华优秀传统文化相结合"的重大理论观点。课程思政的深入推进正是"两个结合"的重要体现。进入新时代，培养什么人、怎样培养人、为谁培养人成为中国高等教育必须回答的根本问题。高校作为人才培养的主阵地，只有坚定贯彻党的教育方针，坚持社会主义大学办学方向，才能承担起培养担当民族复兴大任的时代新人的历史使命和时代责任。课程思政能否在高校有效推进，根本上还是依托于专业课教师的素质和能力。推动思政课程与课程思政协同前行，这就要求专业课教师在具有专业学科知识的同时，还必须熟练掌握思想政治教育知识，因此通过本书的理论分析，探索和发掘心理学、社会学与思想政治教育的内在联系，将专业理论与思想政治教育相融合就显得尤为重要。本书通过理论分析，探索如何充分发挥课堂教学在育人中主渠道作用，着力将思想政治教育贯穿于教育教学的全过程、将教书育人落实于课堂教学的主渠道之中，推进课程与思政同向同行、相得益彰，形成协同效应，为课程思政的落实和推进提供理论先导。

第一节　马克思主义人学理论

一、马克思主义人学理论简述

从哲学诞生起，对于人的研究就引起了哲学家的兴趣，到文艺复兴之后，得到了哲学家的重视。文艺复兴运动充分肯定了人的价值，重视人性，提倡发扬人的个性。虽然文艺复兴时期关于人的思考还存在很多问题，但却打开了对人的研究的大门。

马克思主义人学思想是在对黑格尔和费尔巴哈的思想批判继承的基础上提出来的。黑格尔的哲学思想中，他强调了人的存在，肯定了人的精神性和独立自主性。费尔巴哈摒弃了黑格尔思想中唯心主义的部分，提出以人为本的思想，但费尔巴哈所强调的"人"是宗教哲学中抽象概念的人。而马克思回归现实，立足于对从事劳动实践的人的研究，开始了自己的人学研究。

在《1844 年经济学哲学手稿》中，马克思的思想仍受费尔巴哈思想的影响，从人对自然的改造方面论证了人的本质的形成和发展，从人的劳动中揭示了人的社会特质，提出人是社会存在物。1845 年，马克思发表的《关于费尔巴哈的提纲》一文中，对费尔巴哈的人本主义思想进行了批判，以社会实践的观点明确了人在社会中的作用。马克思中的人学思想对人的本质、人的价值和人的全面发展进行了深入的探究。

1. 人的本质

人的本质论是马克思主义人学中最重要的内容，马克思对人的本质的界定是在继承和批判黑格尔和费尔巴哈的基础上提出的。黑格尔"把劳动看作人的本质，看作人的自我确证的本质"，但"黑格尔唯一知道并承认的劳动是抽象的精神的劳动"。马克思受到黑格尔关于人的思想的影响，后期又吸收了费尔巴哈所推崇的人的本质在于其社会特质的理论，并加以升华。马克思立足历史唯物主义的观点，他指出"人的本质不是单个人所固有的抽象物，在其现实性上，它是一切社会关系的总和"。人不是单个独立的抽象事物，而是生活在错综复杂的社会关系网中的。想要精准地把握人的本质，就要以人的全部社会关系为基础，从整体上把握人的本质。此外，事物都是在不停发展的，人的本质也一样，不是一成不变的，而是随着社会生产力的发展和社会关系的演变而不断发展的。在不同学科的知识中，无不渗透着人的活动和智慧的成果，全面理解人的本质，从人的认知和行为入手，通过认知和行为的互动进而影响人的社会关系，来追踪和把握人发展的轨迹。

2. 人的价值

马克思指出，"价值这个普遍的概念是从人们对待满足他们需要的外界物的关系中产生的"。由此可以看出，马克思主义的价值观是在人们与外界发生联系时产生的，是通过实践创造出来的。人与自我和人与他人之间的相互需要和相互满足的关系，体现了人自我价值和社会价值。社会属性是人的根本属性，人的实践都是在一定的社会关系中展开的，人的价值实现也一定存在于社会关系中。人既是价值的主体，也是价值的客体。当人作为价值客体去满足他人需要，为他人起到积极作用时，这就是实现社会价值的过程。而当人作为价值客体，满足作为价值主体的自己的需要时，对自己产生了积极作用，这就实现了自我价值。肯定自我价值就要不断鼓励自己、完善自己、提升自己、发展自己。

3. 人的全面发展

人的自由而全面的发展是马克思的宏伟理想，而促进人的全面发展也正是教育的目标。在马克思主义人学理论中，人的全面发展理论占有核心地位。马克思主义理论认为，人通过不断进行自我塑造，是能够完成自我生成和自我实现的。马克思主义人学所讲的人的全面发展有三方面含义：第一是全面发展的社会关系。人不是独立存在的事物，而是生活在丰富繁杂的社会关系网络中的。这些社会关系网络关系到人们生活、工作、学习的方方面面，在这些关系链条中，我们要努力做到面面俱到，全面发展。第二是全面发展的自身素质。自身素质是囊括了身体素质、文化素养、道德情操、思想品行、心理素质、政治觉悟等在内的多方面的综合素质，在素质培养阶段，要德智体美全面发展，在增强文化素养的同时，不能忽视心理素质、身体素质的培养，更不能轻视思想政治教育。第三是全面发展的个性。恩格斯在1847年的《共产主义原理》中指出"根据共产主义原则组织起来的社会，将使自己的成员能够全面发挥他们的得到全面发展的才能"。个体的全面发展要依托于生产力发展的普遍规律，结合自身的社会实践，允许个体差异，充分发挥自身个性。

二、马克思主义人学理论与课程思政的契合

习近平总书记在全国教育大会上强调："要培养德智体美劳全面发展的社会主义建设者和接班人，努力构建德智体美劳全面培养的教育体系，形成更高水平的人才培养体系。要把立德树人融入思想道德教育、文化知识教育、社会实践教育各环节，贯穿基础教育、职业教育、高等教育各领域。"为实现这一目标，2020 年 3 月 20 日，中共中央 国务院下发了《关于全面加强新时代大中小学劳动教育的意见》，强调劳动教育是中国特色社会主义教育制度的重要内容，要把劳动教育纳入人才培养全过程，把握育人导向，遵循教育规律，创新体制机制，注重教育实效，实现知行合一，促进学生形成正确的世界观、人生观、价值观。马克思主义人学理论认为，劳动创造人的价值，同时也产生人的各种社会关系。课程思政正是从人的全面发展和人的劳动本质上契合了马克思主义人学的核心。而促进人的自由全面发展，实现人的价值正是高校进行教学改革的终极目标。

习近平总书记在全国高校思想政治工作会议上指出："要用好课堂教学这个主渠道，提升思想政治教育亲和力和针对性，满足学生成长发展需求和期待，使各类课程与思想政治理论课同向同行，形成协同效应。"课程思政不同于思想政治教育课程，是将各种元素与专业知识相融合，以专业课程为切入点，激发社会主义核心价值观和专业知识产生共鸣，是对传统思政教育理念的革新、方法的创新和内容的丰富，将传统的思政教育形式向立体化的思想道德教育转化。学生的需求和期待，反映了人的发展本质，满足需求的过程就是实现价值的过程，深刻理解并把握人的本质，实现价值，是做好育人工作的根本保证。

课程思政改革需要教师遵循人本主义原则，掌握学生身心发展规律，因材施教，制定符合学生个性化和全面化发展的教学计划，力争使教育内容符合学生的需求。注重挖掘学生的内在价值，对学生的价值观加以引导。教育是不能脱离生活和劳动而独立存在的，在教学中要培养学生勤俭、奋斗、创新、奉献的精神，提高学生的实干能力，培养学生的服务意识，提升学生的综合素质，促进学生全面发展、健康成长。注重挖掘学生的内在动力，增加实践机会，对提高思政教育的实效性，实现课程思政目标，实现个人价值和社会价值具有重要意义。这种以人为本的教育原则与马克思主义人学理论内在要求的人的主体价值相互呼应。

三、马克思主义人学理论与课程思政融合过程

1. 坚持教育过程中"以人为本"

教育过程中"以人为本"的原则要求教育者充分尊重受教育者的主体地位，关注和尊重受教育者的需求，切实深入学生的思想研究。

教育是教与学之间平等的互动过程，需要教育者和受教育者在教育过程充分做到互相尊重。随着社会的进步和教育的不断改革，师生关系从严重的主从关系正在向平等关系转变。师生关系的良性转变，有利于营造轻松、开放的学习氛围，可以更好地激发学生的参与热情。由于学生的智力程度、生长环境、受教育情况等情况的差异，每位学生都有自己的个性。在教育过程中，教育者要承认学生的个体差异，并且做到充分地尊重和保护学生的个性和独立的人格，使学生获得有尊严的教育。

人是教育的核心，必须满足人的需求才能实现教育的最终目标。教育过程中，要对人的物质享受、精神需求和理想人格同等关注，缺一不可。在教育过程中，设立奖励制度，可以更好地激发学生的学习热情，从而使学生更积极地投入学习中，进而提高教育的实效性；教育是对人的人生观、世界观、价值观的塑造过程，在教育过程中引导学生坚定马克思主义信念，巩固社会主义核心价值观的领导地位，对培养社会主义事业接班人具有非常重要的指导作用；学生健全人格的培养需要全面教育的引导，在理论教学的同时，切入品德素质教育，促使学生在理论知识全面发展的同时，建立健全的理想人格。

我国自古以来受儒家思想影响深远，儒家思想强调的"人性本善"对当今的德育教育依然具有指导作用。教育过程中，教师要对学生有足够的信任和信心，对学生抱有期待。在教学过程中，不吝惜对学生的鼓励，给予学生足够的人文关怀，积极引导、启发，从而释放学生的潜能。

2. 注重教育的"过程性"

教育是一个潜移默化改变学生、影响学生的过程，不单单是要注重最终的教育结果，教育环节中每一个过程都有阶段性的意义。恩格斯指出"世界不是既成事物的集合体，而是过程的集合体"。教育是人对知识、技能、信念等不断累积、不断实践，从而从量变到质变的过程。同时，教育也是一个转化过程，一个从认知到行为的转化过程。教育是内化与外化共同作用的过程，在教育过程中，受教育者在教育者的帮助下，将社会发展所需要的道德规范、行为准则、价值观等纳入自己的品德体系，并在教育者的引导下，将品德转化为行为。教育是实现价值观内化的重要手段，抓住大学生身心发展的规律是实现价值观内

化的关键。充分发挥实践的作用，探索符合大学生特点的实践形式，在实践中与学生多沟通，了解学生的思想动态，使学生对主流价值观充分认同，并转化为具体行动，培养成行为习惯。

教育不是单纯依靠教师传授进行的，而是需要学生在思考和实践过程中，逐渐领会和感悟的。教育的主要目的在于唤醒，而不是塑造。教育是一个通过观察、发现，进行思考、辩论，从而得到体验和感悟的过程，学生在此过程中，可以逐步掌握发现问题、提出问题、思考问题、寻找资料、得出结论的技巧和知识。这可以更有效地激发学生思考问题的积极性和主动性，能够更好地帮助学生掌握知识的内涵，从而才能更好地举一反三，触类旁通。激发学生自主学习的热情，可以使所学内容由点拓展到面，学生在自主学习探究的过程中，不断接触到其他的相关知识，进而掌握的知识由点连成线又扩大到面，与教师一味地传授相比更有效率且更容易让学生产生深刻印象。

3. 注重教育过程中的整体性和个性

学校教育是对学生思想、心理、道德、行为等多方面的规范和引导，培养的是学生的综合素质。马克思主义理论认为"人的整体性主要包括人的需要的多样性、社会关系的丰富性和人的发展的全面性"，在教育过程中把握人的整体性就要从这三方面入手。首先，在教育工程中，关怀学生多样化的需求，除了用理论知识丰富学生的精神需求外，还要关注学生的内心世界，利用富有趣味性的实践活动满足学生的心理需求，为学生提供实现自我价值的机会。其次，发挥教育的社会功能，在教学过程中融入社会实践。教育不是单纯的教化，而是要通过教育影响学生的行为，进而引导学生发展良好的社会关系。最后，教育内容安排要注意全面性。在课程设计方面，遵循学生的身心发展规律，避免重复化、简单化的低效教学，充分考虑学生全面发展的需求，合理安排课程内容。

"教育的价值在于唤醒每一个学生心中的潜能，帮助他们找到隐藏在体内的特殊使命和注定要做的那件事。"当一个学生认识到自己未来肩负的职责，就会从内心迸发出无限的动力去努力实现自己的梦想，这种内生性驱动力会更有力且更有效地推动人向自己的目标成长。但每个人的自然禀赋都存在差异，这就导致每个学生都拥有独特的个性。在教育过程中，教育者要充分尊重每一位学生的个性，保护学生的差异性，并根据教育对象的差异有针对性地设计教育内容。同时，不断激发学生内在的驱动力，培养学生的主体性意识，让学生在学习过程中，发挥主观能动性，释放自身的创造性；不断认识并承认自身的价值，努力提升自我、完善自我，促进自身的全面发展，使自己能够应对更艰难的挑战。教育不能一蹴而就，教师要保持耐心，对学生的教育要循序渐进地展开，让学生有足够的时间消化理解学习内容。学生在学习过程中，不断塑造自己的价值观，从而促进自己的行为导向始终沿着正确的方向前行。

开展课程思政的目的是将思想政治教育打造成一个润物细无声的过程，将思政元素以学生乐于接受的方式融合到教育之中，从而更有效地实现全程育人、全方位育人的目标。不论什么学科，教育目标都是培养全面发展的人，共同对学生的思想道德开展具有整体性、统一性的教学，从而取得更显著的教育成果。课程思政的目标与马克思主义人学理论相一致，即实现人的全面发展。在学科教育的过程中，既不能过于倾向思政教育，失去学科教育本来的特色，又不能只注重专业知识的传授，忽略学生的素质教育和道德品质教育，如何最恰当地把握课程内容与思政教学的适度结合仍然需要更深入的探索，任重而道远。高校教师在不断丰富专业知识的同时，要注重思想政治教育的培养，不断摸索将思政教育与课程内容更自然、紧密地结合在一起的方式方法。关于课程思政的探索还有很长的路要走，要通过各学科教师的携手努力才能取得进步，不断完善。

第二节 互 动 理 论

一、互动理论概述

社会互动是社会学的基本分析单位，是个体层次与社会结构层次及文化层次的中介，是由个人走向群体以至更大的社会组织制度的转折点。布鲁默①认为："人类的互动是以使用、解释符号以及探知另一个人的行动的意义作为媒介的。这个媒介相当于在人类行为中的刺激和反应之间插入一个解释过程。"

互动理论创立于 20 世纪 30 年代的美国，20 世纪六七十年代曾经盛行一时，到 21 世纪仍然是具有很大影响的社会理论流派。它主要的理论基础是心理学关于人性和人的"社会性"的相关理论。

互动理论认为，社会并不是外在于人的某种客观存在的模式或制度体系，社会不过是人们的互动行为模式化了的互动。"模式化"的内容扎根于人头脑中，表

---

① Blumer, Herbert. Symbolic interactionism：Perspective and method［M］. Englewood Cliffs, NJ：Prentice-Hall, 1969：101.

现在人们的"角色互动"行动中。个人与他人结成有多少种互动关系，对个人来说，就有多少种"社会"。因此，在互动理论看来，社会是具体的、微观的。

马克思是从最广泛的意义上使用交往这一概念提出了社会交往理论；社会心理学家米德对社会互动有比较完整系统的研究，继其之后布鲁默率先使用了"符号互动论"一词来指代以米德思想为核心的若干理论形态。拟剧论是从符号互动论中发展出来的，具有自身特点的，说明日常生活中人与人之间相互作用的理论，其倡导者是美国社会学家戈夫曼；美国社会学家加芬克尔通过对人们在日常社会互动中所遵循的基本规则的研究提出了常人方法论；还有社会学家如霍曼斯、布劳用交换的理论来解释人们之间的交往，提出了社会交往理论。社会互动虽然没有形成统一的互动理论，但这些理论极大地增加了人们对人与社会的了解，促进了社会化的进程，为人们之间的交往提供了正确有效的方式，从而有利于社会和谐稳定。

作为人类社会生活的基本形式，互动行为得到了众多的理论关注。除了以互动为名的符号互动论之外，还有很多的理论都阐述了社会互动问题。例如，关注角色扮演特点的拟剧论，关注主观理解过程中约定俗成的日常沟通规则的本土方法论，以及关注社会互动过程中交换的酬赏和惩罚的社会交换论。胡荣教授主编的《社会学概论》中介绍了如下有关社会互动的理论。

1. 符号互动论

符号互动论，也称符号相互作用理论，是一种通过分析在日常环境中人们的互动来研究人类群体生活的社会学理论流派，它主要研究的是人们相互作用发生的方式、机制和规律。米德被认为是符号互动论的开创者，后来，布鲁默和库恩等发展了米德的思想，形成了以布鲁默为首的芝加哥学派和以库恩为首的衣阿华学派，他们在研究方法等问题上形成了不同的看法。除此之外，托马斯、库利也对符号互动论做出了贡献。

2. 拟剧论

拟剧论是从符号互动论中发展出来的，具有自身特点的，说明日常生活中人与人之间相互作用的理论。其倡导者是美国社会学家戈夫曼，他把社会比作舞台，把社会成员比作演员来解释人们的日常生活。他的理论可以分成表演框架和印象管理策略两部分。拟剧论运用戏剧语言对人们之间的互动进行了社会学分析，肯定了剧作者及其剧本期望对表演者的决定性作用，对人们成功扮演自己所承担的社会角色有积极启示和借鉴作用。

3. 常人方法学

常人方法学也称本土方法论或俗民方法学，是研究人们在日常生活互动中使用方法的理论,其创始人是美国社会学家加芬克尔。该理论认为应该在研究常识世界、日常生活世界中的实践活动,从而进一步探索行动者的行动策略。行动与环境是处于不断地相互构建之中的,对人的行为的理解应该是对其实践系统的理解。人在实践活动中具有行动的反思性监控,同时也可以在并非完全认识的条件的行动,从而产生一些意外的后果。常人学方法呈现了人的行动和社会互动的复杂性。

4. 社会交换论

社会交换论形成于20世纪50年代末到60年代初,主要代表人物有霍曼斯、布劳和埃默森。该理论着眼于人们在社会生活中的相互交往关系,认为社会交换是人们交换报酬和惩罚的互动过程。它是指期望从别人那里得到回报,并且一般也确实得到了回报的人们的自愿行动。这种交换行为不仅存在于经济活动中,而且存在于包括友谊、爱情在内的诸多社会关系之中。

二、互动理论对课程思政的引领作用

习近平总书记在2019年3月18日的学校思想政治理论课教师座谈会上提出,推动思想政治理论课改革创新,要不断增强思政课的思想性、理论性和亲和力、针对性。同时,提出了"八个相统一"的明确要求,即必须坚持政治性和学理性相统一、价值性和知识性相统一、建设性和批判性相统一、理论性和实践性相统一、统一性和多样性相统一、主导性和主体性相统一、灌输性和启发性相统一、显性教育和隐性教育相统一。增强思政课的思想性,要求思政课教师强化思想引领,善于引导学生对鱼龙混杂的思想观点进行辨析甄别、过滤净化,解决学生思想困惑,提高学生的思想水平。增强思政课的理论性,要求思政课教师切实掌握党的创新理论,并善于将理论讲深、讲透、讲清,特别要在回答深层次重大理论问题上下功夫,以透彻的学理分析回应学生,以彻底的思想理论说服学生,用真理的强大力量引导学生。增强思政课的亲和力,要求思政课教师要有高尚的道德风范,创新理论话语表达,多采用启发式、体验式、互动式的教学方法,推动思政课同信息技术高度融合,增强时代感和吸引力。提升思政课的针对性,要求思政课教师贴近社会实际和学生思想实际,将总体上的"漫灌"和因人而异的"滴灌"结合起来,把思政小课堂同社会大课堂结合起来,用理论分析现实,用现实验证理论。

社会互动理论的出发点是个人的心灵与社会之间的相互关系,符号互动理论、角色理论、拟剧理论等理论在高校大学生思想教育中都有着很好的借鉴作用,这些理论关注个体的社会化过程,其出发点立足于群体中人们的反应类型、沟通类型和各种行为。课程思政教育与社会互动理论碰撞，将社会互动理论的精髓引入高校思想政治教育的研究和实践当中，将思想政治教育日常化，不再局限于课堂之中而是延伸到生活世界之中，将思想政治教育扩展到整个生活世界。学生的德、智、体、美、劳全面发展，学生的爱国情怀、社会责任感、创新精神、实践能力，都是在与人、与社会、与自然的互动中促进和实现的。这与习近平总书记在学校思想政治理论课教师座谈会上提出的"八个相统一"的要求不谋而合，如此能够打破思想政治教育与日常生活之间的壁垒，使思想政治教育更加"接地气"，开始将关注目光转移到日常生活、社会生活。大学生思想政治教育的核心目的是培养健康人格，促进社会化的发展。社会化的最终结果是形成每个人独特的"人格"，社会互动理论与传统思想政治教育的结合将使课程思政教育在培养人的过程中更具有实效性。

实践是不断发展的，社会是不断变化的。通过社会互动理论的视角可以更好地在思想政治教育中发掘解决问题的策略，让课程思政教育在信息时代下焕发出生机和活力。传统媒介具有"注重历时传递，忽视共时传递""注重单向传递，忽视交互传递""注重垂直传递，忽视互相传递""注重直接传递，忽视间接传递"等不足，通过现代符号系统进行思想信息传递则可以弥补这些不足。①在教育过程中，双方通过各种符号系统传递思想政治教育信息而相互作用、相互沟通和相互理解，在交往过程中深刻地体现了符号互动论的思想。师生在社会互动理论之下，合理运用传统与现代符号系统，在互动过程中双方扮演好各自的"角色"，避免角色失调，形成良性互动，最终能够提升思想政治教育工作的时效性，达成树德育人的教育目标。

三、互动理论与课程思政的有效融合

1. 建立师生间的良性互动

学生的主战地是课堂，但是现在课堂的现状是许多学生在课堂上呼呼大睡，低头族也比比皆是，对课堂感到厌烦的学生甚至出现逃课现象。除了从学生一方找原因外，教师一方也应不断提高课堂的充实性、趣味性和互动性。如果教师一味地为了讲理论而讲理论的填鸭式的教学，那么学生机械的应答就会成为师生互动的主要方式，不仅无法提高学生的学习热情，反而会让学生产生抵触心理，达不到教学应有的效果。在传统的教学思想观念中，教师与学生之间缺乏情感交流，教师在课堂中拥有绝对的话语权，居于主体地位，而学生则处于

---

① 骆郁廷. 当代大学生思想政治教育［M］. 北京：中国人民大学出版社，2010：189.

支配地位，个体的个性思维受到极大的限制。往往学生不了解老师，老师不熟悉学生，很少有师生打成一片的情况，更不必说师生之间进行情感交流。

课堂是学生社会化的重要途径，课堂的任务之一就是要帮助学生们在进入社会之前就树立正确的世界观、人生观、价值观。在这些过程中，教师通过符号与学生完成互动，扮演着传递社会符号的角色。这就要求教师必须善于在沟通过程中思考并善用互动技巧和方法以有目的地影响互动效果。教师和学生借助符号沟通交流，使用各种符号系统表达感情和传递信息，进而实现学生的个体社会化。在教学中，教师、学生、教材、环境就是一个交互作用的动态情境，教师不仅自己要掌握好主客体的地位，而且也要不断关注和学习学生的符号互动方式。在符号互动中，个体之间对对方的符号了解得越清楚，掌握得越深刻，互动得越深入，彼此之间的沟通障碍就会越来越少，形成良性互动的可能就会更高。

2. 师生双方都要扮演好自己的"角色"

角色理论认为角色与互动是密不可分、相互关联的。在日常生活中，人与人之间的互动因为遵循了一定的角色规范而能够有条不紊地进行，一旦出现某一方的角色失调，就可能会导致互动中断。角色的扮演和形成需要双方共同参与，一旦这一条件缺失，角色就无法依存，就无法形成实际的角色行为。

在网络技术发达的今天，学生大多数会通过互联网获取信息和知识，他们通过互联网这个窗口洞晓国内外大事以及娱乐八卦，有的学生甚至手机不离手，即使在课堂上也无法放下手机，这时在课堂中学生的角色发生缺位，造成互动中断。而高校教师在课堂上教授的知识往往滞后于互联网上的信息，成为虚掷而空洞的理论说教，这使得教师与学生之间产生了鸿沟。一方面要引导学生放下手机，利用传统课堂和现代网络两种方式不断丰富自己、提高自己。另一方面，也要引导教师与学生一起共同学习和进步，共同利用好课堂与网络，紧跟时事，引导学生在课堂上交流与讨论。教师与学生的角色并不是对立与冲突关系，要淡化传统角色观念，促进平等和谐的双向互动。

3. 重视学生之间的互动

在课堂教学的过程中，如果缺少学生的积极参与和互动，学生的主体性得不到关注，其主动性也会降低，进而会导致课堂气氛的僵化，课堂上就会出现多数的"沉默者"。当代学生思维活跃且前卫，在课堂外能够接触的信息量很大，存在部分同学具有很强的表现欲，在课堂上有时会纠缠于非核心问题的讨论甚至是争论。因此教师既要重视运用技巧和手段调动学生之间互动的积极性，又要学会引导学生们始终围绕课堂内容就核心问题进行思考和讨论。

学生之间的互动是学生学习过程中所必需的，只有不断扩大交往范围，才能够不断获得多重自我形象，因此教师要关注学生之间的沟通互动。在教学中给学生自主探索的空间，使其在自我发现的过程中得到更好的发展。教师要采用多种教学方法，如开展辩论赛、案例展示法等多种教学方法，调动学生参与到学习中，采取持续的鼓励、激励、引导等措施，把课堂气氛从沉默、被动转变为活跃、主动。

4. 探索思想政治教育新媒体互动方式

社会交换理论形成于 20 世纪 50 年代末 60 年代初，代表人物有霍曼斯、布劳和埃默森。布劳在《社会生活中的交换与权力》中写道："邻居们交换恩惠，儿童交换玩具，同事们交换帮助，熟人们交换礼貌，政治家们交换让步，讨论者交换观点，家庭主妇们交换烹饪技巧。"教育者与学生之间交换的是思想与知识，传统的思想政治教育模式要求教育者未雨绸缪，提前做好计划，通过了解学生普遍反映的教育内容，对受教育者进行有目的的教育。所以，在整个过程中教育者具有极大的权威性。[①]

而在信息技术如此发达的今天，互联网作为新型互动媒介，已经突破了获取知识的传统边界，对学生的影响已经不可忽视。伴随着新媒体、自媒体的发展，应运而生了许多意识形态领域的新状况，因此思想政治教育已经不局限于课堂中老师与学生、学生与学生之间面对面的互动。可以运用新媒体技术，将传统的教育方式同信息技术高度融合，通过线上线下相互作用的交往行为与方式对学生产生影响和作用。马克思指出社会不管其形式如何都是社会成员交互活动的产物，思想政治教育的过程就是相互交往的过程，网络将这种互动的过程扩大化，使互动的方式便利化，这就需要我们抓住机遇，积极探索有效可行的、切合实际的网络思想政治教育方法，构建一套完整的、结构合理的新型网络思想政治教育体系。

第三节　积极心理学

一、积极心理学简述

积极心理学作为一个研究领域的形成，以塞里格曼和奇克森特米哈利 2000年 1 月发表的论文《积极心理学导论》为标志。积极心理学以人类的力量和美

---

① 亚当·肯顿. 行为互动［M］. 北京：社会科学文献出版社，2001：64.

德等积极方面为主要研究内容，强调对心理问题要用积极的方式做出适当的解释和回应，并从中获得积极意义。

积极心理学与传统心理学主要关注消极和病态心理不同，积极心理学是利用心理学目前已经比较完善和有效的实验方法与测量手段，来看待正常人性，关注人类美德、力量等积极品质，研究人的积极的情绪体验、积极的认知过程、积极的人格特征以及创造力和人才培养等，成为心理学的一种思潮。

积极心理学的研究可以追溯到20世纪30年代特曼关于天才和婚姻幸福感的探讨，以及荣格关于生活意义的研究。20世纪60年代，人本主义心理学和由此产生的人类潜能研究奠定了积极心理学发展的基础。但是由于第二次世界大战的影响，积极心理学的研究几乎中断，战争及战后心理学的主要任务变成了治愈战争创伤和治疗精神疾患，研究心理或行为紊乱以找到治疗和缓解的方法，心理学对人的积极性研究似乎被遗忘了。消极心理学模式在整个20世纪占据了心理学发展的主导地位。因此，在20世纪五六十年代的时代背景下，人本主义心理学家虽然竭尽努力，但仍没有使主流的心理学研究主题发生根本的转移。再加上人本主义心理学家主要是依靠个人的观察、体验和传记资料，缺乏必要的实验手段及实证根据，也在一定程度上制约了人本主义心理学的发展。

随着整个人类社会的和平与发展，对正常人的研究越来越引起心理学的重视。越来越多的心理学家认识到，心理学不仅应着眼于心理疾病的矫正，而且更应该研究与培养积极的品质，心理学的研究还发现：幸福、发展、快乐、满足是人类成就的主要动机，人类的积极品质是人类赖以发展的核心要素，心理学需要研究人的光明面，需要研究人的优点和价值，实际上，发展人性的优点比修复病症更有价值。正是在这种时代背景下，积极心理学概念一经提出就受到了广泛关注。

19世纪60年代，以马斯洛、罗杰斯为先驱的人本主义心理学提出了确立临床和行为方法的全新观点。人本主义心理学以人的积极性为基本宗旨，肯定人的价值与尊严，突出人性中积极向上的一面，彰显人的积极性、主动性与创造性。强调人的价值与人文关怀，这在心理学史上来说是一个创举。

积极心理学的思想来源于人本主义心理学，它是积极心理学主要理论参照。积极心理学倡导者和提出者塞里格曼以人本主义思想为指导。塞里格曼自20世纪六七十年代起开始研究"习得性无助"，在动物实验中，若给狗重复施加其无法躲闪的电击，狗就会出现"习得性无助"行为，它会对本可以避开的电击不再躲避。在人中也会出现由于对环境事件的"习得性无助"而产生抑郁。在后来的研究中，塞里格曼又发现，不仅无助是可以"习得"的，乐观也是可以通过学习而获得的。学会维持乐观的态度不仅有助于避免抑郁，而且实际上有助于提高健康水平。塞里格曼指出，心理学有三项使命：一是研究消极心理，治疗精神疾病；二是让所有人生活得更加充实有意义；三是鉴别和培养人才。由于心理学过于重视对消极心理的研究，因此现在有必要进行积极心理学研究，从而拓展心理学在后两个方面的贡献。1998 年塞里格曼就任 APA 主席一职时提出"积极心理学"这一概念，随后，愈来愈多的心理学家涉足这一研究领域，并逐渐形成了一场积极心理学运动。

二、课程思政中的积极心理学

思想政治工作从根本上说是做人的工作，必须围绕学生、关照学生、服务学生，不断提高学生思想水平、政治觉悟、道德品质、文化素养，让学生成为德才兼备、全面发展的人才。习近平总书记提出"六个下功夫"：一要在坚定理想信念上下功夫，教育引导学生树立共产主义远大理想和中国特色社会主义共同理想，增强学生的中国特色社会主义道路自信、理论自信、制度自信、文化自信，立志肩负起民族复兴的时代重任；二要在厚植爱国主义情怀上下功夫，让爱国主义精神在学生心中牢牢扎根，教育引导学生热爱和拥护中国共产党，立志听党话、跟党走，立志扎根人民、奉献国家；三要在加强品德修养上下功夫，教育引导学生培育和践行社会主义核心价值观，踏踏实实修好品德，成为有大爱大德大情怀的人；四要在增长知识见识上下功夫，教育引导学生珍惜学习时光，心无旁骛求知问学，增长见识，丰富知识，沿着求真理、悟道理、明事理的方向前进；五要在培养奋斗精神上下功夫，教育引导学生树立高远志向，历练敢于担当、不懈奋斗的精神，具有勇于奋斗的精神状态、乐观向上的人生态度，做到刚健有为、自强不息；六要在增强综合素质上下功夫，教育引导学生培养综合能力，培养创新思维。

高校在开展思想政治教育工作时，要以学生根本利益和要求为出发点，帮助他们正确认识世界，习得改造世界的能力，最终成为全面而健康的个体。积极心理学能够引导人们形成积极向上的心态，培养人们的积极品质，从而充分挖掘人的潜能，使人更好地追求幸福生活。在"树德育人"的教育目标的指导下，当代学生思想政治教育应当始终以育人为中心原点，培养德智体美全面发展的高素质人才。积极心理学立足于个体发展层面，重视培养个体的幸福感，通过培养积极的情感体验，培养学生用积极、理性的思维方式认识自己和世界，帮助学生发掘无意识层面的闪光点，塑造积极的问题解决思维和健康向上的人格品质。这与学生思想政治教育工作中重视学生主体地位，促进学生个体发展的要求不谋而合。因此，在积极心理学背景下，学生思想政治教育更有利于营造积极的自我实现氛围，突出学生的主体地位，激发学生的个人内在潜能，实现教育目标。另外，在积极心理学背景下，教育重点关注学生的内在品质，以学生的兴趣为出发点，可以促进学生对思想政治教育内容的吸收理解，对提高思想政治教育的实效性具有重要意义。

三、积极心理学与课程思政的有效融合

1. 引导学生用积极的方式解读信息

相同的信息在不同的人的大脑中会形成不同的反应，我们对世界的感受取决于自己的认知模式。Tal 教授在哈佛公开课中曾指出"信息不是关键，解读比信息更重要"，我们应当立足积极心理学理论，引导学生用积极的方式解读信息，培养学生正向的思维方式，形成正确的世界观、人生观和价值观。即使面对挫折，也要引导学生认清挫折背后的意义，挫折不是阻碍我们的绊脚石，而是我们创造辉煌的机会。

一旦正向的思维模式生了根，就会自动正向地处理各种各样的信息，在困难面前也会较快地接受事实，进而采取积极行为方式促使事情积极转化。一旦正向的思维模式生了根，学生在面对信息爆炸的当前时代，也会坚定理想信念，坚守爱国主义精神，用积极的心态不断加强自己的品德修养、增长知识见识，担当起民族复兴的历史重任，刚健有为、自强不息。思想政治教育尤其强调抓住主要矛盾，抓住问题解决的关键期，运用积极心理学引导学生在人生的关键期形成积极的思维模式，不断锻炼学生的判断力、适应力以及耐受力，进而能够促进学生形成积极正向的健康人格。

2. 帮助学生树立积极的自我认知

积极的自我认知是综合全面客观评价自我的认知态度。大学生的认知能力还没有得到充分发展，对自己的评价容易走极端，不能够客观全面地评价自己。如果拥有过高的自我评价，就容易产生眼高手低、骄傲自满的心态；如果拥有较低的自我评价，则会使学生在学习、生活、社交等多个方面都出现问题，他们会对自己的能力存疑，无法正视自身的优点和缺点，不能有效弥补短板。因此我们要运用积极心理学的方法，引导学生树立积极的自我认知，帮助他们全面、客观地评价自己，用积极的心态发现自己拥有的资源和潜力，发挥自己的优势，弥补自己的短板，从而实现人生进步。

同时在教师一方，也应当以积极的眼光看待学生。根据加德纳的理论，每一个人都有属于自己擅长的领域，所以教师在设定对学生的评价标准时要具备

一定的个性化，当学生未能在其他方面追上进度时，不要让学生因此而受到责罚，要以更细致的观察寻找学生拥有的闪光点，引导学生发现并肯定自己所具备的独特优势，不断增强学生的自信心。要从积极心理学的角度出发，改变传统高校思想政治教育工作关注点更多地放在少数问题学生的缺陷，而将教育的重点聚焦于开发和塑造学生的潜力和积极品质上，从理解包容的角度出发，用积极的态度面对学生，引导学生积极认识自我、肯定自我，在受教育过程中拥有积极的情感体验，实现健康成长，成为勇于担当历史使命的青年。

3. 营造积极的思想政治教育环境

据积极心理学理论可知，人类的积极情绪主观体验、积极人格的特质、积极的思想力量和传统美德与积极的社会生活环境是息息相关的，并且人的积极力量与外部环境是相互影响、相互作用的。积极心理学除了重视个体内在情感和人格的积极取向，还重视外部组织的积极构建。人的积极情绪体验、积极取向和积极品质受很多因素的影响，在积极的环境中人们更容易形成较为积极的内在情感和人格品质。这说明积极的组织系统非常重要，它是个体不断生长积极体验的最直接来源，而积极的生长体验又会促进组织系统的积极发展。

"蓬生麻中，不扶而直，白沙在涅，与之俱黑。"可见，环境对一个人的影响是不容小觑的，所以尽可能地为学生建立起积极的思想政治教育环境是积极心理学与思想政治教育实现更好融合效果的重要途径。新时期的学生思想政治教育环境具有复杂性，构建积极的思想政治教育环境，一定要结合学生自身的需要和利益，根据具体情况进行环境创造，满足他们合理的需要。营造积极的思想政治环境，首先，需要重视物质环境的改造，营造积极向上的校园内部环境，潜移默化地传递学校的价值理念和教育理念，不断增强学生对学校的认同感和归属感，形成积极的组织系统。其次，还需要营造积极的精神文化环境，不应局限于课堂上的知识传授，更要重视全校园内正能量的传播和严谨学风的塑造。同时要在生活和学习中给学生尊重和关怀，以真诚和平等的态度对待学生，形成积极向上的思想政治教育氛围，为学生积极心理的全面发展提供便利。

第四节　生态系统理论

一、生态系统理论简述

社会生态系统理论（Society Ecosystems Theory）在社会学、社会工作学界内通常被简称为生态系统理论（Ecosystems Theory），它主要研究人类行为与社会环境之间的作用关系，是用以考察两者之间交互关系的理论，是一个经历了漫长发展过程的，融合完善而成的理论。

系统理论的创始人奥地利生物学家贝塔朗菲，于 1955 年发表的《一般系统论》是该领域的奠基性著作。系统是由一组元素组成的有序的、相互关联的功能性整体。贝塔朗菲把系统当成一个整体看待，重视系统与系统之间的相互关系与相互作用，这种相互关系和相互作用是成长和变化的机制。运行健康良好的系统，即开放系统需要系统间和系统与环境间的交流，反馈贯穿整个运行过程。开放系统的运行是一种动态平衡，是稳定的状态。在社会中，社会系统理论认为人与生活环境是由功能上相互依赖的各种元素所组成的系统整体，需要协调与均衡来维持该系统的运行。

生态视角认为人类社会系统中有许多环境影响因素。生态视角认为有四个层级的系统同时影响着个人，不同层级之间会相互影响，进而会影响到个人，"个人的发展甚至深受他并不在其中的环境的影响"。微观系统是个人日常生活中的直接环境，个人会主动参加微观系统的建构并塑造这个生活于其中的世界，中间系统是一种联结，联结了微观系统的各个方面，外层系统的范围扩大了，包括地方政府、社区、学校等一些社会上的机构，宏观系统代表着作用于个体的文化影响因素，如思想、教育、价值观念等。

系统理论与生态视角相结合，即生态系统理论，一种超越个人，将眼光投向社会，从整体的高度做出全面的评价的视角。系统之间是相互影响、相互作用的，不是系统 A 单独影响 B，也不是系统 B 单独影响 A。生态系统理论受达尔文进化论的影响很大，把人类成长的社会环境看作是一种社会性的生态系统，强调生态环境对于分析和理解人类行为的重要性，注重人与环境间各系统的相互作用及其对人类行为的重大影响，是社会工作的重要基础理论之一。

生态系统理论的基本概念包含两个焦点：人与情境；系统与环境。强调人生来就有与环境和其他人互动的能力，人与环境的关系是互惠的，并且个人能够与环境形成良好的调适关系；个人的行动是有目的的，人类遵循适者生存的法则。个人的意义是环境赋予的，要理解个人，就必须将其置于环境之中；个人的问题是生活过程中的问题，对个人问题的理解和判定也必须在其生存的环境中来进行，必须在人类所生活的系统脉络下才能了解人类，且强调"全人"的重要性。

布朗芬布伦纳在其理论模型中，将人生活于其中并与之相互作用的不断变化的环境称为生态系统。个体的生态系统由内到外包括微观系统、中间系统、外层系统、宏观系统等四个子系统，这四个层次的划分是以生态系统对人的发展的影响直接程度分界的，从微系统到宏系统，对人的影响也从直接到间接。人的行为不仅受直接的、面对面水平上的微系统影响，也受微观系统与中间系统、外层系统、宏观系统交互作用关系的影响。生态系统所包含的这四个子系统的具体概念如下。

（1）微观系统（microsystems）。个人直接接触之系统，家庭属于这类系统。

（2）中间系统（mesosystem）。个人生活的环境网络，每个人皆生活在自己的中间系统之中。了解中间系统（如学校、工作场所、邻里等）如何影响微观系统是相当重要的，因为个体是许多不同的微观系统的成员，其中一个微观系统的变化，会影响个人在其他系统的行为。如青少年在与朋友相处时所发生的事件，会影响他在学校或家庭中的行为。反之成立。

（3）外层系统（exosystem）。影响个人系统较大的重要的社会机构，政府机构是其中的一个例子，政府颁布的政策会影响个人。外层系统指个人不直接参与或介入的机构，但此机构对个人生活却有着深远的影响。例如，父母的工作场所可能会影响孩子的生活及亲子关系。

（4）宏观系统（macrosystem）。指微观系统、中间系统和外层系统所在的次文化与文化环境。这些环境对个体的社会活动有很大的影响力。文化指一群人所共享且世代传递之意义和价值系统，可分为物质和非物质（象征性）两种产物。

二、生态系统理论视角下的课程思政

2016年，在全国高校思想政治工作会议上，习近平总书记强调指出要把思想政治工作贯穿教育教学全过程，实现全程育人、全方位育人，努力开创我国高等教育事业发展新局面。随后，中共中央 国务院颁发了《关于加强和改进新形势下高校思想政治工作的意见》，《意见》对高校思想政治工作提出了新要求，一是强化思想理论教育和价值引领，进一步办好高校思想政治理论课，二是为实现"两个一百年"奋斗目标、实现中华民族伟大复兴的中国梦，培养又红又专、德才兼备、全面发展的中国特色社会主义合格建设者和可靠接班人。

要想达到这两个新要求，延续现有的高校思想政治教育手段是行不通的。很长一段时间以来，人们把大学生思政教育看作是党和国家维护社会稳定和统治的一种方式。大学生思政教育活动远离大学生，以社会需求为出发点开展教育活动，只注重大学生思政教育的经济功能和政治功能。"过去较多地看到社会价值而较少地关注个体价值。"因而，人们把大学生思政教育所具有的经济功能和政治功能（社会功能）看作是大学生思政教育存在的根基。然而，在大学生思政教育的社会现象中，作为个体的大学生是不可或缺的，因为"人们的历史始终只是他们个体发展的历史，而不管他们是否意识到这一点"。大学生们是思政教育这个系统里除传授者外另一个必不可缺的组成部分。然而，近十几年来社会的发展日新月异，传统的思政教育方式已无法适应现代社会学生的生活特点和思想变化，尤其是他们对事物认知的多元化。高校教育本身就是一个生态系统，每一门学科都是这个系统里边的一个部分，只有这个系统的各个部分都发生了变化，都对学生的各方面发展产生积极的影响，聚沙成塔，积少成多，整体大学生乃至每个大学生个体，才会产生积极的进步，达成高校教育"育人成材"的目的。

2019 年 10 月，教育部提出全面推进高校课程思政建设。高教司学习贯彻习近平总书记在学校思想政治理论课教师座谈会上的重要讲话精神，落实中办国办《关于深化新时代学校思想政治理论课改革创新的若干意见》，制订了全面落实立德树人根本任务、加强高校"课程思政"建设的专项工作方案，坚持显性教育与隐性教育相统一，深度挖掘高校各学科门类专业课程蕴含的思想政治教育资源，解决好各类课程与思政课相互配合的问题，发挥所有课程育人功能，构建全面覆盖、类型丰富、层次递进、相互支撑的课程体系，使各类课程与思政课同向同行，形成协同效应。

生态系统理论认为必须在人类所生活的系统脉络下才能了解人类，且强调"全人"的重要性，以人为本是它的核心理念之一。人文关怀承认，人不仅是一个物质意义上的生命体，还是一个具有灵魂和思想的存在。人是实现自身发展的核心力量，应该关心人的多方面和多层次的需要，促进人的自由全面发展。这就要求在尊重人的价值基础上，实现人的个性化解放和地位的平等。

而高校课程思政同样强调"立德树人"，人文关怀是其重要的理念，也是科学发展观中以人为本的具体体现。遵循人文关怀原则，就能够做到因人施教和因人而用，在尊重受教育者利益多元要求和差异化发展的基础上，增强大学生思政教育实效性和针对性。大学生思想政治教育生态系统的构建是一个人文关怀和本真意义的教育过程，由于人类需要寻求自我价值，所以要全面推进高校课程思政建设，必须以人的本真意义为出发点，使大学生思想政治教育摆脱过去刻板僵化的局限，灵活地融入专业课程的教学中，从学生的需求出发，从而实现大学生的全面的发展。

社会生态理论和课程思政都有人文关怀精神的要求，不能像传统大学生思政教育那样把人当成一个旁观者，排除在思政教育系统之外，而应该把人和生态系统有机地结合起来。在大学生思政教育社会生态系统中，人是大学生思政教育社会生态系统的有机组成部分。人作为生态系统中有智慧的特殊生物，课程思政不仅要注重人的物质发展，更要注重人的思想建设，尊重人的个性化发展与全面发展。在课程思政的视野下，教育者所施加的影响是从人的发展需要出发，从人性出发，采用思想政治教育的柔性手段，满足人的政治化需要，潜移默化地实现对人的精神引导与塑造，形成全体社会成员共同的政治意识水平和政治觉悟，规约并促进人的发展和社会的教育活动。

高校课程思政的要求也体现了受教育者与社会环境和谐共生的重要意义。恩格斯在《路德维希·费尔巴哈和德国古典哲学的终结》一文中指出："由于这三大发现和自然科学的其他巨大进步，我们现在不仅能够说明自然界中各个领域内的过程之间的联系，而且总的说来也能说明各个领域之间的联系了……"大学生思政教育作为社会生态的其中一个因子，它不是一个孤立的个体，它与周围的政治、经济、文化等都有着千丝万缕的联系。在社会生态系统中，这种联系就表现为和谐共生。想要达成高校课程思政提出的要求与目标，就要为受教育者创造和谐共生的社会环境，通过高校教育社会生态的自我调节，各生态因子实现自身平衡。这也与习近平总书记提出的思想政治理论课改革创新要坚持"八个相统一"中包括的"要坚持显性教育和隐性教育相统一，挖掘其他课程和教学方式中蕴含的思想政治教育资源，实现全员全程全方位育人"的要求不谋而合。

三、生态系统理论在课程思政中的应用

1. 统筹多学科间的协同作用

现代技术和社会是十分复杂的，传统的方法不再适用，贝特兰菲曾说过，"我们被迫在一切知识领域中运用整体或系统概念来处理复杂问题"。于课程思政领域来说，就是想要实现培养全方位人才的目标，单单只在思政课堂上下功夫，是事倍功半甚至徒劳的。

教师在教学过程中，首先，要用好课堂教学主渠道，将各学科的专业特点与思想政治教育的核心内涵融会贯通，充分结合专业知识的实际内容，潜移默化地对学生们进行思政教育，要摒弃"重知识传授、轻技能培养"的应试教育思想，将"发展学科核心素养"置于课堂教学的中心地位，在做好专业知识系统传授的同时，加强多元文化意识、创新思维品质、终身学习能力的培养；其次，要根据各专业各科目不同的特点与要求，创新教学模式，借助信息技术手段拓展学习空间、优化学习资源，使学生在真实的情境中进行技能操练等，将

所学知识加以应用或实践，推动学生基本技能的均衡发展，进而强化学生的专业知识应用能力；最后，在课堂教学过程中，要将知识教育和理想信念教育、道德教育三者有机结合，深入挖掘各类专业课程的"思政元素"，把思想引导和价值观塑造有机灵活地融入每一门课程的教学实践中，让所有的课程都发挥出教学育人的功能。

2. 重视其他个体的潜在影响

生态系统理论考虑到了情境中人与其他在场的人的关系，以及这些连接之间的性质，他们通过影响直接与发展中的个体互动的他人，而间接影响发展中的个体。在进行大学生思政教育的过程中，要重视其他个体对学生的潜在影响，注意他们之间的相互依存性，将人的发展置于相互作用的关系网中来分析人的发展。要促进大学生个体的最优化发展，其他个体与学生的连接或相互关系应是正向的、强大的、富有支持性的。

想实现这样的相互关系，一方面，学校、教师要与学生的家庭成员进行深入的沟通交流，使其充分认识到在大学阶段的全方位均衡发展对于学生未来进入社会后能更好地适应社会的重要意义，以获得家庭成员的理解与情感支持、经济支持等，进而主动为学生创设良好的学习环境与学习条件；另一方面，教师要通过与学生们的沟通交流，引导班级、院系乃至整个学校，树立优秀的班风、院风与校风，协助学生与学生之间建立互帮互助的和谐伙伴关系，形成在大学阶段共同努力、共同进步、共同发展的良性团体，用集体与同学同伴的力量合力推动学生个体的全面发展，达成课程思政培养德智体美全面发展的社会主义建设者和接班人的目标。

3. 发挥学生自身的主观能动作用

每个大学生个体本身就是一个微观系统，这个系统就是个体的内在心理环境，内外环境的相互作用使人变化，教师对学生的教育只是外在环境，内环境也千万不能忽视。在社会生态中，生命体的良好发展离不开人文关怀。

人是实现自身发展的核心力量，大学生思政教育要获得良好的效果，就必须充分体现人文关怀，教师除了关注学生的学习成绩外，更要注重学生的心理健康与精神状况，在学生状态异常时及时进行沟通开导，使学生自身这个微观系统良好发展；此外，高校教育要以学生的需要和发展为出发点和落脚点，做到一切为了学生，为了学生的一切，尊重和满足每位大学生的要求和需要，因人而异，因材施教，注意调动学生自身的积极性，培养学生个体的主观能动性，发挥个体价值。只有每个学生个体都能健康发展，整个高校教育系统才能良好运行，二者之间是牵一发而动全身的关系。

4. 通过多种方式营造真实情境

生态系统理论认为要科学地理解人类发展着的最基本的内心和人际互动过程，要研究真实的环境，包括当下的和更远的人类居住的环境，系统描述和分析这些环境和心理发展之间的联系，以及这些结构和连接是如何直接或间接地影响发展的过程的。因此，教师在教学过程中要为学生营造真实的环境，注意"人在情境中"，不能脱离情境开展各类教学活动。

教师要引导学生通过社会实践、志愿服务与参与竞赛活动等方式，促使同学们积极将所学知识在日常交往或人际交流中进行反复操练与实践，通过互帮互助、相互监督，不断强化专业知识和应用能力。在重大会议、重大节日等活动期间，在课堂上注意结合实事，就学生感兴趣的话题进行有针对性的教育教学活动，特别是推进习近平总书记谈治国理政新理念新思想新战略进讲义、进课堂、进头脑的"三进"活动，进行有针对性的解读和阐释。在形式上，要采用更多的新技术、新手段，丰富教学形式，提升思政课教学的有效性，尤其是注重"理论和实践相结合，育德和育心相结合，课内和课外相结合，线上和线下相结合"，开展"思想政治理论课双链教学"，把同学们带进田间地头，带上繁华街区，让大学生在现实生活中体会思政课上的理论知识。同时，也要注意灵活运用现代的社交工具，例如，在新冠肺炎疫情防控工作中，不少高校社会工作专业与心理学专业的学生在学院与教师的带领下，开展了很多在线社会服务与心理辅导工作，尤其是武汉的各大高校。

第五章　思想政治教育语境下的
专业教育分析

2019 年 1 月 24 日，国务院印发《国家职业教育改革实施方案》，再次明确指出"指导职业院校上好思想政治理论课，推进职业教育领域'三全育人'综合改革试点工作，使各类课程与思想政治理论课同向同行，努力实现职业技能和职业精神培养高度融合"。2020 年，《高等学校课程思政建设指导纲要》提出"结合专业特点分类推进课程思政建设，科学设计课程思政教学体系，高校要有针对性地修订人才培养方案，切实落实高等职业学校专业教学标准，本科专业类教学质量国家标准和一级学科、专业学位类别（领域）博士硕士学位基本要求，构建科学合理的课程思政教学体系"。无论是职业教育还是高等教育，其人才培养都是面向一定的行业和职业，思想政治教育都占据重要的地位。在具体教学过程中，所有课程都具备思想政治教育功能，要注重在课堂教学中传播思想政治理论和道德价值观念，将思想政治教育融入课程教学全过程。一方面，思政课作为大学生思政教育的重要内容，主要承担的任务是帮助大学生树立正确的职业道德。另一方面，学生毕业后所处行业和职业的不同使得其既要有极其精湛的专业知识技能和社会实践技能，又要有极强的职业道德和社会责任感。这就需要我们在对学生进行专业教学的同时，重视对学生进行思想政治教育，并将其贯穿于整个教学中，帮助他们树立正确的价值观，使职业道德萌芽和成型于本科专业学习中。

思想政治理论课教学中，职业道德教育内容主要包括职业操守教育、职业情感教育、职业道德规范教育、职业理念教育、职业纪律教育[①]；而专业课中融入职业道德教育，是职业素质目标实现的一个过程，主要面向学生未来从事职业进行有针对性的思想政治教育，如强化医学生在无私奉献、挽救生命等方面

[①] 朱妍洁，江玉岚．大学生职业道德教育研究综述［J］．兰州教育学院学报，2011，27（03）：88-90，120.

的职业道德教育，强化法学生在公平正义、社会道德素养等方面的职业道德教育，强化会计、金融等专业的学生在廉洁自律、诚实守信等方面的职业道德教育，强化师范生在师德师风、"四有好老师""四个引路人"等方面的职业道德教育。专业课思想政治教育是对思政理论课思想政治教育的补充和深化，对于加强大学生思想政治教育具有重要意义。

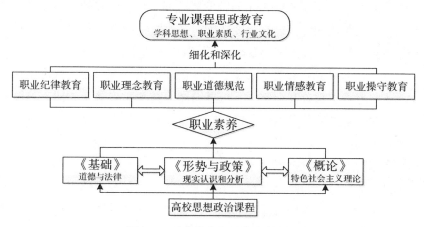

图 5.1　思政教育与职业素养框架

第一节　大学专业教育

　　长期以来，为不断适应教育、经济及科技等领域出现的新情况、新变化，世界各国及部分地区都十分重视高等教育改革，尤其致力于高等教育领域中专业设置的变革。通常，专业教育有广义和狭义之分，广义上的专业教育一般用以区别于中小学教育，与高等教育同义；狭义的专业教育一般与社会上的职业相联系。广义上指在为学生将来从事某种职业做准备的教育。综合以上的观点可见，专业教育是随着学科的不断分化和社会分工的细化出现，按专业分门别类实施的高等教育，通过专业知识的传授，以培养高级专业人才为目标。本科教育是高等教育的重要基础，承担着培养专业人才并向研究生教育输送具有继续深造能力的人才的责任。专业教育是高等教育模式的核心，按照知识体系设立，并面向未来的职业与行业，高校专业教育的模式为各项建设事业培养了一大批人才，能够有效满足当时社会对高级人才的需求及推动社会的发展进步。因此，通过专业的划分，能够推动培养具有扎实的学科基础理论和从事职业工作所需能力的人才。不同专业人才具有不同类型的思想教育目标，高校要因时而进，立足人才培养，加强顶层设计，增进部门协同，建立"大思政"有机宣教体系，培育良好的育人文化生态系统。

一、专业教育的特点与模式

1. 我国专业教育的特点

21 世纪的中国高等教育进入了新的发展时期，它所面临的社会环境及其自身发生的巨大而深刻的变化，都会直接或间接地影响大学本科专业设置和调整的途径和方式。当前，我国高校专业教育具有以下特点。

（1）人才市场体系正在逐步完善，人才流动的市场导向功能逐步增强。它使得大学本科专业的设置和调整，不仅遵循高等教育发展规律，同时遵循市场经济发展规律，教育管理者不再简单地沿用计划经济的手段去处理在市场经济中所遇到的问题。

（2）我国高等教育已从精英教育阶段走向大众化教育阶段，随着高等教育规模的不断扩大，一方面高等教育已不再是少数人才能享有的权利，另一方面大众化背景下大学毕业生的就业又面临新的挑战。高等教育大众化使得大学本科专业的设置和调整采用新思路和新方法，转变教育思想，更新教育观念，创新教育模式，形成科学的教育发展观和质量观，用精英教育思想去解决大众化发展过程中所遇到的问题。

（3）《中华人民共和国高等教育法》的颁布实施，明确界定法律的框架内政府、大学和市场三者的关系，高校通过建立行之有效、科学合理的设置和调控大学本科专业的制度体系，进行了大学本科专业的设置和调整，使之更加科学和规范化。

综上所述，专业选择是大学生们在进行职业选择时的重要依据，专业知识构成的不同导致大学生所具备的能力和特性不尽相同，因此对职业的预期和偏好也不同。而职业选择又对大学生所学专业提出了要求，不同的职业需要不同的专业人才。因此，大学生的专业选择与职业选择是相互影响、相互制约和相互促进的关系。本科阶段是高等教育的主体，也是整个高等教育的基础阶段。社会的发展及高等教育由精英化向大众化、普及化的发展促进了高等教育专业性的转移。高等教育发展为社会提供专业人才和技术，促进了社会政治、经济、文化等各方面发展进步。立德树人是高等教育的根本任务，思想政治教育是立德树人的重要途径。大学专业教育一方面以学科为基础，培养一定的科学精神与科学素质，培养一定数量的科学家；另一方面面向就业，大部分人要基于专业、找到职业、发展行业，这就内在要求专业素养、专业精神的教育，课堂教学是高等教育实施思想政治教育的主阵地，这也是专业课程必须充分发挥思想政治教育作用的缘由。应将知识教育和理想信念教育、道德教育三者有机结合，深入挖掘各类专业课程的思政元素，把思想引导和价值观塑造有机灵活地融入每一门课程的教学实践中，让所有的课程都发挥出教学育人的功能。

2. 我国专业教育的模式

我国真正意义上的大学兴起较晚，在西学东渐的过程中，1949 年之前大多仿效欧美国家，在大学中设立院系，专业面较宽甚至不设专业。新中国成立后，开始学习苏联，20 世纪 50 年代，苏联模式在中国高等教育界烙下了深深的印记。之后的几十年，中国封锁了与世界许多国家的交往，直到改革开放后，中国高等教育才逐渐开始探索适合自己发展的培养模式，不断改革创新。

1949 年新中国成立后，面对社会体系、国家性质等的一系列变化，整个国家在社会的各个方面都亟待建设，全面学习苏联成为我国 20 世纪 50 年代教育领域的典型特征。我国借鉴苏联的高等教育体系，建立了以培养专门人才为目标的一整套专门化的高等教育模式，20 世纪 50 年代的院系调整正是在高级专门人才极度匮乏的情况下进行的，以培养工业建设干部和师资为重点，发展专门学院，以整顿和加强综合大学为方针，形成了与计划经济体制相匹配的专门教育。教授专业知识、进行职业训练，不涉及任何与专业无关的普通知识，虽然课程分为基础课、专业基础课和专业课，但三类课程设置都存在明显的计划和规定，界限非常清楚，专业课比重极大，其他基础课比重较小且围绕专业课开设，几乎没有什么选修课。

在院系调整中，许多人文社会学科和课程，如政治学、社会学、西方哲学等，由于其资产阶级性质而被停止或取消，在一些理工农医院校中，除各种专业均开设的政治理论课程外，几乎没有什么人文科学课程，培养的是毕业后能够立即加入社会建设队伍中的专门人才。这一改革举措在当时取得了较大的成功，缓解了社会对建设人才的需求，初步建立起完整的体系；20 世纪 50 年代的院系改革使得大学的专业越分越细（表 5.1），教授的知识面越来越窄，大学以单纯的专业知识和技能构成的必修课为主。随着这种培养模式弊端的日益暴露，为了改变这种专业上狭窄和狭窄于专业的局面，20 世纪 80 年代，我国高等教育开始改革专业设置，扩大专业面向。（表 5.2 和表 5.3）

在 20 世纪 80 年代初步改革下，专业数量的增加速度缓慢下来，有的甚至没有增加，如理科、农科，到 20 世纪 90 年代，专业数量明显减少，改革初步取得了成效。在之后的高等教育改革中，我国又针对知识面狭窄的问题提出了文化素质教育的口号。1995 年在全国大学文化素质教育协作组会议上，高教司原司长周远清发表了加强文化素质教育、提高高等教育质量的报告，自此拉开了全国高校文化素质教育改革的序幕，培养德智体等全面发展的人成为教育改革的指导思想。文化素质教育体现在实际上就是通识教育。通识教育解决了文化素质教育与教学计划、课程设计两张皮的问题，将二者很好地融合在一起了。1998年教育部出台了《普通高等学校本科专业目录》，在这一政策的指导下进一步减少了专业种类，如在哲学类中，取消了伦理学；在马克思主义理论类中，将原先的国际共产主义运动、科学社会主义、中国共产党党史和中国革命史四个专业合并为两个；在教育学类中，改幼儿教育为学前教育等，进一步拓宽了专业口径和专业范围。

经过一系列改革，我国基本形成了以下几种模式：本硕连读模式，学制6~7年，专业重心上移；主辅修模式，主修一个专业的同时，辅修第二专业，着重拓宽知识面；一体化模式，在专业教育基础上增加普通教育内容，并适当增加临床实践，实现普通教育、专业教育、临床教育的一体化。但在具体的实践中，由于专门教育的根深蒂固，还没有彻底地贯彻实施。路漫漫其修远兮，任何进步的东西都是在不断的探索中获得的，只有在借鉴优势培养模式的基础上结合我国具体国情和高等教育现状才能收获成功。

近年来，本硕、本硕博的比例不断增加，其目标是培养科研人才，但主体依然是本科教育。2015—2017届本科毕业生在国内外读研的比例呈现上升趋势，分别为15.6%、15.5%、16.4%。具体到2017届本科毕业生，选择读研的动机是：就业前景好（55%），职业发展需要（51%）。从调查数据来看，毕业生考研的主要动机是为了找到更好的工作和谋求事业发展，并不是从事科研，而本硕毕业后，选择就业占比较大。因此，专业教育在高等教育中需要得到重视。

表5.1　20世纪50年代初到80年代初本科专业划分

年份	总数	文科	理科	工科	农科	林科	医科	师范	财经	政法	体育	艺术
1953	215	19	16	107	16	5	4	21	13	2	1	11
1957	323	26	21	183	18	9	7	21	12	2	2	22
1958	363	17	37	194	40	40	8	25	9	2	6	25
1962	627	60	79	295	48	16	11	40	25	3	9	41
1963	432	53	36	164	26	12	10	17	10	2	7	36
1965	601	72	55	315	37	13	11	30	21	1	6	40
1980	1039	60	158	537	60	22	29	40	54	8	8	63

表5.2 20世纪80年代中后期本科专业划分

年份	总数	文科	理科	工科	农科	林科	医科	师范	财经	政法	体育	艺术
1986	826	65	129	367	53	16	25	43	43	11	12	62
1988	870	75	129	378	53	17	25	47	48	16	16	68

表5.3 20世纪90年代末期本科专业划分

年份	总数	哲学	经济学	法学	教育学	文学	历史学	理学	工学	农学	医学
1993	504	9	31	19	13	106	13	55	181	40	37
1998	249	3	4	12	9	66	5	30	70	16	16

表5.4 2011年本科专业划分

年份	总数	哲学	经济学	法学	教育	文学	历史	理学	工学	农学	医学	管理	艺术
2011	506	4	17	32	16	76	6	36	169	27	44	46	33

二、专业的分类

随着科技的发展，越来越多的行业被独立出来，几千年的历史，人类堆积了大量的知识，只有不断细化才能传承下去。过去学习知识是按部就班，几门科目都是固定的，而大学的专业学习是针对自己感兴趣的专业进行学习，少了以前学习的约束，多了自己喜爱的方式，有利于进行有针对性的人才培养，无论是对个人还是社会发展，都有推动提升的作用。可以说，此时高等学校在院系之下分设专业，体现了社会主义高等教育的优越性，体现了国民经济有计划按比例的发展规律，适应社会分工与科技发展的历史规律。

《普通高等学校本科专业目录（2012年）》是高等教育工作的基本指导性文件之一。它规定专业划分、名称及所属门类，是设置和调整专业、实施人才培养、安排招生、授予学位、指导就业，进行教育统计和人才需求预测等工作的重要依据。文件将我国大学共分为13个学科，92个大学专业类，506种大学专业。12个学科分别是哲学、经济学、法学、教育学、文学、历史学、理学、工学、农学、医学、管理学、艺术学。其中哲学门类下设专业类1个，4种专业；经济学门类下设专业类4个，17种专业；法学门类下设专业类6个，32种专业；教育学门类下设专业类2个，16种专业；文学门类下设专业类3个，76种专业；历史学门类下设专业类1个，6种专业；理学门类下设专业类12个，36种专业；工学门类下设专业类31个，169种专业；农学门类下设专业类7个，27种专业；医学门类下设专业类11个，44种专业；管理学门类下设专业类9

个，46 种专业；艺术学门类下设专业类 5 个，33 种专业。

第二节 专业人才培养的思想政治要求与定位分析

课程思政是近年来国家倡导的一种新颖的教学理念，其倡导在专业课程教学过程中，充分发挥所有课程的育人功能，发掘各门专业课程和教学方式所蕴含的思想政治教育资源，融入课堂教学的各个环节，实现思想政治教育与知识体系教育的有机统一，使各类课程与思政课形成协同效应，构建全面覆盖、类型丰富、层次递进、相互支撑的课程体系。将立德树人贯彻到高校课堂教学全过程、全方位、全员之中，推动思政课程与课程思政协同前行、相得益彰，构筑育人大格局，是新时代中国高校面临的重要任务之一。因此在高校专业人才培养中要依据行业及职业需求进一步明确人才培养的思想政治要求及定位，通过对专业素养、专业精神的教育，使学生基于专业、找到职业、发展行业，更好地实现个人发展。

一、不同学科人才培养的核心思想观念与价值需求

不同学科对于人才培养的核心思想观念和价值需求不同，因此为了学生更好实现个人职业发展，就要求在大学专业教育中对于不同学科专业人才所需要的核心思想观念与价值需求有所教授，进一步培养出具有合格的政治素质、宽厚的知识基础、专业的技术能力和熟练的实践能力，具备全球视野、敬业精神、社会责任意识和创新精神的高层次复合型人才。从学科分类来看，国内高校学科大概可分为哲学、经济学、法学、教育学、文学、历史学、理学、工学、农学、医学、管理学、艺术学等类别。不同学科人才培养的核心思想观念与价值需求如下表所示：

表 5.5 不同学科类别的核心思想观念与价值需求

学科类别	核心思想观念与价值需求
哲学	培养具有一定马克思主义哲学理论素养和系统的专业基础知识，能运用科学的世界观和方法论分析当代世界与中国的现实问题，具有一定的哲学理论思维能力、创新能力、口头与文字表达能力、社会活动能力和一定的科研能力，可以从事相理论研究以及能在国家机关、文教事业新闻出版、企业等部门从事实际工作的人格健全、知行合一、德才兼备的复合型人才。其主要核心思想观念为知行合一、格物致知

学科类别	核心思想观念与价值需求
经济学	培养具备比较扎实的马克思主义经济学理论基础，熟悉现代西方经济学理论，比较熟练地掌握现代经济分析方法，知识面较宽，具有向经济学相关领域扩展渗透的能力，能在综合经济管理部门、政策研究部门、金融机构和企业从事经济分析、预测、规划和经济管理工作的高级专门人才。其主要核心思想观念和价值需求是经世济民、富民强国
法学	培养系统掌握法学知识，熟悉我国法律和党的相关政策，能在国家机关、企事业单位和社会团体，特别是能在立法机关、行政机关、检察机关、审判机关、仲裁机构和法律服务机构从事法律工作的高级专门人才。主要核心思想观念是维护公平正义、维护合法权益
教育学	培养具有良好思想道德品质、较高教育理论素养和较强教育实际工作能力的中、高等师范院校师资，中小学校教育科研人员，教育科学研究单位研究人员，各级教育行政管理人员和其他教育工作者。主要核心思想观念是大公无私、廉洁自律、求实创新、行知统一
文学	培养具有文艺理论素养和系统的汉语言文学知识，在新闻文艺出版部门、高校、科研机构和机关企事业单位从事文学评论、汉语言文学教学与研究工作，以及文化、宣传方面的实际工作的汉语言文学高级专门人才。其主要核心思想观念为以人为核心，追求真善美
历史学	培养具有一定的马克思主义基本理论和系统的专业基本知识的史学专门人才，以及能在国家机关、文教事业、新闻出版、文博档案及各类企事业单位从事实际工作的应用型、复合型高级专门人才。其主要追求真实客观
理学	研究物质世界基本规律的科学，研究内容广泛。物质世界基本规律的发现是以实践为基础，在人才培养中注重学以致用，培养知行合一，其核心思想为实践出真知，严谨细致
工学	在相应的工程领域从事规划、勘探、设计、施工、原材料的选择研究和管理等方面工作的高级工程技术人才，主要是要培养实际应用能力的工作人员。其核心思想观念为严谨细致、精益求精
农学	培养具备作物生产、作物遗传育种以及种子生产与经营管理等方面的基本理论、基本知识和基本技能，能在农业及其他相关的部门或单位从事与农学有关的技术与设计、推广与开发、经营与管理、教学与科研等工作的高级科学技术人才。其核心思想为知农、爱农、服务"三农"
医学	具备基础医学、临床医学的基本理论和医疗预防的基本技能，能在医疗卫生单位、医学科研等部门从事医疗及预防、医学科研等方面工作的医学高级专门人才。主要核心思想观念为救死扶伤、医者仁心，以患者的生命安全和身体健康为第一

学科类别	核心思想观念与价值需求
管理学	培养具备必要的数学、经济学、计算机应用基础，具有扎实的管理学科的基本理论和基本知识，具备用先进的管理思想、方法、组织和技术以及数学和计算机模型对运营管理、组织管理和技术管理中的问题进行分析、决策和组织实施能力的高级专门人才。主要核心思想观念是天下为公、道法自然，培养和塑造学生的公共精神
艺术学	培养美术史论、美术教育领域教学和科研，美术评论和编辑、艺术管理和博物馆等方面的高级专门人才。主要核心思想是追求并创造美

二、职业及其分类

由中国劳动社会保障出版社出版并于 2015 年通过修订颁布的《中华人民共和国职业分类大典》将我国职业归为 8 个大类，66 个中类，413 个小类，1838 个细类（职业）。8 个大类分别如下。第一大类：国家机关、党群组织、企业、事业单位负责人，其中包括 5 个中类，16 个小类，25 个细类；第二大类：专业技术人员，其中包括 14 个中类，115 个小类，379 个细类；第三大类：办事人员和有关人员，其中包括 4 个中类，12 个小类，45 个细类；第四大类：商业、服务业人员，其中包括 8 个中类，43 个小类，147 个细类；第五大类：农、林、牧、渔、水利业生产人员，其中包括 6 个中类，30 个小类，121 个细类。第六大类：生产、运输设备操作人员及有关人员，其中包括 27 个中类，195 个小类，1119 个细类；第七大类：军人，其中包括 1 个中类，1 个小类，1 个细类；第八大类：不便分类的其他从业人员，其中包括 1 个中类，1 个小类，1 个细类，如表 5.6 所示。不同的职业有着不同的职业操守且不同职业对于大学内各专业的招聘需求不同，因此这些不同的职业道德思想应该在大学各专业中被教导教授，例如，医学工作中其核心职业道德为医者仁心，政府及机关工作人员则强调天下为公，法律工作者强调公平正义，从事生产加工的工业人员主要是追求工匠精神、精益求精，教育工作者则强调大公无私等。只有这些职业道德在专业教育中对学生进行教授，才能使得不同职业和行业内的工作人员有专业可作，有道德可约，更好地实现个人在所从事行业内的价值，实现自身良好发展。

表 5.6 职业分类表

大类	说明	中类
国家机关、党群组织、企业、事业单位负责人	在中国共产党中央委员会和地方各级党组织，各级人民代表大会常务委员会，人民政协，人民法院，人民检察院，国家行政机关，各民主党派，工会、共青团、妇联等人民团体，群众自治组织和其他社团组织及其工作机构，企业、事业单位中担任领导职务并具有决策、管理权的人员	中国共产党中央委员会和地方各级党组织负责人，国家机关及其工作机构负责人，民主党派和社会团体及其工作机构负责人，事业单位负责人，企业负责人
专业技术人员	从事科学研究和专业技术工作的人员	科学研究人员，工程技术人员，农业技术人员，飞机和船舶技术人员，卫生专业技术人员，经济业务人员，金融业务人员，法律专业人员，教学人员，文学艺术工作人员，体育工作人员，新闻出版、文化工作人员，宗教职业者，其他专业技术人员
办事人员和有关人员	在国家机关、党群组织、企业、事业单位中从事行政业务、行政事务工作的人员和从事安全保卫、消防、邮电等业务的人员	行政办公人员，安全保卫和消防工作人员，邮政和电信业务人员，其他办事人员和有关人员
商业、服务业人员	从事商业、餐饮、旅游娱乐、运输、医疗辅助及社会和居民生活等服务工作的人员	购销人员，仓储人员，餐饮服务人员，饭店、旅游及健身娱乐场所服务人员，运输服务人员，医疗卫生辅助人员，社会服务和居民生活服务人员，其他商业、服务人员
农、林、牧、渔、水利业生产人员	从事农业、林业、畜牧业、渔业及水利业生产、管理、产品初加工的人员	种植业生产人员，林业生产及野生动物植物保护人员，畜牧业生产人员，渔业生产人员，水利设施管理养护人员，其他农、林、牧、渔、水利业生产人员

大类	说明	中类
生产、运输设备操作人员及有关人员	从事矿产勘查、开采，产品生产制造。工程施工和运输设备操作的人员及有关人员	勘测及矿物开采人员，金属冶炼、轧制人员，化工产品生产人员机械制造加工人员，机电产品装配人员，机械设备修理人员，电力设备安装、运行、检修及供电人员，电子元器件与设备制造、装配调试及维修人员，橡胶和塑料制品生产人员，纺织、针织、印染人员，裁剪缝纫和皮革、毛皮制品加工制作人员，粮油、食品、饮料生产加工及饲料生产加工人员，烟草及其制品加工人员，药品生产人员，木材加工、人造板生产及木材制品制作人员，制浆、造纸和纸制品生产加工人员，建筑材料生产加工人员，玻璃、陶瓷、搪瓷及其制品生产加工人员，广播影视制品制作、播放及文物保护作业人员，印刷人员，工艺、美术品制人员，文化教育、体育用品制作人员，工厂施工人员，运输设备操作人员及有关人员，环境监测与废物处理人员，检验、计量人员，其他生产、运输设备操作人员及有关人员
军人		军人
不便分类的其他从业人员	不便分类的其他从业人员	不便分类的其他从业人员

行业分类，是指从事国民经济中同性质的生产或其他经济社会的经营单位或者个体的组织结构体系的详细划分，依据《国民经济行业分类与代码》（GB/4754-2011）行业可分为24类，如下表所示：

表5.7 行业分类

门类	大类
农、林、牧、渔业	农业；林业；畜牧业；渔业；农、林、牧、渔专业及辅助性活动
采矿业	煤炭开采和洗选业；石油和天然气开采业；黑色金属矿采选业；有色金属矿采选业；非金属矿采选业；开采专业及辅助性活动；其他采矿业

门类	大类
制造业	农副食品加工业；食品制造业；酒、饮料和精制茶制造业；烟草制品业；纺织业；纺织服装、服饰业；皮革、毛皮、羽毛及其制品和制鞋业；木材加工和木、竹、藤、棕、草制品业；家具制造业；造纸和纸制品业；印刷和记录媒介复制业；文教、工美、体育和娱乐用品制造业；石油、煤炭及其他燃料加工业；化学原料和化学制品制造业；医药制造业；化学纤维制造业；橡胶和塑料制品业；非金属矿物制品业；黑色金属冶炼和压延加工业；有色金属冶炼和压延加工业；金属制品业；通用设备制造业；专用设备制造业；汽车制造业；铁路、船舶、航空航天和其他运输设备制造业；电气机械和器材制造业；计算机、通信和其他电子设备制造业；仪器仪表制造业；其他制造业；废弃资源综合利用业；金属制品、机械和设备修理业
电力、热力、燃气及水生产和供应业	电力、热力生产和供应业；水的生产和供应业
建筑业	房屋建筑业；土木工程建筑业；建筑安装业；建筑装饰、装修和其他建筑业
批发和零售业	批发业；零售业
交通运输、仓储和邮政业	铁路运输业；道路运输业；水上运输业；航空运输业；管道运输业；多式联运和运输代理业；装卸搬运和仓储业；邮政业
住宿和餐饮业	住宿业；餐饮业
信息传输、软件和信息技术服务业	电信、广播电视和卫星传输服务；互联网和相关服务；软件和信息技术服务业
金融业	货币金融服务；保险业；其他金融业
房地产业	房地产业
租赁和商务服务业	租赁业；商务服务业
科学研究和技术服务业	研究和试验发展；专业技术服务业；科技推广和应用服务业
水利、环境和公共设施管理业	水利管理业；生态保护和环境治理业；公共设施管理业；土地管理业
居民服务、修理和其他服务业	居民服务业；机动车、电子产品和日用产品修理业；其他服务业

门类	大类
教育	教育
卫生和社会工作	卫生；社会工作
文化、体育和娱乐业	新闻和出版业；广播、电视、电影和录音制作业；文化艺术业；体育；娱乐业
公共管理、社会保障和社会组织	中国共产党机关；国家机构；人民政协、民主党派；社会保障；群众团体、社会团体和其他成员组织；基层群众自治组织及其他组织
国际组织	国际组织

第三节 专业课程教育的思政实施

一、大学专业教育的课程分类

课程是指为了实现确定的人才培养目标而规定的教学科目的总和或体系。[①] 确定课程的主要依据：（1）根据社会对人才的需求而制定的教育目的、培养目标和基本规格；（2）根据科学的逻辑联系和教学规律，即要符合学生身心发展的特点和认识规律，也要适合我国国情及学校条件等。

根据不同的划分标准课程的分类有所不同。（1）按学科领域划分，主要包括人文社会科学课程、自然科学课程、工程技术课程等。（2）按课程体系划分，主要包括公共课程、基础课程、专业课程等。其中，公共课程是高校任何专业或部分同类专业的学生必须学习的课程。基础课程是指某一专业的考生学习的涉及基础理论、基本知识和基本技能的课程，其作用是为考生掌握专业知识、学习科学技术、发展有关能力打下坚实的基础。专业课程是指同专业知识、技能直接联系的课程，它包括专业理论课和专业技术课。（3）按课程性质划分，主要包括理论课程、实验课程、设计课程、实习课程等。其中，理论课程是指专业课程计划中以传授学生理论知识为主要目标的课程，各专业的专业基础课程、部分专业课程属于理论课程，主要是各门学科概论、学科史的课程。实验课程指专业课程计划中以训练学生操作能力为主要目标的课程。设计课程是指

---

① 林崇德，姜璐，王德胜. 中国成人教育百科全书·心理·教育［M］. 海口：南海出版公司，1994：49.

以培养学生对于专业理论的理解和应用为目的的课程，主要包括社会调查、毕业论文或毕业设计等。实习课程是指专业课程计划中以培养学生实践能力为主要目标的课程，当前高等学校开设的实习课程主要有大学生创新创业、见习、实习等课程。（4）按课程地位划分，主要包括主干课程、非主干课程、辅助课程等。其中，主干课程是为实现培养目标和达到知识和能力结构必须开设的主要课程。非主干课程是相对于主干课程而言的，不仅可以扩大知识面，而且对提高专业综合素质有重要影响。辅助课程是对主干课程的一种补充，是为了丰富学生的学习内容，拓宽学生的学习范围。（5）按课程选择性划分，主要包括必修课、选修课和限选课。必修课包括公共基础必修课、学科基础必修课、专业必修课、实践教学课等。其中，公共基础必修课是每个大学的大学生都要学习且必须通过的课程，每个学校可能因学校性质、类别以及教学理念不同而存在部分差异，但总体上主要有形式与政策、思想道德修养与法律基础、中国近现代史纲要、马克思主义基本原理、毛泽东思想和中国特色社会主义理论体系概论、体育课、军事理论、计算机应用基础、大学语文、大学英语、高等数学等；学科基础必修课是不同专业深入学习研究前的基础入门课程，是专业学习的基础、重中之重，以公共管理类学科基础必修课为例，主要有管理学原理、管理信息系统、管理心理学、管理伦理学、宏观经济学、微观经济学、社会学等；专业必修课是整个大学专业学习的核心知识，是重中之重的课程，以土地资源管理专业为例，包括土地管理学总论、土地资源学、土地经济学、地籍管理、测量学等；实践教学课是必不可少的练兵课程，是学生与社会接触的第一步，以土地资源管理专业为例，包括进行测量实习，学习各种测量仪器的使用，接触真正的工作流程，主要有毕业实习、毕业论文（设计）等。选修课主要包括文化素质教育选修课和专业自由选修课。其中，文化素质教育选修课是由不同学院不同老师开设的可供全校学生选择的课程，学生可根据自己的兴趣爱好挑选自己喜欢的课程，但便于课程和毕业安排，选修课一般不会超过 3 门，涉及人文艺术、哲学社会、自然科学、国学文化、经济管理等各方面的内容，课程丰富多样；专业自由选修课是对专业课程的补充，满足学生对专业知识的深入学习和了解。限选课是需要满足一定条件才能选修的课程，比如，是特定学院的学生，或者已经学习过相关课程才能选择的一种选修课，如专业限定选修课，既是选修课，也是必须学习的课程，是对专业必修课的补充。

　　不同类型课程所讲授的内容是不同的，但都承担着思想教育功能。思想政治教育本身是个系统工程，这就要求高校的思想政治教育、专业课教育和通识课等不能相互割裂，而是要保持知识传授和能力培养的一致与协同。专业课和通识课教学是高校教学的重要组成部分，教学过程中都应发挥育人的功能。

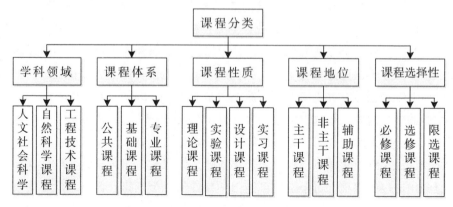

图5.2 基于不同划分标准的课程分类体系

二、专业课程体系及其在思想政治教育中的作用

1. 专业课程体系

专业课程体系设置的原则包括政策性、综合性、整体性和科学性，以及时效性和实效性相统一。专业课程主要分为专业基础课、专业核心课、专业选修课。其中，专业基础课是高等学校中设置的一种为专业课学习奠定必要基础的课程，它是学生掌握专业知识技能必修的重要课程，不同的专业有各自的一门或多门专业基础课，同一门课程也可能成为多门专业课的专业基础课。专业核心课是指一个专业中开设的富有该专业特色，以该专业中以及相对应的岗位群中最核心的理论和技能为内容的课程。专业选修课是指与专业相关的一类选修课的统称，一般由学校根据本校学生的知识水平能力和兴趣确定。专业基础课与专业核心课之间有着承上启下的互补关系，专业选修课是对专业基础课和核心课的补充和丰富。

专业课的内容主要涉及理论、实验、实践和实习等，需要采用多元化的教学模式。当前，为激发学生学习兴趣，减轻学生课业负担，提升教学质量，高校采用多维度教学方式进行授课。采用传统教学、多媒体、翻转课堂等多维度结合的教学方式，充分利用多媒体辅助教学，唤起学生课堂学习的兴趣，从而达到优化课堂结构、提高教学效率、激发创造性思维的教学效果；采用"教师讲授+学生讨论"的授课方式，使学生在接收专业知识的基础上，加深对知识的理解和吸收，提高课堂参与度，提高教学效率；对学科交叉的专业课采用长课时、小班化、多学科教师授课的方式，达到引导学生更系统地认识专业知识体系并使学生拥有更好的应用能力的教学效果。

2. 专业课程在思想政治教育中的作用

我们要用好课堂教学这个主渠道，使各类课程与思想政治理论课同向同行，形成协同效应。思政课程，主要指思想政治理论教育的课程体系，是学校进行德育教育最基本的形式，如《毛泽东思想和中国特色社会主义理论体系概论》《思想道德修养与法律基础》以及形势政策课都属于思政课程的范畴。课程思政则主要指教学体系，它不是特定的单一教育活动，而是学校的教学教育都不脱离思政教育的内容和内涵。培养全面发展的时代新人是我国高校的重要职责，只有通过思政课程和课程思政的紧密融合，才能最大程度实现教育能量的最大化，推动大思政格局的形成，进而实现培养全面发展人才的目标。专业课与思政课在思想政治教育上主要联系和区别有以下几个方面。

（1）专业课和思政课都具有课堂育人功能

教学活动是高校最基本、最经常、最大量的活动，课堂教学的育人主阵地的作用贯穿和体现于高校的所有课程，包括思政课、公共课和专业课。同时，在大学所有课程中，专业课占据学习课时最多，是高校进行思想政治教育的重要阵地和资源。思想政治教育与科学文化教育始终是相辅相成、互相影响的，专业课教学为课程思政提供了发展的广阔背景和深厚的学科基础，赋予思想政治教育坚实的科学力量。以专业知识体系为载体和底蕴的思想政治教育将更具有说服力、感染力、有效性和针对性，在所有的专业课程教学中贯彻将知识传授与价值引导有机统一，提炼出课程中蕴含的爱国主义情怀、社会正义感、社会责任感、文化自信、人文精神等价值范式。"教师是履行教育教学职责的专业人员，承担教书育人，培养授予事业建设者和接班人，提高民族素质的使命，教师应当忠诚于人民的教育事业。"这就要求课堂都要具备育人功能，教师发挥育人的作用。

（2）专业课课程目标与思政课程的部分目标相契合

专业课的课程目标包括传授知识与培养能力、塑造学生健康心理与完善人格等。传授知识，掌握系统化的专业知识是每门专业课首要的目标，学生在学习系统化专业知识的同时，自身能力也得到了提高，如分析问题和解决问题的能力、学习能力、研究能力等方面。通过专业课的学习，教师还应培养学生健康的心理和完善的人格。丰富的知识是健全人格的基础，培养学生坚韧、积极向上的健康心理，理解知识的价值，不仅是物的价值，即工具价值，还有对人的价值的正确理解。

（3）"课程思政"是对思政课程的进一步深化

思想政治理论课和各类课程的思想政治工作理念是相同的，要发掘各自学科和课程中的思想政治教育因子和元素，将社会主义核心价值观内化为大学生的基本思想观念和根本价值标准，形成同质同效、同向同行的协同效应。思政课程在思想政治教育过程中占据核心地位，"课程思政"是为了从更高层次进一步深化思政课程的主导地位和重大作用。围绕"课程思政"建设所形成的其他系列课程，起辅助和补充作用。在思想政治理论的重大问题上思政课程要发挥示范效应，起到引领作用，并在一定的条件和情况下，引导"课程思政"建设。专业课可以通过践行课程思政理念突破单一的知识体系传授的视阈局限，在价值引领中凝练知识底蕴，在知识传授中实现价值升华，提升学生专业课学习的获得感，为学术可持续发展培养合格的后备力量，从而获得本学科最大限度的价值增量。

（4）专业课教学与职业发展密切相适应

思政课的思想政治教育具有引领作用，涉及生活的各个方面。而专业课思政教育更侧重专业能力及职业发展中的思想政治教育，与社会现实紧密相连。社会现实是专业课教学的生动素材，是引导学生树立正确三观的鲜活案例。专业课教师要坚持潜心问道和关注社会相统一，有选择有目的地将社会现实问题及实践性问题引入课堂，始终坚持正确的政治立场和价值导向，培养学生运用马克思主义理论分析和解决现实问题的兴趣及能力。

3. 课程中要传达的思想

"课程思政"的"思政"主要侧重于思想价值引领方面，强调在各类各门课程（包括专业课和通识课）中增强政治意识和加强思想价值引领；"课程思政"的大部分课程属于专业课和通识课，其思想政治教育元素是隐性的，在贴近学生专业、提供鲜活案例、促进思想政治教育渗透性等方面具有独特优势。课程中传达的思想政治教育内容主要包括以下几方面。

（1）专业思想，体现专业、学科、课程的思想发展

课程思政要求各类进行思政教育的课程一定要结合各自课程的教育目标和教育特点，分别挖掘课程中蕴含的思想政治教育资源，将思政教育内容融合于课程教育内容之中，在尊重专业教学体系、保障完整知识体系、维护学科价值体系的基础上，起到一种润物细无声的育人作用。

（2）哲学思想，作为具体课程或分支学科，也必然符合一定的哲学范式

为增强学习兴趣和学习效果，促进思维发展，将课程内容和其中所包含的哲学思想相结合，可以从物质观、对立统一、量变质变、普遍性和特殊性、主

次矛盾、实践观等方面将课程内容与哲学观点相互渗透与融合，从而加强学生对课程内容的掌握，促进其科学思维方法的培养。

（3）政治思想，与我国政治发展相适应的思想

引导学生深入学习习近平总书记系列重要讲话精神，帮助学生不断坚定中国特色社会主义道路自信、理论自信、制度自信、文化自信，牢固树立正确的世界观、人生观、价值观。结合专业课内容，引导学生正确认识世界和中国发展大势，正确认识中国特色和国际比较，正确认识时代责任和历史使命，正确认识远大抱负和脚踏实地。

（4）道德思想，体现社会公德、家庭美德、职业道德、个人品德的思想觉悟

德是做人的根本，根本坏了，即使有再大的学问和本领，也只能是有害无益。潘光旦曾指出："如果学校培养的只是有一技之长但无人文情怀而又自以为是的专家，这样的人是一个不健全的人，是零碎的人、畸形的人，这样的人越多，合作就越困难，工作冲突也就越多，国家和谐康泰也就越不可能。"专业课讲授中应融合道德、情感、态度、人生观、价值观、社会责任感等方面的教育内容，培养学生使其具有健全的人格、高尚的情操和良好的修养，让学生的人文素养和道德思想在充满人文知识、人文关怀与人文精神的专业课程教学中得到熏陶与提升。

三、专业课程实施思想政治教育的方式

1. 充分发挥专业课教师在思想政治中的作用

一是全面提高教师的自身素质。教师是课程的开发者和建设者，专业课"课程思政"建设要靠教师去落实，专业课教师教书观念的转变和育人能力的提高，是保障专业课育人功能落实的重要保证。学校应当建立专业课教师与思政课教师的交流机制，强化专业课教师的思政教育培训，定期开设思政教育讲座，或课程思政教研活动，明确课程思政与思政课程的不同分工，分享教学经验，提高协作意识，为实现育人目标而共同努力。

二是发挥专业课教师的表率作用。"师者为师亦为范，学高为师，德高为范。老师是学生道德修养的镜子。"专业课教师不仅要具备良好的师德和高超的教学艺术，而且要处处注意自己的言行，时刻为大学生做榜样，在传授专业知识和先进理论的同时，引导学生积极向上，提高学生独立思考的能力和提出问题、解决问题的能力。在日常接触中，专业课教师能够以自身的扎实学识吸引大学生，以自身的人格力量感染大学生，以自身的精神品质触动大

学生，发挥隐性育人的作用，这本身就是一种很好的思想政治教育途径。

三是发挥专业课教师在课堂进行思想政治教育的作用。专业课教师要立足专业课程的自身特点，提炼政治认同、家国情怀、文化自信、社会责任、人格养成等价值要素，设计更多整合专业课内容和社会主义核心价值观的体验、探究、反思和创造的教学活动，通过大学生喜闻乐见的表达形式，引发他们的情感共鸣与价值认同，充分发挥学生的主观能动性，引导学生主动建构富有个性且渗透价值观的知识。

2. 深入发掘专业课程中的思想政治元素

加强专业课教师和思政课教师协同合作，定期展开跨系部的"课程思政专题研讨"，对于教学内容中思想政治元素的挖掘可以从以下几个方面展开。

一是从专业课程的理论和应用意义入手，挖掘社会主义核心价值观。专业课都有其开设的全球化背景，对该专业产生的理论基础和社会基础、发展过程，以及国内外的发展现状，应当高度重视并借此帮助学生以全球化视野看待专业发展对国家的重要作用。无论是自然科学还是哲学社会科学，都对我国成为世界强国具有重大意义。在研究的过程中去进一步挖掘专业的内涵，让大学生真正了解和认知专业，热爱自己的专业，学习和掌握专业技能。与此同时，带领学生站在时代前沿，引领风气之先，以更加宽阔的眼界审视人类发展的现实基础和实践需要，着力建设社会主义现代化国家，着力解决各国和世界面临的诸多难题。

二是发挥专业课发展过程中的思想大师的影响。科学家发现真理的过程蕴含着实事求是的科学态度、革命的勇气等优秀的科学精神，在教学中利用本学科中的思想大师和学术大师影响和感染学生，从而潜移默化地对学生进行思想政治教育。如在传授公式定理等的过程中，进一步挖掘创立理论的大师，通过介绍这些理论大师的学术成就和人格魅力来影响学生。

三是实现学科文化、学科领军人物与思政内容的融合。如果说学科领军人物和思政内容的融合是"小融合"，那么学科研究理念的融合就是"大融合"。每门专业课都有其独特的学科文化，在课程思政建设方面，学科文化就是很好的宣教切入点。针对专业课不同的知识点，挖掘其中的学科领军人物，讲述人物奋斗生平及学术成就，结合社会主义核心价值观内容予以讲授，达到思政内容不露声色地在专业课上融合的目的。同时，可以以专家、领军人物的专业讲座为平台，拓展学生理论视野性。

3. 通过专业社会调查与实践进行思想政治教育

一是立足专业社会实践，提高学生解决社会问题的能力。社会调查在专业课教学中发挥了非常重要的作用，是学生了解社会、深化书本知识的有效途径。社会是一个复杂的系统，既有健康的、积极的一面，也有不健康的、消极的，甚至是腐朽的、有害的一面。可以通过社会调查，让学生接触社会、了解社会、认识社会，提高辨别能力和选择能力以及对不良影响的抵制能力。同时，有侧重地渗透思想政治教育，使学生通过社会调查、撰写调查报告，不仅加深对专业知识的认识，也了解了社会，锻炼分析问题和解决社会问题的能力。总之，社会调查不仅能使学生了解社会，还能使学生加深对党的路线、方针和政策的了解，了解社会的变迁和人民生活水平的改善，有助于提高学生的思想认识，培养学生服务精神和社会责任感。

二是立足专业实践与实习，培养学生职业道德。专业课程一般都有很强的行业背景，最终都为毕业后就业提供理论和实践基础，课程思政也需要紧密联系国家经济社会发展情况，这两个方面都要求课堂教学要与社会形成良性互动，共同实现对学生的全方位教育。以专业理论知识为基础，挖掘其中涉及的实践活动、职业道德等。如在专业实验课中，要强调做实验一丝不苟、严谨认真的专业精神，更要强调在学术研究中保持严谨认真的科学态度。另外，充分利用实习基地，锻炼学生专业实践能力，培养学生创新创业能力，提高学生就业能力。专业实践与实习不仅能提高解决实际问题的技术及管理能力，而且还能培养学生爱岗敬业的精神，为将来的就业实现无缝对接。社会实践活动，把理论上抽象的东西具体化、形象化，培养学生在实际工作中认真、细致的态度，锻炼学生的品格和意志。

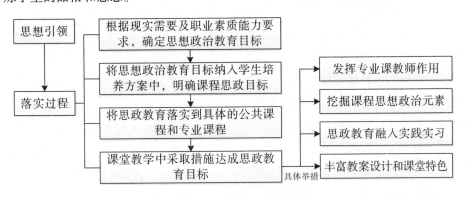

图 5.3　课程思政教育的实现路径

第六章 基于"课程思政"的课程设计

2020年，《高等学校课程思政建设指导纲要》提出"将课程思政融入课堂教学建设全过程，高校课程思政要融入课堂教学建设，作为课程设置、教学大纲核准和教案评价的重要内容，落实到课程目标设计、教学大纲修订、教材编审选用、教案课件编写各方面，贯穿于课堂授课、教学研讨、实验实训、作业论文各环节"。与思想政治理论课上课过程即思政教育过程不同，其他各类课程的思政教育的实现需要在教学内容、课程设计等环节融入思政教育，形成协同效应。因此，课程的教学设计，不仅要求教师对课程整个教学过程、教学内容要相当熟悉，更为重要的是设计者要将思想政治教育、教育指导思想、新的教育理念、学校人才培养特色、学科特点、现代教育手段、教学改革等成果融入、贯穿于整个教学设计中，课程设计是课程思政的有效实现手段和路径。

第一节 课程设计的内涵、分类和内容

一、课程设计的内涵

课程是把教育理念、目的和宗旨等向具体教育实践转化的中介，通过这个中介，教育目的、思想、观念和宗旨才能得到落实。课程教学是高校人才培养的主要方式，课程设计的质量与高校人才培养质量息息相关。国内外学者对于课程设计内涵的研究随着教育理念的发展不断拓展。从早期的宏观概念到现在的横向和纵向的细化，从传统课堂的课程设计到融入大量信息技术的线上课程的教学设计，注重理论研究的同时，更加强调教学实践中的可操作性。

一般说来，课程设计就是指课程的组织形式或结构。课程设计基于两个层面：一是理论基础，二是方法技术。所谓"理论基础"，指的是课程设计的三大基础——学科、学生、社会。课程设计必须基于三大基点，据以产生均衡的课

程。所谓"方法技术",指依照理论基础对课程各要素——目标、内容、策略(活动、媒体、资源)、评价,做出安排。

从设计过程的角度,课程设计是课程工作者从事的一切活动,这包含他对达成课程目标所需的因素、技术和程序,进行构想、计划、选择的慎思过程。从设计内容的角度,课程设计是教育科研机构的专家学者对课程的研究并拟订出课程学习方案,为决策部门服务。拟订教育教学的目的任务,确定选材范围和教学科目,编写教材等都属于课程设计活动。[①]

过程与内容相结合的课程设计是按照一定的程序和步骤,科学地编排课程并使之形成某种结构,用于教学。既包括体现特定教育思想观念的课程建构过程,也包括运用一定方法将教育思想观念转化成具体课程的课程编制过程。课程设计决定于两种不同层次的课程编制的决策。广义的层次包括基本的价值选择,具体的层次包括技术上的安排和课程要素的实施。[②]

模型化的课程设计过程更复杂,涵盖内容更加全面,体系更完整。以ADDIE 模型为例,包括 Analysis(分析)——对教学所要达到的行为目标、任务、受众、环境、绩效目标等进行一系列的分析。Design(设计)——对将要进行的教学活动进行课程设计。例如,对知识或技能进行甄别、分类,对不同类型的知识和技能采取不同的、相应的处理措施,使其能够符合学习者的特点,并能够通过相应的活动使其从短期记忆转化成为长期记忆等。同时,在本阶段中也应针对撰写出来的学习目标进行验证,并设计出相应的评估学习效果策略和手段。Development(开发)——针对已经设计好的课程框架、评估手段等,进行相应的课程内容撰写、页面设计、测试等。Implementation(实施)——对已经开发的课程进行教学实施,同时进行实施支持。Evaluation(评估)——对已经完成的教学课程及受众学习效果进行评估。

本研究的课程设计是在高等教育教学中,在保证教学任务顺利实施的前提下,结合专业课的课程计划安排,将教育思想观念及创新技术方法应用到高校专业课程的大纲编制、知识体系构建等教学环节中,设计成为专业——思政——创新结合型课程。

二、课程设计的分类

课程设计是随教育观、课程观的不同而发生改变的。有注重知识因素的设

---

① 白月桥. 课程变革概论 [M]. 石家庄:河北教育出版社,1996:50.
② 江山野. 简明国际教育百科全书:课程 [M]. 北京:教育科学出版社,1991:200.

计，注重社会因素的设计，注重学习者因素的设计等。上述三种取向的课程设计反映了课程的不同属性——文化属性、社会属性和人本属性。这些属性之间的关系既不是并列关系，也不是主次关系，更不是对立关系，而是相互联系、相互作用、辩证统一的关系。各种理论取向都有其一定的合理因素与借鉴价值。

广义上的课程设计可分为科目设计、学科设计等。科目设计强调把课程组织成为许许多多的科目，每一个科目有意识地阐述专门的、同质的知识体系。学科设计强调学科是传递文化遗产最系统、最有效的组织形式，是保存人类知识整体性唯一的组织形式。知识体系是学科设计的基础。

狭义的课程设计是指具体的课程安排，包括课程目标、课程内容、授课方法、学习评价等环节的组织安排。

三、课程设计的内容

课程设计的核心任务包括以下几个方面：收集有关大学文化、学生基础情况及其学习需求、课程目标、教师期望等课程定位有关信息；确定课程教学目标、具体学习目标；制定学习成绩评定方法，测评内容和测评方法应直接反映学习目标；制订课程实施计划，确定课程内容、学习活动、教学方式、教学材料和教学媒体，这些都要和教学目标、学习目标相一致；实施课程教学计划，营造学习氛围与创设学习团队；进行考核和评估，修改完善课程计划。根据授课载体、要素、环节、内容的不同，课程设计的内容具体包括以下几个方面。

1. 授课的载体设计：教室教学、线上教学、混合式教学

随着时代发展，尤其是信息时代的到来，授课的载体发生了显著的变化，由传统的教室教学，发展到教室教学、线上教学和混合式教学并存的阶段。

（1）教室教学

教室教学即传统的课堂教学，是教育教学中普遍使用的一种手段，它是教师给学生传授知识和技能的全过程，它主要包括教师讲解、学生问答、教学活动以及教学过程中使用的所有教具，也称"班级授课制"。17世纪班级教学在欧洲逐步推广，中国采用班级教学最早的雏形，是始于同治元年（1862）清朝政府在北京开办的京师同文馆。教室教学属于集体教学范畴，具有学生固定、课程设置和教学内容统一、教学进度与学习年限统一、分科教学的特点。

教室教学与其他教学组织形式相比，具有以下明显的优势。第一，有利于提高教学效率。教室教学时，一名教室能够同时对几十名甚至上百名学生进行教学，扩大了教学的规模，提高了教学效率，是一种经济、有效的教学形式。第二，有利于发挥教师的主导作用，教室教学一般对教师进行教学分工，教师

按照自己的专业特长承担一定的教学任务，保证了教师能够发挥自己的优势并有足够的精力来认真钻研所教学科，不断积累经验，提高教学水平。同时，教室教学中，教师可以根据课程标准和学生的实际情况自主选择教学内容，安排教学进度，组织教学活动。第三，有利于发挥集体的教育作用，学生在教室教学中构成一个有较严密组织领导的集体，各成员的学习内容相同，程度相近，有利于学生之间相互切磋，相互帮助，共同提高，有利于培养学生的团队意识和集体主义思想。第四，有利于稳定教学秩序。教室教学在编班、教学内容、教师指定、教学时间和地点等方面做出统一安排，形成了一定的规章制度，这有利于稳定教学秩序，保证教学顺利进行。第五，有利于进行教学管理和教学检查，教室教学使教学活动规范化、科学化。同一班级的学生的心理水平、自觉程度和认识水平相近，便于教学管理。同一班级的学生使用相同的教材，按照同一进度上课，有统一的教学要求，教学质量的评价标准相同，便于对教学活动的质量和效果进行检查和评价。

教室教学的局限性：第一，难以满足学生个性化的学习需要，统一的教学进程表、统一的教学评价标准、统一的课程内容，过于集中、同步化和标准化，对学生的个体差异、学生的独立性和自主性有一定的限制，不能够满足学生个性化学习的需要；第二，不利于学生创新精神和实践能力的培养，教室教学多实行分科教学，偏重于理论知识的学习，一方面容易肢解知识的整体性，另一方面容易忽视学生的实践活动，学生探索机会和实践机会较少，创新意识和实践能力不易得到锻炼提高；第三，不利于实现教学灵活性，在教室教学过程中，教学按照课时来分割教学内容，精确设计每一节课的进程，在某种程度上，使得教学进程显得比较机械，缺乏灵活性。

鉴于教室教学的局限性，一般使用一些辅助的教学组织形式，如现场教学、个别指导等方式来弥补其不足。

（2）线上教学

线上教学是以现代教育技术和学习理论为指导，利用计算机或移动终端设备向学习者提供丰富的教学资源，提供更方便自由的教与学方式，开展同步或异步的教学。MOOC（Massive Open Online Courses 大规模开放在线课程）和 SPOC（Small Private Online Course 小规模限制性在线课程）是在线教学的主要代表。线上教学有别于传统的教室教学，线上教学能自由取得学习资源，即使没有学校的学籍，也可以通过网络获得该校大型开放式网络课程的学习资源；线上教学没有学生人数限制，教室教学受教学场地的限制，人数一般都较少。但线上教学能够不受课程人数限制，扩大了受众规模。

线上教学在很大程度上弥补了传统教室教学的缺陷，具有以下优势：第一，在线教学方式灵活，教学内容的呈现具有多层次性和多样性，学生能够按照自己的理解进度自主学习，不受教师讲授速度限制，有利于学生的个性化学习；第二，在线教学能提供更加丰富的教学资源，不再将教学内容局限于书本之内，拓展了学生的思维和眼界；第三，在线教学如 MOOC 等不受地域和时空的限制，增加了学生接受优质学习资源的机会，为终身学习打基础；第四，在线教学在一定程度上减少了教师的重复劳动，教师将制作好的课程上传至网络，供学生自由下载学习。

在如此多的优势之下，在线教学也暴露出种种弊端：第一，由于学生缺乏自觉性和自制力，导致部分学生课程学习中断；第二，在线教学提供自由自主的同时，缺乏教师面对面解决疑惑模块，无法及时进行深度学习；第三，在线教学面对的群体较为庞大，课程安排内容无法根据每个学生现有知识水平进行编排；第四，在线教学拉大了时空的距离，也因此拉大了师生之间、生生之间心灵的距离，缺乏情感的交流，教育不仅是教书，更重要的是教师的言行举止和心灵沟通对学生今后人生的影响。

近年来，大规模在线开放课程（"慕课"）等新型在线开放课程和学习平台在世界范围迅速兴起，拓展了教学时空，增强了教学吸引力，激发了学习者的学习积极性和自主性，扩大了优质教育资源受益面，正在促进教学内容、方法、模式和教学管理体制机制发生变革，给高等教育教学改革发展带来新的机遇和挑战。

（3）混合式教学

混合式教学是指教师与学生在传统课堂教学与网络在线教学相结合的情境下，以课堂和移动终端设备为媒介，教师根据教学内容与学生接受程度合理安排教学活动，学生根据学习习惯与能力合理规划学习进度的新型教学模式。它具有线上网络教学与线下课堂教学相结合、教师主导与学生主体相结合、系统学习与碎片化学习相结合、自主学习与合作学习相结合、多种评价方式相结合等特点。

混合式教学的特点如下。第一，线上教学与教室教学的结合。线上教学中，学生通过移动终端设备，自学完成部分教学内容，学习更加方便，提高了学生主动探究的学习能力；教室教学中，对教学内容做系统的总结和讨论，教师对学生的启发和引导和教师对学生产生的耳濡目染的影响也是教学中必不可少的一环。第二，教师主导与学生主体的融合。混合式教学对教师提出了更加严格的要求，教学过程更加动态化。教师在教学实施过程中，要在教学内容和学生对知识的接受程度之间找到平衡点，同时，随着教学的进行，要根据学生的反馈情况及时调整课程设计和安排。与传统教学方式相比，混合式教学尊重学生的个体差异。其线上教学能够做到充分尊重学生学习能力差异，一定程度上给予学生学习自主权。学生通过线上学习，在教室教学中做到有准备地、快速地进入教学情境，主动参与到学习中，深入探究知识，大大提高学习的积极性和主动性。第三，学习方式的混合。实现了系统学习与碎片化学习的混合。使学生既能在课下合理利用碎片化时间，又能在面授课堂中学习系统的知识，弹性的时间安排使学习方式更为灵活，系统的知识传授帮助学习者巩固知识，提高学习者完成教学任务的比例。实现了自主学习与合作学习的混合。在传统教室教学中，知识点的讲授，占用了大部分时间，学生之间沟通交流不足。混合式教学既保证了学生自主学习的时间，又在教室教学中增加了学生与学生之间、学生与教师之间交流讨论的时间，增强了合作意识。第四，评价方式的混合。混合式教学对学生的学习过程、学习结果进行综合性考察，检验学习效果，使评价方式更为科学有效。

混合式教学中线上教学与教室教学二者虽呈现方式不同，但都致力于学生高效地完成学习任务，促进有效教学的发生。线上教学不是教室教学的替代或辅助，而是通过两者的结合达到强化的作用，促进、提升、改进传统教学，使教学产生高质量的效果。

2. 授课的要素设计：教案、教具、空间场景、仪器设备、软件

根据课程的内容和特点，选择具体的授课载体，通过特定的授课要素，即教案、教具、空间场景、仪器设备和软件等组织完善授课内容，使授课过程有序、生动、直观具体，充分调动学生的学习积极性，培养学生动手实践的能力和参与精神。

（1）教案

教案即课程方案。课程理论之父泰勒在《课程与教学的基本原理》中提出"教案是以目标为中心，为一门课程制订的组织方案"。《美国教育者百科全书》提到教案可以让有效学习的发生最大化且加快教学。教案作为教师对课堂教学的完美预期，教师往往选择最优方案进行教学实践，起到了加快教学并促进学生最大化学习的作用。依据书写用具的不同划分为纸质教案、电子教案。传统教案多为纸笔书写，电子教案多用 Word 书写保存。随着多媒体技术的运用，学生不仅可以通过电子教案看到板书、板画，甚至能看到生动直观的动感情景。依据包含内容范围的大小进行划分：学期教案包含范围最大，对技能、情感等方面要求最高，它设计整个学期的教学内容；单元教案作为联结学期教案和课

时教案的桥梁，它围绕一个单元的教学内容来设计，运用于单元总结或复习；相比前两者，课时教案对知识间的衔接和整合要求最低，也最为逼近真实具体的教学实际，它主要对一节课的内容进行具体化的设计。

教案编制特点：基于标准、学情和教材是教案编制的前提；学习目标是教案编制的核心，按照布卢姆学习目标分类法，包括认知、情感态度、运动技能等三类，在我国的新课程标准中，把学习目标划分为知识与技能、过程与方法、情感态度与价值观（思想目标）；评价任务是教案编制的基本元素；学习活动是教案编制的关键要素。编制教案的构成要素中，"学习目标、评价任务、学习活动、板书、作业以及反思"几个项目是专业化、科学化教案的必备要素，即泰勒的课程"四要素"——目标、内容、方法、评价是教案编制的基本要素。

（2）教具

教具，即教师辅助教学的用具，教学过程中用来讲解说明某事物的模型、实物、标本、仪器、图表、幻灯等。教具具有直观性、实践性、典型性的特点。荀子提出"闻见知形"。夸美纽斯提出"凡是需要知道的事物，都要通过事物本身学习，应该尽可能把事物本身或代替它的图像呈现给学生"，教育学和心理学的研究成果表明，学生在形成知识的最初阶段，通常借助于感觉，先把具体事物的观察和接触转化成与具体事物无关的感性认识，再把感性认识转化成为抽象、概括的理性认识。教师根据需要把教具纳入教学过程，立足实际，选择并适时使用教具，能激发学生学习兴趣，突出教学重点，突破教学难点，优化课堂教学结构，发展学生创新思维力，有效提高教学质量和效率。

教具的使用要为解决教学重点、难点服务，要能显示出事物的生动、清晰的形象及其内在的联系、运动和发展过程，要能突出学生观察的重点，运用教具时，注意放大所学部分，用容易吸引学生注意力的色彩和动态来突出所要观察的部位，来解释事物的运动、变化，使学生获得最佳的直观效果。运用教具要和语言讲解结合起来，通过语言讲解，使学生被教具所演示的本质核心内容吸引，而不是流于形式。通过提问或讲解的方式引导学生仔细观察、深入思考，把握事物的特征，从而达到直观教学的最好效果，让学生真正理解知识。

（3）空间场景

现场教学就是把学生带到事物发生、发展的现场进行教学活动，是在有关人员的协调下，通过现场实物、过程演示开展的一种教学组织形式。空间场景设计一种是针对实践教学环节，另一种是随着信息技术与教学结合出现的智慧课堂。

实践性教学是相对于理论教学的各种教学活动的总称，包括实验、实习、设计、工程测绘、社会调查等，旨在使学生获得感性知识，掌握技能、技巧，养成理论联系实际的作风和独立工作能力，通常在实验室、实习场所等一定的职业活动情景下进行。教师根据不同专业、不同学生个体进行分类指导，学生采取学和做相结合的方式。学生独立完成的实践环节工作质量是衡量其学习成绩的主要依据。实践教学本身只是一种手段，而不是目的。因此，是否需要设置实践，设置何种空间场景的实践，以何种形式来设置空间场景等，都必须服从教学的目的，适应具体教学内容的要求，切不可追求形式，或仅仅为刺激学生兴趣而设置。

智慧课堂的目的是以关爱学生、关注学习过程为核心理念，整合线上线下资源，提升环境配合教学能力，打造智慧教学空间，实现情景丰富展现、资源快捷获取、师生实时互动、结果及时反馈的目标，构建学生、教师高度互动、密切协同，教学方式多样的教与学的基本形态，推动教学从以教师为中心向以学生为主体、教师为主导转变。智慧课堂的教学空间场景具备灵活性、适应性，具备调动学生学习热情、激发教师教学灵感的特质。智慧课堂的代表是沉浸教室及更高级的沉浸式远程互动教室。沉浸教室对教室音视频和环境设备（灯光、窗帘、中央空调等）进行自由集中控制，对接学校数据中心课表和一卡通数据，实现远程控制、运维，本地和中心控制室对讲功能，实现多屏互动研讨，教师可自由选择传统集中授课模式、小组讨论模式、小组点评模式。沉浸式远程互动教室既是直播教室又是收视教室，提供优质课堂高清直播、真实等大收视、各类教学互动、录制等服务，实现跨校、跨校区的课程共享，感受"远在天边，近在眼前"的真实体验，使学生可以在不同的校区或学校来共同参与同一门课程的课堂教学。同时实现多种听课模式，包括在收视教室远程收视，电脑上远程在线收视，移动终端实时在线收视。支持多种教学互动过程，包括本教室互动、教室间互动、投票表决互动等。支持所有学生统一签到，使授课老师实时了解到学生到勤率。

（4）仪器设备

仪器设备指教学、科研单位中，使用方向为教学或科研的仪器设备。按照用途可分为教学仪器设备、实验和实训仪器设备。教学仪器设备主要用于教室教学、线上教学和混合式教学，如教室安装的多媒体设备，混合式教学中使用的投屏设备等。实验和实训仪器设备主要应用于理工类各专业的实验和实践活动中。

教学仪器设备的使用相对比较简单，需要教师在使用过程中严格按照教学仪器设备的正确流程操作，爱惜设备，注意使用安全。

对于实验实训类仪器设备，授课过程中使用仪器设备时：第一，需要教师事前做充分准备，进行先行实验，对仪器设备、实验材料要仔细检查，以保证实验的效果和安全；第二，在学生实验开始前，对实验的目的和要求、依据的原理、仪器设备安装使用的方法、实验的操作过程等，通过讲授或谈话充分说明，必要时进行示范，以增强学生实验的自觉性；第三，小组实验尽可能使每个学生都亲自动手；第四，在实验进行过程中，教师巡视指导，及时发现和纠正出现的问题，进行科学态度和方法的教育；第五，实验结束后，由师生或由教师进行小结，并由学生写出实验报告。

（5）软件

课程中的软件设计包括传统的教室教学常用的教学软件和线上教学的软件，除此之外还有实验实践课程学生操作类软件。教室教学常用的教学软件为 Office 系列办公软件，线上教学的软件是各线上教学平台自主研发设计的集"教、学、练、评"多位一体的在线平台软件，平台不同，软件功能也各有侧重。实验实践课程学生操作类软件根据专业不同，类型丰富多样，并且随着软件的不断升级，其功能也越来越强大。在授课过程中注意软件的更新，并注重此类软件的实用性，保证学生学习期间使用的软件与未来参加工作时候使用的软件相互衔接。

3. 授课的环节设计：课前、课中、课后

按照授课的时间顺序，授课环节包括课前、课中和课后三个基本阶段，每个阶段课程设计的侧重点和内容各有不同。

（1）课前

上课之前的主要工作内容是备课，备课是指教师依据教学目标要求，钻研和组织教材，选择教法，分析自我和学生，制订教学计划的过程。

第一，学生起始状态的诊断与分析。奥苏伯尔指出，"影响学习的唯一重要的因素就是学习者已经知道了什么。要探明这一点，并应据此进行教学"。因此，备课首先应对学习者的起始状态进行诊断分析。第一，学习者学习态度分析。第二，学习者起点能力和背景知识的诊断分析。在教学准备中，教师既要分析学生已经掌握了哪些知识和技能，具备了哪些利于新知识获得的旧知识，又要了解学生头脑中存在着哪些妨碍新知识获得的与科学知识相违背的旧知识，这样在教学时才能有的放矢地进行启发引导。第三，了解学生的学习风格。教学只有与学生的学习风格相适应，才能有效促进学生的学习。

第二，教学内容的分析。教学内容分析是教学准备的一个重要方面，它直接影响着教师对教材的理解和把握，也是教师确定教学目标、选择教学方法和媒体的基础。对教学内容的分析主要可从三个方面进行：第一，建构教材内容的知识体系；第二，确定知识点；第三，确定教学内容的重点、难点和关键点。

第三，课堂教学的系统化设计。在分析学生和教学内容的基础上，教师应对课堂教学进行系统的规划和设计。其内容主要包括制订教学计划、确定教学目标、选择教学模式、设计教学组织形式、安排课的结构和程序，从而使教材知识的逻辑结构、学生认知的心理结构与课的教学结构有机和谐。[①]

（2）课中

提高教学质量的关键是上好课，课中是教学工作的中心环节。上课过程中需要明确以下关键内容。

第一，课程类型明确。根据使用的主要学习方法来分，可分为观察课、讲授课、演示课、练习课、讨论课等；另一种是根据教学的任务来分，可分为传授新知识课（新授课）、巩固知识课（巩固课）、培养技能技巧课（技能课）、检查知识课（检查）。但在实际教学中，有时一节课只完成一个任务，有时一节课则需完成多项任务，所以根据一节课所完成的任务的数量，又可分为单一课和综合课。单一课是指一堂课内主要完成一种教学任务的课。综合课则是指一堂课内同时完成两种或两种以上教学任务的课。

第二，课程结构合理。课程的结构是指课程的组成部分及各组成部分进行的顺序、时限和相互关系。受学科特点、教材内容、教学方法和教学对象等因素的制约，不同类型的课程有不同的结构，即使同一类型的课程，也可有许多变式。综合课的一般结构：组织教学、检查复习、学习新教材、巩固新知识、布置课外作业。单一课的结构，大多也有组织教学、布置作业等教学环节，但各环节要突出各自的主要任务。课的结构没有固定不变的模式，各个成分的结合形式是多种多样的，并无固定的次序，教师应灵活掌握和创造性地运用。一方面要使教与学密切配合，教师不仅要注意教，还要指导和组织学生进行学习，保持教学活动的有序性，避免课堂秩序混乱、教与学脱节。另一方面，教学活动要结构紧凑，科学地分配时间，以达到教学的高效率。

第三，授课目标明确。教师上课时明确本次课要使学生掌握一些什么知识和技能，要学会什么方法等。同时，要明确教学的重点，把精力主要放在重要

---

① 宋秋前，陈宏祖．教育学 [M]．杭州：浙江大学出版社，2010：45.

内容的教学上，不要对所有的任务平均使用时间和精力。

第四，授课内容正确。教师讲授的内容、呈现的材料必须是科学的、正确的，教师的讲授、概念的界定、原理的论证必须是准确、有条理和符合逻辑的。同时，教师讲授内容的思想性要正确、鲜明，充分体现教学的教育性。

第五，授课方法恰当。教师使用的教法要符合教材的特点、学生的特征及学法特点，能充分、合理科学地利用现有教学设备和条件，以便使学生能顺利、高效地掌握教学内容。教学有法，但无定法。教师要善于选择并创造性地运用教学方法。

第六，学生积极性高。应该自始至终在教师的指导下充分发挥学生学习的积极性。教师注意因材施教，使每个学生都能积极地动脑、动口、动手，形成生动活泼的教学局面。

（3）课后

经过课前的精心准备，课堂上合理组织与讲授，课后环节是对以上两个阶段的考核和检验。

第一，作业的布置、指导与批改。作业是结合教学内容，要求学生完成的各种类型的练习。无论是课内作业还是课外作业，其作用在于加深和加强学生对教材的理解和巩固，进一步掌握相关的技能、技巧。

第二，课外辅导。课外辅导是在上课时间以外帮助和指导学生学习的活动。课外辅导是教学适应个别差异，进行因材施教的重要措施。辅导的形式有个别辅导、小组辅导和集体辅导三种方式。通过课外辅导帮助学生明确学习目的，他们能够独自计划学习和自我监督学习，并养成良好的习惯；做好对学习困难学生的帮助工作，包括解答疑难问题，指导学习方法；为有学科兴趣的学生提供课外研究的指导和帮助，指导学生的实践性和社会服务性活动等。

第三，学业成绩的考查与评定。学业成绩的考查与评定不仅能帮助教师了解学生前阶段的学习情况和检查自己的教学工作，促进课堂教学，而且能促进学生查漏补缺，复习功课，巩固和加深所学知识技能。考查的方式灵活多样，主要有课堂提问、作业检查、书面测试等方式。考试一般有学期考试、学年考试和毕业考试，具体方法也很多，如口试、笔试、开卷和闭卷等。在考查和考试的基础上，教师要做好学生成绩的评定工作。

4. 授课的内容设计：逻辑关系、前后顺序、时间安排

教学环节中较大的构成部分是由较小的构成部分组成的，正如较小的是由最小的组成一样。在每一个最小的构成部分中都应当区分出四个教学阶段，必须注意到清楚、联合、次序与按这种次序展开的进程。在最小构成部分中，这

些阶段是迅速地、一个接着一个发生的，而在下一个较大的构成部分要由最小的构成部分组合起来时，这些阶段就较慢地、一个接着一个出现了。由此产生了授课内容的逻辑关系、前后顺序和时间安排。

（1）逻辑关系

事物的内部逻辑关系包括因果关系、层递关系、主次关系、总分关系、并列关系等。用恰当的逻辑关系合理安排课程内容，会有效提高教与学的效率，收到较好的教学效果。教师授课时应按照学生学习时的思维规律，引导学生通过思考完成教学内容的学习。学生在完成较复杂的思维任务时，总要经历"发散—集中—再发散—再集中"这样循环反复的过程。二者是互为前提、互为基础、相互结合的。组织授课内容时，各部分内容之间常见的逻辑组合关系有因果关系、层递关系、主次关系、总分关系、并列关系。第一，因果关系，又可分为正向和逆向两种。在具体知识点讲解时根据事物的因果关系推导得出结论。或者，反其道而行之：结论—问题—思考—求证—彻底解决，激发学生的探究成因的欲望，也是常用的教学方法。第二，层递关系，采用逐层递进的顺序，不断抽丝剥茧，直到问题解决为止。第三，主次关系，课程内容可以分为重点、难点内容和一般内容两类。两者之间在逻辑上即为主次关系。第四，总分关系，一门课程由不同章组成，每章又可细化为节，每节又由具体的知识点组成，通过不同级别的总分关系，把基础知识连接成一个网状系统。第五，并列关系，课程内容的各章节之间即为并列关系，共同组成课程的内容。同时，课程内容的各章节之间也存在层递关系和主次关系。

（2）前后顺序

前后顺序即课程各部分内容之间的顺序。教师应按照课程内容的逻辑体系进行教学，讲授时要掌握由近及远、由浅入深、由易到难、由简到繁、由具体到抽象、由已知到未知的规律。讲授时还应注意新旧知识之间的联系，使教学内容既有重点，又前后连贯。

（3）时间安排

课程的时间既指一门课程全部内容的时间安排，又特指一学时内的内容安排。课程内容的时间安排并不是平均分配的，而是根据课程内容的逻辑关系和前后顺序进行分配的，一般重点、难点章节及每学时内重点、难点内容占用时间较长，为重点讲授部分。同时，根据课程的性质和特点，对需要进行实习、实践的内容要安排一定的学时进行实习或实践。

第二节　不同教学模式下的课程设计

一、教室教学模式

教室教学即班级授课模式是现代教育主要的授课方式。教室教学模式下，教师在课堂上完成向学生传授知识和技能的全过程。教室教学模式下的课程设计包括课程目标、课程结构、课程内容、课程实施、课程评价、课程资源的组织与安排。

1. 课程目标设计

（1）课程目标

根据教育宗旨和教育规律而提出的具体价值的任务指标，是课程本身要实现的具体目标和意图，是整个课程编制过程中最为关键的准则，具有时限性、具体性、预测性、可操作性等特点。

（2）课程目标设计要求

课程目标应该是三维的，即同时满足知识与技能（双基）、过程与方法（让学生学会学习）、情感态度与价值观（价值观、态度体验、师生共鸣）三个方面的要求。三个方面相互联系，融为一体。

课程目标要有正确的价值取向。普遍性目标取向：对课程进行总括性和原则性规范与指导的目标，如《大学》里提出的格物、致知、诚意、正心、修身、齐家、治国、平天下为典型的普遍性目标。行为目标取向：期待学习结果，对学习以训练知识、技能为主的课程较合适。生成性目标取向：萌芽于杜威的"教育即生长"命题，指在教育情境中随着教育过程的展开而自然生成的目标，其关注过程，强调适应性。表现性目标取向：在教学情境中学生个性化的创造性表现，适用于以学生活动为主的课程。

2. 课程结构设计

（1）课程结构的内涵

课程结构是指各部分有机的组织和配合，即课程内容有机联系在一起的组织方式。它是课程目标转化为教育成果的纽带，也是课程活动顺利展开的依据。具有客观性、有序性、可转换性、可度量性等特点。

（2）课程结构设计要求

课程结构设计需要对课程内部各要素、各成分间的联系和结构方式的数量关系做出合理分配。处理好课程的横向结构（课程范围）的广度与课程的纵向结构（课程序列）的深度。尤其是课程的纵向结构的安排，一般采用直线形课程，将课程内容按由浅入深、由易到难的原则前后连接，直线推进，不重复排列。螺旋形课程，按照巩固性原则，循环往复、层层上升，形成立体展开的课程排列。

3. 课程内容设计

课程内容涉及教学过程中教师"教什么"和学生"学什么"的问题，是学校教育的基础。课程内容以课程计划、课程标准和教材的方式表现。

（1）课程计划

课程计划（原称教学计划）是国家教育主管部门根据教育目的和一定的培养目标制定的有关学校教育和教学工作的指导性文件。具体包括课程设置（教学科目）。根据总的教育目的和各级各类学校的任务、培养目标和修业年限，确定学校应设置的学科。开设哪些科目是课程计划的首要的中心问题。学科开设的顺序。依据学校总的年限、各门学科的内容及其联系以及教学法的要求，确定各门学科开设的顺序。各门学科的教学时数。根据培养目标的需要和各门学科的教学任务、教材分量、难易程度及教学法上的要求规定各学期的授课时数，包括各门学科授课的总时数、每门学科在一学期的授课时数、每周的授课时数及各年级的周学时数等。学年编制和学周安排。包括学年阶段的划分、各学期的教学周数、学生参与生产劳动的时间、假期和节日的规定等。

（2）课程标准

课程标准（原称教学大纲）是各学科的纲领性指导文件，它是教材编写、教学、评估和考试命题的直接依据，是衡量各科教学质量的重要标准，是国家管理和评价课程的基础。

课程标准的设计内容：第一，课程的性质、目标、内容框架；第二，指导性的教学原则和评价建议；第三，课程标准规定了不同阶段学生在知识与技能、过程与方法、情感态度与价值观念等方面所应达到的基本要求。

（3）教材

教材是依据课程标准的要求编写的系统反映学科内容的教学用书，是课程标准的最主要的载体，是课程标准的具体化，它包括教师教学行为中所利用的一切素材和手段。教科书是最有代表性的教材，是学生获取系统知识的重要工具，也是教师进行教学的主要依据。

教材选用及编写时需要注意以下几点：第一，教材在内容上要体现科学性和思想性；第二，教材内容的阐述要层次分明；第三，在保证科学性的前提下，要考虑社会现状和教育水平，做到对大多数学生的适用性；第四，在顺序安排上，要有利于学生学习，结构合理，疏密有致；第五，要符合课程计划与课程标准的要求。

教材是"跳板"而非"圣经"，鼓励教师充实并超越教材，使教材成为学生学习和创新的有力凭借。教材不完全等同于课程内容，是学生获取系统知识的重要工具，也是教师进行教学的主要依据。课程内容除了包含从教材中获取的间接经验外，还包括学生的直接经验、情感经验等。用"教材"教，而不是教"教材"，教师不是教材的执行者，而是课程的开发者，体现了教师在课程建设中的主体性。

4. 课程实施设计

（1）课程实施

将已经编制好的课程付诸实践的过程，它是达到预期的课程目标的基本途径。课程实施需要满足忠实取向、相互调适取向和缔造取向。课程实施具有合理性、和谐性、明确性、简约性、可传播性和可操作性的特点。

（2）课程实施设计要求

课程实施设计按照以下顺序开展：确定并分析教学任务；研究学生的学习活动和个性特征，了解学生的学习特点；选择并确定与学生的学习特点和教学任务相适应的教学方法；对具体的教学单元和课程的类型和结构进行规划；组织并开展教学活动；评价教学活动的过程与结果，为下一轮的课程实施提供反馈性信息。

5. 课程评价设计

（1）课程评价

课程评价是指依据一定的评价标准，对课程的计划、实施、结果等做价值判断。课程评价的目的是检查课程的目标、编订和实施是否实现了教育目的，实现的程度如何，以判定课程设计的效果，并据此做出改进课程的决策。

（2）课程评价设计要求

课程评价应做到以下几方面。第一，课程评价时要重视发展，淡化甄别与选拔，实现评价功能的转变。课程评价除了检查学生知识、技能的掌握情况，更为关注学生掌握知识、技能的过程与方法，以及与之相伴随的情感态度与价值观的形成。以往的教师评价主要是关注教师已有的工作业绩是否达标，同样体现出重检查、甄别、选拔、评优的功能，而在如何促进教师的发展方面作用有限。时代的发展向课程评价的功能提出挑战，评价不只是进行甄别、选拔，更重要的是为了促进被评价者的发展。第二，重综合评价，关注个体差异，实现评价指标的多元化。在关注学业成就的同时，关注个体发展的其他方面，如积极的学习态度、创新精神、分析与解决问题的能力以及正确的人生观、价值观等；从考查学生学到了什么，到对学生是否学会学习、学会生存、学会合作、学会做人等进行考查和综合评价。第三，强调定性与定量相结合，实现评价方法的多样化。从过分强调量化逐步转向关注质的分析与把握，有利于更清晰、更准确地描述学生、教师的发展状况。第四，强调参与和互动、自评和他评相结合，实现评价主体的多元化，即被评价者从被动接受评价逐步转向主动参与评价。第五，注重过程，终结性评价与形成性评价相结合，关注结果的终结性评价是面向"过去"的评价，关注过程的形成性评价则是面向"未来"、重在发展的评价。只有关注过程，评价才可以深入了解学生发展的进程，及时了解学生在发展中遇到的问题、所做出的努力以及获得的进步，这样才能对学生的持续发展和提高进行有效的指导，评价促进发展的功能才能真正发挥作用。

6. 课程资源设计

（1）课程资源

课程资源是指课程设计、实施和评价等整个课程教学过程中可利用的一切人力、物力以及自然资源的总和，包括教材、教师、学生、家长以及学校、家庭和社区中所有有利于实现课程目标，促进教师专业成长和学生个性的全面发展的各种资源。广义的课程资源：泛指有利于实现课程目标的一切因素，如生态环境、人文景观、国际互联网络、教师的知识等。狭义的课程资源：仅指形成教学内容的直接来源，典型的如教材、学科知识等。

（2）课程资源的类型

根据课程资源空间分布的不同划分，分为校内课程资源和校外课程资源；按照课程资源的功能特点的不同划分，分为素材性课程资源和条件性课程资源；根据载体形式的不同划分，分为文字性课程资源和非文字性课程资源；根据价值取向的不同划分，分为教授性课程资源和学习化课程资源；按课程资源的存在方式区分，分为显性课程资源和隐性课程资源；按课程资源的存在形态区分，分为物质形态的课程资源和精神形态的课程资源。

根据课程的特点选择可利用的课程资源有利于课程的顺利、高效实施，收到较好的教学效果。

二、线上教学模式

线上教学模式是以现代教育技术和学习理论为指导，利用计算机或移动终端设备向学习者提供丰富的教学资源，提供更方便自由的教与学方式，开展同步或异步的教学模式。线上教学同样需要教室教学模式下课程目标、课程结构、课程内容、课程实施、课程评价、课程资源的组织与安排，只是各教学组成要素的形式与传统的教室教学有显著的差异。第一，线上教学的课程目标侧重知识的讲解、过程与方法的分析（让学生学会学习），对课程目标中情感态度与价值观（价值观、态度体验、师生共鸣）课程目标的实现效果，因线上远程教学模式，会受到一定程度的影响。第二，线上教学课程的横向和纵向结构可以得到较好的拓展，网络丰富的课程相关资源，可以大大提高教学的广度和深度。第三，线上教学课程内容中的课程计划可根据学生的实际情况灵活安排，课程标准的制定需要参考多方面因素，根据课程标准设置不同的准入门槛，使学生找到最适合自己的线上资源。线上教学的教材多以课件、电子书等电子版本的形式出现。第四，线上教学的课程实施时间灵活，授课过程的互动方式灵活，可实时掌握学生的学习进程。第五，线上教学的课程评价，各线上教学平台的强大统计功能，为线上教学的量化评价提供了丰富的数据资源，为课程质量的不断提升提供了有力的数据分析支持。第六，线上教学的课程资源，与教室教学相比，线上教学模式最突出的优势就是拥有海量的可利用的线上课程资源，既包括各类已建设好的相关课程内容，也包括特定课程教学中需要的丰富的线上音频视频资料，MOOC（Massive Open Online Courses 大规模开放在线课程）是线上教学的典型代表。

MOOC（Massive Open Online Courses）的课程设计如下。

（1）学习者和应用模式分析

分析教学对象的属性和基本特征、学习目的、个性化需求，以及分析教学的外部环境和各方面条件。

（2）教学目标分析

具体包括心智和性格培养的目标，基于活动过程中的任务需要所提出的目标，可观察和测量的行为陈述的目标。

（3）教学情境与活动设计

借助教学场景的营造和系列活动的开展促进教学目标的实现。

（4）教学资源设计

资源的选择必须要紧密围绕课程主题，以教学目标为导向。

（5）学习评价设计

既有教学过程中及时做出的阶段性评价，也有活动完成后给出的最终评价。

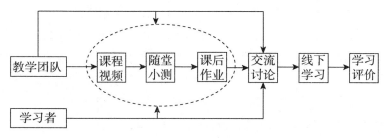

图 6.1 MOOC 的课程流程

（6）学习支持设计

为了顺利完成整个教学活动，必然要获得一些技术、资源方面的支持。

MOOC 的主要构成是课堂演讲视频。2014 年 3 月召开的首届大规模在线开放教育（MOOC）学术会议暨微课程资源共建共享联盟可持续发展研讨会上提出了微课程设计与开发标准（征求意见稿）。这份标准草案把微课程定义为"微课程是指在一定时限内（最长不超过 30 分钟），有明确的教学目标，通过视频、音频、文字、图片、动画中的一种或多种形式表现和集中说明一个问题或知识点的小课程"。微课程的教学设计是以学习者需求为中心，把相关理论作为基础和依据，对微课程的学习环境进行完整的构建，对微课程的教学进行系统的组织与规划，合理安排，对学习资源和学习策略进行设计开发和实施，并能够采用合适方法进行评价的系统而完整的过程。[①]

三、混合式教学模式

混合式教学将整个教学过程分为不同的阶段，每个阶段完成不同的教学任务。混合式教学模式既融合了传统教学中师生之间面对面进行交流沟通的优势，又融合了在线教学学生个性化学习的优势，在现阶段的教育教学中占据重要的地位。混合式教学课前的在线学习阶段注重学生学习能力的培养，强调自主调节学习进度，课堂教学中教师对知识点进行讲解，强调知识的系统性，教师与学生之间既有在线互动，又有面对面的疑难解答，学生之间通过合作交流增加互动，使学生在获得知识的同时也具有丰富的情感交流。基于 SPOC 的混合式教学模式是目前混合式教学的代表。

SPOC（Small Private Online Course 小规模限制性在线课程）是在 MOOC 的基础上发展而来的，所以 SPOC 是对 MOOC 的发展和补充，故有学者把 SPOC

---

① 李丽. Web4.0 环境下专题式微课设计与开发实践研究［J］. 职业教育研究，2017（04）：70-73.

称为"后 MOOC 时代"，SPOC＝MOOC＋课堂，它不仅弥补 MOOC 在学校实际教学中的不足，还是将线上学习与线下相结合的一种混合式教学模式，采用 MOOC 教学内容和资料实施翻转。SPOC 教学过程包括教师在线发布学习资源和安排任务，学生在线完成任务，参加讨论；在课堂上教师根据在线学习情况，有针对性地进行课堂教学，解决学生在线上出现的重点和难点问题。SPOC 利用 MOOC 技术支持教师将时间和精力转向如讨论、任务协作和面对面交流互动等更高价值、更高层次的教学活动中。SPOC 混合式课程设计（此课程设计的 SPOC 平台的技术支持以超星泛雅平台为例）将课前、课中、课后活动设计分为教师和学生两个部分。

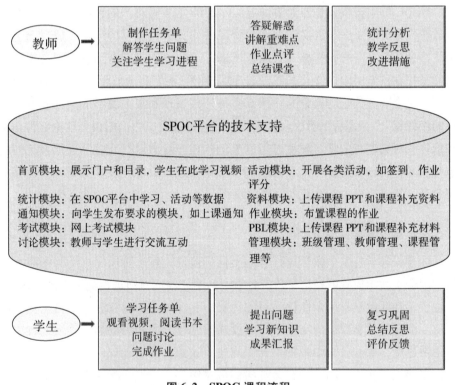

图 6.2 SPOC 课程流程

（1）课前活动设计

在教师活动中，教师首先要准备课程的教学资源，并将准备好的资源上传到在线教学平台。然后教师准备本门课程的学习任务单，不同章节内容其学习任务单也有差异，在学生上课之前将学习任务单上传至平台。在学生活动中，学生根据学习任务单学习完成相关任务，教师和助教可以及时在讨论区解答学生在学习中出现的问题。

（2）课中活动设计

在教师活动中，教师整理学生课前在平台中提出的问题，选择有代表性的问题在课堂中统一解答。讲解本节课程的重难点内容，对学生提交的小作业进行点评，总结课程学习的知识点，使学生对知识的理解从浅层向深层转化。在学生活动中，学生提出自己在课前学习中还未解决的问题，教师和学生都可以进行相应的解答。在教师和学生的问答过程中交流互动的机会也增多了。学生在课堂中学习章节的新知识，最后汇报课前完成的小作业。

（3）课后活动设计

在教师活动中，教师在平台中收集学生学习数据，这些学习数据包括学生观看视频情况、讨论区交互情况、课程访问情况及作业完成情况，对数据进行分析后进行教学总结并提出相应的改进措施，争取在下节课程前完成改进，通过多次的应用及改进，优化 SPOC 教学设计。在学生活动中，学生复习巩固学习过的知识点，总结自己在学习过程中的问题，并给教师相应的反馈，帮助教师改进 SPOC 教学设计。

第三节　面向"课程思政"的课程设计

课程思政指以构建全员、全程、全课程育人格局的形式将各类课程与思想政治理论课同向同行，形成协同效应，把"立德树人"作为教育的根本任务的一种综合教育理念。

面向"课程思政"的课程设计是中国学生发展核心素养的必然要求。十八大和十八届三中全会提出将立德树人的要求落到实处，2014 年教育部研制印发的《关于全面深化课程改革落实立德树人根本任务的意见》，提出"教育部将组织研究提出各学段学生发展核心素养体系，明确学生应具备的适应终身发展和社会发展需要的必备品格和关键能力"。中国学生发展核心素养以培养"全面发展的人"为核心，分为文化基础、自主发展、社会参与三个方面，综合表现为人文底蕴、科学精神、学会学习、健康生活、责任担当、实践创新等六大素养。这些核心素养的出发点和着力点都落在立德树人上，与课程思政的目标完全一致。

一、面向"课程思政"的课程设计特点

（1）思想是知识与理论的升华，需要对知识和理论进行更高层次的讲解

思想是教学中的调料，有了思想的课程就有了灵魂，就像画龙点睛。要营

造思想的场景、思想的素材、思想的契机。面向"课程思政"的课程设计通过注入思想的课程使知识与理论得到升华,更好地引导学生知行合一。"师者,所以传道受业解惑也。"古往今来,教师都是学生前行的引导人、栽培者。新时代呼唤新担当,新时代需要新作为。在新时代,教师要当好"传道受业解惑"的"大先生"。知识和理论的讲解不能停留在"解惑"阶段,教师要不断提高"受业"的本领,给学生展现良师的形象,努力以高尚的人格赢得学生敬仰,以模范的言行举止为学生树立榜样,把真善美的种子播进学生心里。要坚持政治要强、情怀要深、思维要新、视野要广、自律要严、人格要正,坚持教书和育人相统一,坚持言传和身教相统一,坚持潜心问道和关注社会相统一,坚持学术自由和学术规范相统一,自觉发挥积极性、主动性、创造性,用真理的力量感召学生,以深厚的理论功底赢得学生。

(2)思想是行动的牵引,需要在实验、实习类课程教学中对学生进行思想上的鼓励

本研究主要针对理论课进行了系统阐述,没有对实验、实习类课程设计进行深入研究,但是,实验、实习类课程对于培养学生敬业态度、严谨的工作作风是非常重要的,针对实验、实习类课程的思政设计,将作为本研究后续工作的重要方向之一。

(3)经典的教书育人案例中闪耀着"教"与"学"主体的精神与光芒

陶行知先生曾说过,"千教万教,教人求真。千学万学,学做真人"。设计有思想的课程,通过课程设计奋其志、激其情,从而实现发其智、引其疑、启其思、广其知、添其翼、炼其毅、倡其辩、授其法、增其识的授课效果。其中"奋其志""激其情"是基础和重点,也是课程思政的主要任务。"奋其志",志是智力发展的精神动力。目标远大,才能精力充沛,这是搞好学习的精神支柱。在教学中,教师应向学生介绍该学科当前发展的现状,向学生指明突破口在哪里,从而诱发学生为祖国做贡献的雄心壮志和学习动机。"激其情",情感是智力的翅膀。"要是没有热情,世界上任何伟大的事业都不会成功。"(黑格尔)教学中如果不引起学生愉快的情感体验——如好奇、喜悦、趣味、激动等,那么这种教学一定是呆板、沉闷、枯燥乏味的。教与学的过程不仅要有师生之间追求真理的同频共振,而且也要有情感共鸣。努力做到使学生"带着一种高涨的激动情绪从事学习和思考,对面前展开的真理感到惊奇和震惊;在学习中意识和感觉到自己的智慧力量,体验到创造的欢乐,为人的智慧和意志的伟大感到骄傲"(苏霍姆林斯基)。

教师需要正确处理教书与育人的关系,使二者相辅相成,有机结合,教师

坚持修师德、铸师魂，坚守住自己的初心，加强自我提升与自我约束，追求道德的完善，真正做到严谨笃学、立德树人，行为世范、学为人师，通过自身的人格魅力影响学生。张伯苓先生以身作则戒烟的案例，皮尔·保罗校长一句话改变学生命运的案例，陶行知先生四块糖果的案例等，古往今来大量经典的教书育人的成功案例无不体现出教师思想和精神的力量。

二、面向"课程思政"的课程目标设计

三维的课程目标包括满足知识与技能（双基），过程与方法（让学生学会学习）、情感态度与价值观（价值观、态度体验、师生共鸣）。面向"课程思政"的课程目标设计要把培养学生具有科学的世界观基础和优良的道德品质作为课程目标的重要内容。

科学世界观是以辩证唯物主义和历史唯物主义为基础对世界的根本看法，科学世界观是总结人类已有的认识成果，如实反映世界的本来面目及其发展规律，指导人们能动地改造社会、改造自然，促进社会的发展。学生形成科学的世界观，对其今后一生的成长是极其重要的。对学生来说，形成科学世界观是建立在科学知识基础之上的。在掌握知识的同时，知识不一定能自然而然地转化为科学世界观，这里有一个理论联系实际的问题。教学中必须让学生学会掌握正确的观点、方法去分析问题和解决问题，使之成为一种人生哲学。在教学中还应培养学生优良的道德品质，要通过经常的训练来培养。学习是很艰苦的劳动，是学生主要的活动，许多优良的道德品质正是通过学习活动培养起来的。学生学习的每门学科性质不同，进行思想品德教育的要求和角度也就不尽相同。教师的教学艺术就是把德育和智育有机结合起来，在潜移默化中感染学生，完成教学任务。

三、面向"课程思政"的课程内容设计

为了更好地实现"课程思政"教育效果，要协调好政治理论课和其他课程，既要做好学生从入学到毕业的价值引导，又要做好知识和价值教育的相互促进。此外，还要协调好课堂内外的整体教育。做好第一课堂、第二课堂的联动，同时将课堂向校外拓展，还要特别重视网络思想政治教育工作，构建"互联网+"课程实践，打通课内课外、校内校外和线上线下联系，实现全员育人、齐抓共管的目标。搭建跨学科课程平台，将显性教育与隐性教育相结合，实现课堂内外的联动。要着力探索"课程思政"的课程标准和教学规范，明确课程中的思想政治教育元素，在教育教学全部环节，明确育人要求，将提高"课程思政"

的教育教学质量落地落实。挖掘教材内在的思想因素,教师要用马克思主义的立场、观点和方法,深入研究课程标准和教材,挖掘教材内在的思想性,有目的地对学生进行情感态度和价值观念的教育。寓教育于教学之中,力图做到水乳交融,而不是油水分离。不要脱离课程内容进行空洞和牵强附会的说教。

四、面向"课程思政"的课程实施设计

在课程实施过程中,不仅要引导学生掌握知识,而且还要通过积极的情感态度及正确的价值观的培养,提高他们的思想水平。教学永远具有教育性,学生在教学过程中不仅学习知识、发展能力,而且会形成一定的思想品德和价值观念,这种自发思想品德和价值观念,未必符合一定社会的要求,而培养符合一定社会要求的人才是每个社会教育的基本目标。为此,教师在教学中必须有意识地发挥教学的积极的教育作用,从而使学生形成符合社会要求的、正确的思想品德和价值观念。

教师要加强自身修养,示范性是教师劳动的特点之一,在课程实施过程中,伴随着教学过程,教师自身的价值观、情感及其态度会同课程内容一样,对学生的思想产生深刻的影响。为此,教师应不断提高自身修养,用自己高尚的思想和情感、严谨的治学态度、实事求是的作风来影响学生,体现教学的科学性与思想性。教师的教学工作总是按照一定积极的要求,以一定的思想政治方向影响着学生,同时也反映着自己的思想倾向。教材的选择和组合、教学方法和教学组织形式的运用,都受教师的立场观点的影响;教师在课程实施过程中,也会在不同程度上,以不同方式把自己的政治立场、社会观点表露出来;同时教师的立场、观点会反映在教师平日的言谈举止中,也会对学生产生潜移默化的思想影响。因此,教师首先要具有正确的价值观和较高的政治修养水平,并在课程实施过程中有意识地渗透给学生,润物无声,收到较好的课程思政教育效果。

五、面向"课程思政"的课程评价设计

制定适应"课程思政"新模式的学习效果评价体系。构建课程思政学习效果评价体系,有利于推进高校"课程思政"新方案的全面落实,有利于保证高校课程思政教学的社会主义方向,不断提高高校课程思政的教学质量和水平。"课程思政"的教育和学习效果评价扮演着温度计的角色,通过学习效果评价能够提供大学生当前的学习情况以及教师课程思政教学质量的信息,通过评价明确课程的重点,激发教师和学生的责任心,推动课程思政教学的改革。

在评价课程思政效果时，应该采取多种评价的方法。对不同的内容采用适合该评价内容特性的评价方法，以便实现更好、更准确、更有效的评价，最终提高课程思政学习效果评价的实效性。在评价内容上，改变以知识的获得、智育的发展为主要评价内容，逐渐融入情感、态度、价值观的改善，智育与德育汇为一体，使学生智育发展的过程同时成为德育成长的过程。在评价主体上，改变以教师为主体的评价方式，实现学生自评、同学他评、家长评价相结合，使教学评价能够全方位、立体化、客观地展现学生的整体面貌。如此，教学评价才能真正全面地考察课程思政的教学效果。

六、面向"课程思政"的课程资源设计

所有课程都蕴含着丰富的育人资源。各门课程普遍蕴含的德育资源主要包括以下三点。一是辩证唯物主义观点。辩证唯物主义思想可以让学生形成科学的世界观。二是爱国主义思想。学科知识当中我国的发展成就和特色技术，能激发学生的爱国主义情怀。三是勇于探索的坚强意志。坚持不懈的奋斗精神，可以鼓励学生开拓勤奋，励志成才。一方面，"课程思政"建立在每一门课程的基础之上，要与学科体系建设相结合，明确学科育人资源，建立学科育人共同体。比如，哲学社会科学课程要注重政治导向和文化的育人功能；自然科学课程要挖掘其科学精神和人文素养，培养创新意识、生态文明和工匠精神教育；应用技能型工科课程则可以探讨通过有效的实践活动形式来挖掘思想政治教育元素。学生受到多学科的熏陶，更容易树立正确的价值导向，培养其理性平和的心态、富于人文关怀的情感和高尚的审美情操。目前，共青团中央在高校推行的"第二课堂成绩单"制度，就很好地提高了大学生综合素质，深度融入教育改革发展，服务国家经济发展大局，例如，各高校每年利用假期开展大学生"三下乡"活动，通过志愿服务、社区基层锻炼、文化下乡等多种多样的形式积极探索实践育人新模式，从而提升高校思想政治教育的效果，有效解决形式与内容的统一，理论和思维之间有效转化，从而实现当代大学生的"知行合一"，将理论学习与行为转化有机结合起来，促进思想政治教育的效果。

第七章 公共管理类专业思想政治
教育目标、定位及方向

第一节 公共管理专业发展概况

专业是社会分工、学科知识和教育结构三位一体的组织形态。其中，社会分工是专业存在的基础，学科知识是专业的内核，教育结构是专业的表现形式。三者缺一不可，共同构成高校人才培养的基本单位。专业教育是一个确立人才样式，表述培养目标，明确知识、能力和素质结构，并落实到课程与教材的过程。

一、公共管理专业起源

公共管理是指以政府为核心的公共部门，为实现国家利益和公共利益依法运用多元治理手段对社会公共事务进行有效管理的活动。作为一门新兴学科，公共管理学正式诞生于 20 世纪 70 年代的美国，发展过程中对其他学科的优秀成果兼容并蓄。因此，尽管公共管理学的历史不长，但发展迅速，影响巨大，意义深远。新型的社会治理方式日益成熟，并推动公共管理愈来愈走向科学化管理。公共管理专业应时代发展之需而生，随着公共管理学科的发展和教育结构的调整而不断壮大。

二、公共管理专业发展历程

1. 萌芽阶段

我国的公共管理专业是在行政管理学科的基础上发展而来的。行政管理学自 20 世纪 30 年代被引入我国，20 世纪 80 年代开始在我国得以快速发展。北京大学于 1984 年就开始向本科生讲授行政管理学课程。1986 年，武汉大学和郑州大学在全国率先开办行政管理四年制本科专业，自此我国公共管理专业进入初步发展阶段。

2. 初步发展阶段

20世纪90年代，随着改革开放的不断深入，社会治理体系也出现了前所未有的新情况和新问题。与此同时，1997年，我国开始进行学科目录调整，公共管理学正式成为管理学门类下的一级学科，包含行政管理、社会医学与卫生事业管理、教育经济与管理、社会保障、土地资源管理5个二级学科。社会治理的新问题以及公共管理学科的建立大大促进了公共管理专业的发展。

3. 快速发展阶段

21世纪以来，公共管理专业进入快速发展阶段，尤其是2013年党的十八届三中全会提出："全面深化改革的总目标是完善和发展中国特色社会主义制度，推进国家治理体系和治理能力现代化。"这为公共管理专业的发展创造了新的机遇。目前，公共管理专业涵盖公共事业管理、行政管理、劳动与社会保障、土地资源管理、城市管理、海关管理、交通管理、海事管理、公共关系学9大类别，涉及国家治理体系的各个方面。公共管理专业教育结构日臻完善，在国家和地区经济运转及社会进步方面将会起到越来越重要的作用。

三、公共管理专业的特点

1. 综合性和独立性的统一

公共管理专业的学科与课程体系涉及政治学、管理学、经济学、社会学、心理学、统计学、法学、运筹学、人力资源管理、系统分析、财政学、政策学、哲学、数学等。公共管理学在吸收其他学科理论和方法的基础上，也形成了自己的"研究范式"和"纲领"，具有自己的对象、范畴和体系，并且它的这种独立地位日趋稳固。

2. 理论性与应用性的统一

公共管理专业是以实践和应用为取向的，是一门理论见之于实践的学科。通过对不同时期、不同阶段的公共管理实践进行系统的总结和分析，形成了系统化的理论体系。因此，公共管理专业有着很强的理论性。由于其理论是源于实践并指导实践的，因此，它体现了理论性和应用性的统一。

3. 实证性和规范性的统一

所谓实证性，是指公共管理专业追求经验科学的证实、预见和客观性等传统要求，对公共管理的对象、事实或经验加以归纳与分析，得出一般的假设或可验证的假设或可检验的命题和理论，并由经验和事实来验证其正确性。但是，公共管理专业又不仅限于此，它还进一步追问"应当如何"的问题，并力求提供某些规范性的建议。

4. 公共性与管理性的统一

公共权力是公共管理主体尤其是政府部门实施公共管理活动的必备前提和重要工具，公共管理的过程更多的是公共权力的运行过程。因此，公共管理专业的研究就具有明显的公共性。但是，另一方面，公共管理专业也具有明显的管理性特征。它从属于一般的管理过程，包含决策、组织、领导、协调、控制等基本环节，并采用一些共同的管理技术和方法，而且，公共管理学的这些管理性特征会随着现代社会的逐步发展而日趋突出。

四、公共管理类主要专业发展概况

公共管理下设的专业涵盖国家治理需求的各个方面，这决定着对相关人才素养的要求也各有特点，故对不同学习阶段的学生有着不同的培养目标和配套理念，期望在各个阶段学习的学生均能适应国家不同层次的需要，形成完备丰富的人才体系。公共管理事业的发展需求不断提高，促成了公共管理的产生和持续发展，为公共管理事业注入不竭动力。公共管理类专业下设公共事业管理、行政管理、劳动与社会保障、土地资源管理、城市管理、海关管理、交通管理、海事管理、公共关系学。根据"全国第四轮学科评估"中公共管理一级学科排名前 50 高校的公共管理类专业人才培养方案中的数据，依照各专业数量占比，选取以下五种专业，作为公共管理类专业的代表性专业。

1. 行政管理专业

行政管理学自 20 世纪 30 年代被引入我国，20 世纪 80 年代开始在我国得以快速发展。行政管理学是社会系统的一个重要分系统，在各种管理专业中涉及面最广，也最具有权威性。行政管理专业的人才培养将理论与实践、知识与能力置于同等重要的位置上。所以此专业的人才在重视学习自然科学、工程技术及社会科学相关知识理论的同时，还要求具备各种现代管理学科的技能和思想。在系统掌握现代行政管理知识，具有相当扎实的政治学、管理学等相关学科理论知识的同时，还需关注国家出台的政策、法律法规等，通晓领导艺术、组织流程等实务。在提高管理协调能力和文字功底的同时，还需明确肩负社会责任意识和开拓创新精神的重要性。

北京大学于 1984 年就开始向本科生讲授行政管理学课程。1986 年，国家教委首先在普通高等学校中批准了武汉大学和郑州大学开设行政管理四年制本科专业。同年，武汉大学还在已有的政治学硕士点中开招行政管理方向硕士研究生。南京大学、厦门大学两校的政治学系得以恢复，中国人民大学的行政管理研究所也得以创建。1987 年，南京大学开招政治学与行政学专业学生，中山大学恢复行政管理专业的招生。苏州大学则先行建立起行政管理专科专业，并于次年开始招生。1988 年，北京大学政治学系得以恢复，并定名为"政治学与行政管理系"，在原来政治学专业的基础上，另开设行政管理专业。中山大学也正式恢复原来的政治学系，并改称"政治学与行政学系"。中国人民大学行政管理学研究所首次正式开招行政学专业硕士生。同年，中国行政管理学会在北京成立。1990 年后，一些学校（如厦门大学、南京大学和中国政法大学等）的政治学系学习北京大学和中山大学的模式，纷纷改名为政治学与行政学（或政治与行政管理）系。目前，我国开设行政管理专业的高校有 344 所。其中，综合类高校占比 33%，理工类占比 22%，师范类高校占比 16%，财经类高校占比 14%，政法类、农林类高校各占比 5%，民族类高校占比 4%，艺术类、语言类和其他类高校共占 1%。各类高校中 211 和 985 大学占比达到 22%。

　　新时期的社会形态对国家治理提出了更高的要求。推进国家治理体系治理能力现代化这一重要思想，在十八届三中全会上首次被提出。党的十九届四中全会上确立了推进国家治理现代化的目标、方向和任务，为公共管理专业的发展创造了新的机遇。"中国之治"理念为公共管理的发展提供了新视域。公共管理领域的研究是国家治理体系的重要组成部分，在国家和地区经济运转及社会进步方面将会起到越来越重要的作用，为国家政府运转效率、经济社会发展水平和国家治理现代化程度等国家治理方面的提升服务，是经济发展和社会进步的重要支撑，也为社会科学的发展贡献蓬勃之力。

　　2. 土地资源管理专业

　　土地资源管理在调整、监督土地关系和土地利用方面发挥重要作用，是在维护土地所有制的基础上进行的有目的、有组织的计划性协调活动，以提高土地的利用效益。我国土地资源管理专业是在土地规划与利用专业基础上发展起来的。1956 年，东北农学院成立了我国第一个土地规划专业。时至今日，已有60 多年的发展历史，为国家经济建设培养了一大批土地规划人才。1985 年又迎来了土地规划与利用专业的重要事件，也就是在全国率先创立了"农业资源经济与土地利用管理"硕士点，开创了我国土地资源管理学科研究生教育的先河。① 随着 1986 年原国家土地管理局的成立和《中华人民共和国土地管理法》

---

① 姜博，赵映慧，雷国平，等 . 东北农业大学土地资源管理专业学科发展现状与展望 [J]. 安徽农学通报（下半月刊），2010，16（22）：144-145，149.

的出台，我国的土地管理事业步入了快速发展的轨道。土地资源管理专业由此迎来了蓬勃发展时期。1988 年中国人民大学成立土地管理系，1992 年南京农业大学成立全国第一个土地管理学院，1995 年由原国家土地管理局发文在浙江大学成立东南土地管理学院，1997 年教育部对全国普通高等院校本科专业目录做出调整，将原土地规划与利用专业和原土地管理专业合并，设立了土地资源管理专业。① 全国开设土地资源管理本科专业的普通高等院校共有 108 所，分布在全国 29 个省、区、市。从院校性质来看，土地资源管理专业主要分布在各个地方的农林业类院校或是国家性、地方性综合型大学。全国大部分地区都开设有该专业，表明我国对土地资源管理专业人才有大量的需求，该专业主要以农林类院校为存在基础。

土地资源管理专业最早是在农林类院校中孕育产生的，该类院校的土地资源管理专业多是在农林学科的基础上与土地管理交叉发展起来的，因此其特色偏重农林生态等方面，该类院校占到开设土地资源管理专业院校数量的 24% 左右。工科类院校的土地资源管理专业多是偏重工程、测绘、3S 等技术与土地管理交叉的部分，因此其特色是重技术手段，该类院校占到开设土地资源管理专业院校数量的 21% 左右。财经类院校的土地资源管理专业大多以经济相关科学为基础，该类院校占到开设土地资源管理专业院校数量的 17% 左右。师范类院校的土地资源管理专业的学科发展基础多是依托于师范大学的地理优势学科，同时师资队伍中地理专业背景的教师所占比例较大，该类院校占到开设土地资源管理专业院校数量的 15% 左右。综合类院校多属于 985、211 高校，属于教育部和各省市重点建设的大学，该类高校中开设土地资源管理专业的院校数量众多，占到开设土地资源管理专业院校数量的 21% 左右。该类高校科研能力较强，各学科交叉融合出的研究方向各具特色。

3. 劳动与社会保障专业

劳动与社会保障专业是经济体制转型背景下，随着企事业单位及城乡集体经济改革，特别是劳动者被推向市场后社会保障问题的凸显和日益尖锐化，为迎合社会保障对高层次专门人才的需求而设置和发展起来的。1998 年，教育部在新颁布的高校本科专业目录中首设劳动与社会保障专业。次年，中国人民大学、武汉大学等 8 所高校开始招收劳动与社会保障专业本科生。目前，我国开设劳动与社会保障本科专业的高校有 168 所，其中财经类高校占比 23%，综合

---

① 路振华. 我国高校土地资源管理专业发展概述 ［J］. 安徽农学通报，2014，20（14）：133-135.

类高校占比 20%，理工类高校和师范类高校占比均为 15%，医药类高校占比 14%，政法类、民族类、农林类高校占比均为 4%，其他类高校占比 1%。招收社会保障专业硕士研究生的高校 90 多所，有社会保障博士学位授予权的高校 15 家。从 1998 年至 2018 年短短 20 年间，为了配合 20 世纪 90 年代末国有企业改革攻坚和全面扩大对外开放发展的需要，与我国社会保障制度全面变革伴随而生的劳动与社会保障专业经历了从无到有，并不断壮大的发展历程，为公共管理和社会保障实践部门输送了大批专业人才，每年国内大学和科研院所向社会输送的高层次劳动和社会保障人才基本保持在 5000 人以上。尽管目前中国已基本形成了较为完备的社会保障学科体系及人才培养和供给体系，为迅速发展的社会保障事业提供了大批高层次人才，然而，一方面各级政府及社会管理、服务部门社会保障专门人才缺乏的问题依然突出且普遍；另一方面，劳动与社会保障专业本科生和硕士研究生难以对口就业问题仍未得到解决，打其他专业"擦边球"和谋求就近专业就业一直是多数社会保障专业本科生和硕士研究生的无奈选择。同时，目前劳动与社会保障本科专业人才培养中仍存在一些问题，如课程设计忽视了教学内容实用性，教学内容陈旧，教学模式传统，专业学生就业难等。

4. 公共事业管理专业

公共事业管理出现在 18 世纪的德国，但在 19 世纪才真正被当作一门专业学位教育来看待。美国学者伍得罗·威尔逊发表了一篇名为"行政学之研究"的论文，就此公共管理教育才被明确提出并付诸实践。我国在 19 世纪 20 年代从西方引进了公共事业管理这门学科，作为纯西方化的理论学科在我国出现了不适应性，发展路程较为曲折。由于我国当时复杂的政治体制和管理模式，经济政策不够先进，对于公共管理专业这门学科没有过深的研究，因此，学科的覆盖范围较小，研究深度较浅。改革开放以后，我国的公共事业管理专业开始不断发展壮大，政府职能也逐渐由管理变成了服务，为我国的政治经济发展起到了很大的推动作用。由于公共事业管理专业的关注度越来越高，公共事业管理学科在各大高校纷纷建立扩大，逐渐成为我国的热门专业。我国自 1999 年由东北大学、云南大学首批招收公共事业管理专业本科生以来，许多高校都陆续开始设置公共事业管理专业。2000 年后，我国的公共事业管理学科进入了改善和优化阶段，结束了从前的混乱发展局面。首先，是以政治体制为首的改革，从根本上发展和完善公共事业管理专业。其次，将人才的培养作为公共事业管理的重点，高质量的公共事业操作能力和全面发展成了人才培养的核心。目前，我国开设公共事业管理本科专业的高校有 420 所，是公共管理类各专业开设高校数量最多的专业。其中，综合类高校占比 22%，理工类高校占比 21%，医药类高校占比 20%，师范类高校占比 12%，财经类高校占比 7%，农林类高校占比 6%，政法类、民族类、体育类各占比 2%，艺术类高校占比 4%。虽然开设学校众多，但受多种因素的影响，绝大多数高校本专业发展比较缓慢，凸显了一些问题，如专业招生困难、专业定位模糊、按专业培养方向就业困难、社会认可度低等。

5. 城市管理专业

为了适应城市化发展的需要，城市管理于 20 世纪 50 年代兴起，是一门新兴的综合性学科，涵盖经济学、管理学、城市规划学等多学科内涵。1978 年至 1983 年，我国城市建设迅猛发展，为适应城市建设，提高城市的管理水平，由国家教育委员会指定，1985 年城市管理专业在我国正式设立。城市管理专业是为了适应我国城镇化和城市管理现代化的迫切需要而设立的专业，已有 30 多年的历史。大力发展城市管理专业，培养城市管理人才，是推进城市治理体系和治理能力现代化的重要举措。2001 年，教育部允许高校在《普通高校本科专业目录》之外自行设立城市管理专业。2012 年，教育部在新修订的《普通高校本科专业目录》中将城市管理专业纳入。2015 年 12 月，中央城市工作会议的召开和《中共中央国务院关于深入推进城市执法体制改革改进城市管理工作的指导意见》的发布，体现了中央对城市发展和城市管理人才的高度重视，我国城市管理专业人才培养在经历 30 多年的发展后，迎来了快速发展的机遇。中国区域科学协会城市管理专业委员会和全国城市管理专业教学指导委员会于 2016 年 1 月 9 日在北京大学召开了城市管理工作规划会议，探讨中国城市管理专业的发展和人才培养。

1984 年至 2000 年，是城市管理专业的尝试创办阶段。这一阶段只有首都经济贸易大学（原北京经济学院）开设了城市管理专业。1984 年，首都经济贸易大学在经济学专业开设城市管理方向。1985 年，经原国家教育委员会的批准，城市管理专业正式设立并开始招生，中国城市管理专业在城市发展的大背景下应运而生。1989 年，首都经济贸易大学城市管理系被合并到经济系，这时城市管理专业每年的招生人数在 20 人左右。1993 年招收 29 人后城市管理专业即停止了招生，一直到 2000 年我国高校没有招收过城市管理本科学生。2001 年至 2011 年，是城市管理专业初步探索阶段。从 2001 年开始，城市管理专业作为教育部本科专业目录外自设专业，先后有北京大学、中国人民大学、云南大学、华东理工大学、青岛科技大学、浙江农林大学等 19 所大学相继开设了城市管理专业。其中以 2004 年、2005 年和 2010 年开设城市管理专业的院校较多。2012

年至今是城市管理专业快速发展阶段。2012 年教育部将城市管理专业纳入普通高等学校本科专业目录,许多大学都开始申办城市管理专业,仅 2012 年就有 8 所大学申办城市管理专业,从 2012 年到 2015 年短短的 4 年时间有 32 所大学开设城市管理专业。目前,全国有 66 所高校开设了城市管理本科专业。其中,综合类高校占比 31%,财经类高校均占比 20%,理工类高校占比 28%,师范类高校占比 13%,农林类高校占比 6%。

第二节 公共管理类专业招生高校

一、开设公共管理类专业的高校

自 20 世纪末,经教育部研究决定成立公共管理一级学科以来,公共管理学科快速发展。为响应国家号召,诸多高校实施扩招,全国各类高校纷纷通过新办专业和学科资源整合的途径,推动公共管理学科整体实力的进一步提升。1999 年至 2009 年,我国开设公共管理类专业的本科院校增加了上百所。公共管理类专业人才的培养正式获得社会的认可,公共管理类专业成为各高校普遍开设的专业,不仅在综合性院校,在部分专用性院校如理工、财经、农林、医药等院校也都开设了公共管理类本科专业。

截至 2021 年,全国本科院校共有 1270 所,开设公共管理类本科专业院校大约有 700 所。其中,综合类院校开设公共管理类专业最多,达到 176 所,占全部开设院校的 25%。其次是理工类和师范类院校,分别为 160 所、111 所。其他类型的院校还包括医药类、财经类、农林类、政法类、体育类、民族类、艺术类、语言类等 200 多所本科院校开设了公共管理类专业。同时,在我国世界一流大学的 42 所高校全部设有公共管理类专业,其中 39 所为我国 985 工程院校。可见,在我国高校中已在着力建设走向世界公共管理核心的学术理论,公共管理学科及本科专业发展已进入蓬勃期。

公共事业管理本科专业开设院校数量最多,达到 420 所。其中,一流大学建设高校 21 所,占全部开设院校的 5%。行政管理本科专业开设院校数量 344 所,其中,一流大学建设高校 30 所,占全部开设院校的 8.7%。劳动与社会保障本科专业开设院校数量 168 所,其中,一流大学建设高校 11 所,占全部开设院校的 6.5%。土地资源管理本科专业开设院校数量 108 所,其中,一流大学建设高校 8 所,占全部开设院校的 7.4%。城市管理本科专业开设院校数量 66 所,其中，一流大学建设高校5所，占全部开设院校的7.6%。海关管理本科专业开设院校2所。交通管理本科专业开设院校12所。海事管理本科专业开设院校5所。公共关系学本科专业开设院校22所，其中，一流大学建设高校2所，占全部开设院校的9.1%。（表7.1）起步早的公共管理类专业，如公共事业管理、行政管理、劳动与社会保障、土地资源管理、城市管理专业开设院校数量多，整体水平较高。

表7.1　公共管理类各专业开设数量

专业名称	专业代码	开设院校数量	一流大学建设高校比例
公共事业管理	120401	420	5.00%
行政管理	120402	344	8.70%
劳动与社会保障	120403	168	6.50%
土地资源管理	120404	108	7.40%
城市管理	120405	66	7.60%
海关管理	120406	2	–
交通管理	120407	12	–
海事管理	120408	5	–
公共关系学	120409	22	9.10%

资料来源：教育部高校招生阳光工程平台整理（数据统计截止日期2021年12月31日）

二、各类院校招录公共管理类专业概况

改革开放后，按照市场经济的要求，国家对各类院校的学科专业设置不再加以限制，各类院校都在朝学科门类齐全的综合性大学发展，各类型大学或多或少都开设一些公共管理类专业，以提高学校的综合实力，不少高校也同时设置公共管理学院，更系统地发展公共管理类学科。我国传统的高校门类设置包括综合类、师范类、理工类、农林类、医学类、财经类、政法类等几大类，其中综合类和师范类高校的学科优势在于宏观知识领域；而理工类、农林类、医药类、政法类高校的学科优势在于行业部门，其优势体现在微观专业知识领域。财经类高校专业研究范畴是介于宏观与微观之间的中观知识领域。因此，我国不同类型高校公共管理学科发展的侧重点不同。

1. 综合类高校

综合类高校公共管理类专业偏重于围绕学科知识理论框架的构建，涵盖了除海关管理和交通管理外的所有公共管理类本科专业。综合类高校与其他类型的高校相比，公共管理类专业不仅涵盖范围广，而且在数量上占有绝对优势。公共事业管理、行政管理和公共关系学这类理论性较强的专业与其他类型高校相比，数量和办学质量均有明显优势。

94 所综合类高校设置了公共事业管理本科专业，112 所综合类高校设置了行政管理本科专业，34 所综合类高校设置了劳动与社会保障本科专业，23 所综合类高校设置了土地资源管理本科专业，21 所综合类高校设置了城市管理本科专业，10 所综合类高校设置了公共关系学本科专业，1 所综合类高校设置了海事管理本科专业，1 所综合类高校设置了交通管理本科专业，综合类高校未设置海关管理本科专业。

2. 理工类高校

理工类高校公共管理类专业较综合类高校涵盖面更加广泛，除海关管理本科专业未设置外，其他 8 个公共管理类专业均有设置。与其他类型高校相比，在公共事业管理、行政管理、劳动与社会保障、土地资源管理、城市管理专业方面与综合类高校差距最小。理工类高校在交通管理、海事管理专业方面具有绝对优势。

90 所理工类高校设置了公共事业管理本科专业，75 所理工类高校设置了行政管理本科专业，26 所理工类高校设置了劳动与社会保障本科专业，23 所理工类高校设置了土地资源管理本科专业，19 所理工类高校设置了城市管理本科专业，3 所理工类高校设置了公共关系学本科专业，4 所理工类高校设置了海事管理本科专业，10 所理工类高校设置了交通管理本科专业，理工类高校未设置海关管理本科专业。

3. 师范类高校

师范类高校公共管理类专业设置也较全面，除专业性较强的海事管理、交通管理和海关管理外，其他类型公共管理专业均有涵盖。师范类高校具有较强综合性，决定了在公共管理类专业设置时公共管理专业覆盖面较广，开设各公共管理类专业能够得到相关的师范类学科的支撑，因此在专业设置数量和覆盖面方面，师范类高校均有一定优势。

50 所师范类高校设置了公共事业管理本科专业，56 所师范类高校设置了行政管理本科专业，25 所师范类高校设置了劳动与社会保障本科专业，16 所师范类高校设置了土地资源管理本科专业，9 所师范类高校设置了城市管理本科专业，2 所师范类高校设置了公共关系学本科专业，师范类高校未设置海事管理、交通管理和海关管理本科专业。

4. 财经类高校

财经类高校公共管理类专业设置涵盖广泛，除交通管理和海事管理未设置外，其他类型公共管理类专业均覆盖。我国两所设置海关管理本科专业的高校均为财经类，劳动与社会保障本科专业设置数量仅次于综合类高校，具有较强实力。行政管理、土地资源管理、城市管理和公共关系学本科专业开设数量与理工和师范类高校基本持平。

30 所财经类高校设置了公共事业管理本科专业，48 所财经类高校设置了行政管理本科专业，38 所财经类高校设置了劳动与社会保障本科专业，18 所财经类高校设置了土地资源管理本科专业，13 所财经类高校设置了城市管理本科专业，2 所财经类高校设置了公共关系学本科专业，2 所财经类高校设置了海关管理本科专业，财经类高校未设置交通管理、海事管理本科专业。

5. 农林类高校

农林类高校公共管理专业设置涵盖范围与师范类相当，除公共关系学、海事管理和海关管理本科专业外，覆盖其他所有公共管理类专业，在土地资源管理专业数量上可与综合类院校持平，具有较大优势，这是因为我国土地资源管理源于农林类高校。其他公共管理类专业设置数量与综合类、理工类、师范类、财经类这些公共管理类专业实力较强的院校相比差别较大。

26 所农林类高校设置了公共事业管理本科专业，16 所农林类高校设置了行政管理本科专业，8 所农林类高校设置了劳动与社会保障本科专业，26 所农林类高校设置了土地资源管理本科专业，4 所农林类高校设置了城市管理本科专业，农林类高校未设置公共关系学、交通管理、海事管理和海关管理本科专业。

6. 医药类高校

医药类高校的公共管理专业偏重于行业领域。医药类高校在公共事业管理本科专业设置数量较多，多为与医药类高校相关的卫生事业管理，其规模仅次于综合类和理工类高校，实力雄厚。劳动与社会保障本科专业侧重医疗保障、健康保险和养老管理。

84 所医药类高校设置了公共事业管理本科专业，24 所医药类高校设置了劳动与社会保障本科专业，1 所医药类高校设置了行政管理本科专业，医药类高校未设置公共关系学、海事管理、海关管理、土地资源管理、城市管理和交通管理本科专业。

7. 政法类高校

政法类高校的公共管理专业与医药类相似，偏重于行业领域。政法类高校涉及公共管理类的相关专业包括公共事业管理、行政管理和劳动与社会保障三个专业，涵盖面较窄，并且设置高校数量较少。整体水平较低。

8 所政法类高校设置了公共事业管理本科专业，17 所政法类高校设置了行政管理本科专业，6 所政法类高校设置了劳动与社会保障本科专业，政法类高校未设置公共关系学、海事管理、海关管理、土地资源管理、城市管理和交通管理本科专业。

8. 其他类高校

其他类高校包括体育类、艺术类、语言类、民族类和其他。这类高校受专业限制，整体数量较少，在公共管理类专业设置时，不仅数量少，而且涵盖范围较小。其中体育类、艺术类和民族类的公共事业管理本科专业，民族类的行政管理本科专业，语言类的公共关系学本科专业是其他类高校在公共管理类专业发展较好的几个专业。

综上所述，根据各类高校公共管理类专业的涵盖范围和专业设置数量（表7.2），可以大致分为五类：第一类（＊＊＊＊＊），综合类高校的公共管理类专业，专业设置涵盖面广，数量多，各专业均具有较大优势，综合实力最强；第二类（＊＊＊＊），理工类、师范类、财经类专业设置涵盖面广，数量较多，有部分专业优势明显；第三类（＊＊＊），农林类高校公共管理类本科专业设置覆盖面广，但数量有限，只有个别专业具有一定优势，整体水平一般；第四类（＊＊），医药类和政法类高校，受专业性的限制，开设专业少，数量有限，整体水平较低；第五类（＊），体育类、艺术类、语言类、民族类等其他类高校，除体育类、艺术类和民族类的公共事业管理本科专业，民族类的行政管理本科专业，语言类的公共关系学本科专业外，其他公共管理类专业发展均较低。

表 7.2 各类型高校公共管理类专业设置数量（所）

	公共事业管理	行政管理	劳动与社会保障	土地资源管理	城市管理	海关管理	交通管理	海事管理	公共关系学
综合类 *****	94	112	34	23	21	－	1	1	10
理工类 ****	90	75	26	23	19	－	10	4	3
师范类 ****	50	56	25	16	9	－	－	－	2
财经类 ****	30	48	38	18	13	2	－	－	2
农林类 ***	26	16	8	26	4	－	－	－	－
医药类 **	84	1	24	－	－	－	－	－	－

续表

		公共事业管理	行政管理	劳动与社会保障	土地资源管理	城市管理	海关管理	交通管理	海事管理	公共关系学
政法类**		8	17	6	–	–	–	–	–	–
其他类*	体育类	9	–	–	–	–	–	–	–	–
	艺术类	16	2	1	–	–	–	–	–	1
	语言类	3	4	–	–	–	–	–	–	3
	民族类	10	13	6	2	–	–	–	–	–
	其他	–	–	–	–	–	–	–	–	1

资料来源：教育部高校招生阳光工程平台整理（数据统计截止日期 2021 年 12 月31 日）

三、各公共管理类专业分布院校

改革开放以来，公共管理学科与专业在我国获得了长足的发展。特别是 1998 年教育部新设立了公共管理一级学科后，众多高等院校纷纷设立行政管理专业、公共事业管理专业、劳动与社会保障专业、土地资源管理专业等公共管理类专业，成为我国公共管理类人才培养的重要力量。

1. 公共事业管理专业各类院校中分布情况

自从 1998 年原国家教委在普通高等学校专业目录中，增设了公共事业管理本科专业之后，公共事业管理专业如雨后春笋般在全国高校落地生根。目前，全国开设公共事业管理专业的院校多达 420 所。这些招生院校中，既有综合类知名学府，也有理工类院校，还有师范、财经、农林、医药类院校，包括复旦大学、中国人民大学、北京大学、中山大学、北京师范大学等多所全国重点 985、211 大学。公共事业管理专业大多依靠原有的办学基础，依据自身的特点开办符合自身情况的专业。公共事业管理本科专业以综合类、理工类、医药类和师范类高校为主。（表 7.3）根据学校的学科优势和发展传统不同，各高校对公共事业管理专业学生的培养方向也有不同的侧重。高考信息平台数据显示，公共事业管理专业本科毕业生规模为 2.2 万~2.4 万人，就业率区间在 85% ~ 90%，属于较高水平，总体就业情况尚可。

表7.3 公共事业管理专业各类高校分布

高校类型 专业设置	综合类	理工类	师范类	财经类	农林类	医药类	政法类	其他类
公共事业管理	94	90	50	30	26	84	8	38
各类高校比例	22.38%	21.43%	11.9%	7.14%	6.19%	20.00%	1.90%	9.06%

资料来源：教育部高校招生阳光工程平台整理（数据统计截止日期2021年12月31日）

2. 行政管理专业院校招生概况

新时代背景下，政府职能转型，国家迈进治理体系和治理能力现代化的阶段，对于行政人才的需求急剧上升，同时受地方本科院校应用型转型的影响，行政管理专业迎来了新的发展机遇。目前，我国开设行政管理专业的院校共有344所。人民大学、中山大学、清华大学、北京大学、武汉大学等院校是行政管理专业近年来高分段考生集中的院校，中国人民大学、中山大学的行政管理专业是国家一级重点学科。行政管理专业在综合类院校设置最多，整体实力最强，理工类、师范类、财经类高校数量也较多，农林类和政法类高校水平相当，数量较少。行政管理专业一直是近年来报考热门。根据教育部公布的全国普通高校本专科专业就业状况，行政管理专业全国普通高校毕业生规模为2.2万~2.4万人，本科就业率在85%~90%间，文科生报考比例约为理科生的二倍。

表7.4 行政管理专业各类高校分布

高校类型 专业设置	综合类	理工类	师范类	财经类	农林类	医药类	政法类	其他类
行政管理	112	75	56	48	16	1	17	19
各类高校比例	32.56%	21.8%	16.28%	13.95%	4.65%	0.29%	4.94%	5.53%

资料来源：教育部高校招生阳光工程平台整理（数据统计截止日期2021年12月31日）

3. 劳动与社会保障院校招生概况

社会保障学科专业首次出现在1997年版的国务院学位委员会学科目录当中，1998年又开设劳动和社会保障本科专业。目前，共有168所高校设有劳动和社会保障本科专业，涵盖综合类、理工类、师范类、财经类、农林类、政法类和医药类等各种类型的大学，包括武汉大学、四川大学、浙江大学、中南大学、吉林大学、东南大学等多所全国重点985、211大学。其中相当一部分高校还设有社会保障专业的硕士和博士学位授权点。劳动与社会保障专业在综合类和财经类高校设置最多，理工类、师范类和医药类高校数量相当。政法类和农林类高校数量较少。高考信息平台数据显示，劳动与社会保障专业全国普通高校毕业生规模在7000~8000人，最近几年全国本科生就业率在85%~90%，处于上等水平。

表7.5 劳动与社会保障专业各类高校分布

高校类型 专业设置	综合类	理工类	师范类	财经类	农林类	医药类	政法类	其他类
劳动与社会保障	34	26	25	38	8	24	6	7
各类高校比例	20.24%	15.48%	14.88%	22.62%	4.76%	14.29%	3.57%	4.16%

资料来源：教育部高校招生阳光工程平台整理（数据统计截止日期2021年12月31日）

4. 土地资源管理专业院校招生概况

我国土地资源管理专业最初发端于农业院校，后来部分理工类院校开设土地管理专业。我国高等教育为适应形势发展对土地资源管理人才需求而进行及时的调整，开设土地资源管理院校近年来不断增多。全国有108所大学开设土地资源管理本科专业，多数为农林类高校和综合类高校，理工类、师范类和财经类高校也根据自身特色开设了土地资源管理专业，这三类高校开设数量相当。南京农业大学、中国人民大学、东北农业大学、华中农业大学等优秀的农林类院校和综合类院校发展较好。土地资源管理专业一直是理科生报考的热门，教育部信息平台2019—2021年的统计数据显示，该专业全国普通高校毕业生规模在6000~7000人，就业率在90%~95%之间浮动，该专业毕业生的就业去向呈现"就业率高、就业质量高、就业满意度高"的特点。

表7.6 土地资源管理专业各类高校分布

高校类型 专业设置	综合类	理工类	师范类	财经类	农林类	医药类	政法类	其他类
土地资源管理	23	23	16	18	26	—	—	2
各类高校比例	21.30%	21.30%	14.81%	16.67%	24.07%	—	—	1.85%

资料来源：教育部高校招生阳光工程平台整理（数据统计截止日期2021年12月31日）

5. 城市管理专业院校招生概况

随着我国城镇化和城市管理现代化的快速发展，推进城市治理体系和治理能力现代化成为亟待解决的问题。全国各类型高校近年来结合自身优势开始发展城市管理专业，培养城市管理人才。目前，全国有 66 所高校开设了城市管理本科，涵盖了综合类、理工类、师范类、财经类、农林类等院校，有的高校还拥有城市管理专业硕士点。北京大学、中国人民大学、南开大学等知名综合类高校的城市管理专业发展较好。同时，中央财经大学、北京建筑大学等财经类和理工类高校的城市管理专业也取得了长足的发展。城市管理专业以综合类大学开设数量最多，实力最强，理工类、财经类和师范类高校次之，农林类高校数量较少，医药类和政法类因自身专业条件和优势限制，没有开设城市管理专业。全国城市管理专业的毕业生约为 1500 人。2019—2021 年，城市管理专业本科毕业生的就业率一直稳定在 85%~90% 之间，毕业生就业时除了本专业的一些对口单位，如规划局、城管局这些部门以外，许多毕业生进入自由市场，选择当独立的规划师自己接项目做规划，也可以给政府和企业做咨询。

表 7.7　城市管理专业各类高校分布

高校类型 专业设置	综合类	理工类	师范类	财经类	农林类	医药类	政法类	其他类
城市管理	21	19	9	13	4	–	–	–
各类高校比例	31.34%	28.36%	13.43%	19.40%	5.97%	–	–	–

资料来源：教育部高校招生阳光工程平台整理（数据统计截止日期 2021 年 12 月 31 日）

6. 海关管理专业院校招生概况

在国内仅有 2 所院校开设此专业，分别是上海海关学院和对外经济贸易大学。根据学校的学科优势和发展传统不同，高校对海关管理专业学生的培养方向也有不同的侧重，上海海关学院对该专业的培养方向分为海关国际事务、海关风险管理、海关税收、海关法律、物流与通关监管五个方向。对外经贸大学侧重运用英语处理涉外业务，进行国际交流活动，通晓经济贸易理论，掌握海关对进出口货物及物品的监管、验估征税、海关稽查、海关统计及其他通关业务的基本技能。受海关管理的专业限制，只有两所财经类高校开设该专业。海关管理专业在我国高校中开设较少，所以每年该专业毕业人数也相对较少，每年约有 200 多人，其就业率能达到 85%~90% 的高就业率。

表7.8 海关管理专业各类高校分布

专业设置＼高校类型	综合类	理工类	师范类	财经类	农林类	医药类	政法类	其他类
海关管理	-	-	-	2	-	-	-	-
各类高校比例	-	-	-	100%	-	-	-	-

资料来源：教育部高校招生阳光工程平台整理（数据统计截止日期2021年12月31日）

7. 交通管理专业院校招生概况

国家推动交通运输大发展实现交通强国目标，需要高等院校培养出一批批交通专门人才，交通运输治理体系和治理能力建设为高校交通运输管理人才培养指明了改革发展的目标和导向。全国12所本科大学招生交通管理专业，其中10所为理工类院校。根据各学校的学科优势和发展优势不同，高校对该专业学生的培养方向也有侧重，上海海事大学、大连海事大学，培养方向主要针对水路交通管理方向，中国民用航空飞行学院主要培养方向是机场运行管理。交通管理专业每年在校生规模约为500人，近几年就业率呈显著上升趋势，可达到90%以上。

表7.9 交通管理专业各类高校分布

专业设置＼高校类型	综合类	理工类	师范类	财经类	农林类	医药类	政法类	其他类
交通管理	1	10	-	-	-	-	1	-
各类高校比例	8.33%	83.34%	-	-	-	-	8.33%	-

资料来源：教育部高校招生阳光工程平台整理（数据统计截止日期2021年12月31日）

8. 海事管理专业院校招生概况

我国开设海事管理专业的本科院校5所，其中大连海事大学、武汉理工大学为211工程大学。该专业具有代表性的高校是大连海事大学（原大连海运学院），交通运输部所属的全国重点大学，是中国著名的高等航海学府，是被国际海事组织认定的世界上少数几所"享有国际盛誉"的海事院校之一。5所开设海事管理专业的高校以理工类为主，分别是武汉理工大学、大连海事大学、山东交通学院、广州航海学院，另有一所综合类高校为海南热带海洋学院。高考信息平台数据显示，2019—2021年海事管理专业本科就业率在80%~85%之间。

毕业生规模为 100~150 人。从以上数据可以看出，该专业毕业生人数虽少，但就业率较高，蕴藏着很大发展潜力。

表 7.10　海事管理专业各类高校分布

高校类型 专业设置	综合类	理工类	师范类	财经类	农林类	医药类	政法类	其他类
海事管理	1	4	–	–	–	–	–	–
各类高校比例	20%	80%	–	–	–	–	–	–

资料来源：教育部高校招生阳光工程平台整理（数据统计截止日期 2021 年 12 月31 日）

9. 公共关系学专业院校招生概况

中国加入 WTO 意味着市场全面开放，中国公共关系学进入蓬勃发展的快速增长时期。本土专业公关公司陆续崛起，外资公关公司纷纷抢滩，公共关系人才大量紧缺，全国陆续有 22 所本科院校开设公共关系学专业，其中 10 所院校为综合类院校，其余的涵盖了财经类、语言类、师范类、理工类和艺术类。理工类和语言类高校分别有 3 所开设了公共关系学专业，师范类和财经类有 2 所开设了公共关系学专业，各类高校根据自身特色发展公共关系学专业，如中国计量大学的公共关系学侧重传播管理、关系协调、公共危机应对、活动策划、声誉管理等。中国传媒大学公共关系学侧重培养全媒体时代的高级公共关系专业人才，能够处理商业传播、公共传播、危机管理等各种公共关系实务，能满足政府机构、企事业单位等各类组织机构公关宣传部门对高级公共关系人才的需要。随着国内各项发展的提速和国际地位的不断提高，公共关系学专业的就业形势持续走高。最新公布的本科专业就业状况，公共关系学专业本科毕业生规模在千人左右，就业率区间为 95%~100%，属于就业形势乐观型的专业。

表 7.11　公共关系学专业各类高校分布

高校类型 专业设置	综合类	理工类	师范类	财经类	农林类	医药类	政法类	其他
公共关系学	10	3	2	2	–	–	–	5
各类高校比例	45.46%	13.64%	9.10%	9.10%	–	–	–	22.7%

资料来源：教育部高校招生阳光工程平台整理（数据统计截止日期 2021 年 12 月31 日）

10. 公共管理类专业院校地区分布

公共管理类各专业设置在各类型高校中存在明显不同，而且在全国分布也存在较大差异（统计区不含港、澳、台地区高校）。（表7.12）

表7.12　公共管理类各专业在全国各地区分布情况（所）

地区＼专业设置	公共事业管理	行政管理	劳动与社会保障	土地资源管理	城市管理	海关管理	交通管理	海事管理	公共关系学
北京	18	18	7	4	6	1	－	－	1
天津	15	8	6	3	2	－	1	－	－
上海	14	16	9	1	－	1	2	－	5
重庆	7	5	4	4	3	－	1	－	1
河北省	15	10	6	5	1	－	－	－	－
山西省	6	10	4	4	3	－	－	－	－
吉林省	11	9	3	2	2	－	－	－	－
辽宁省	17	12	10	2	1	－	2	1	－
黑龙江省	11	5	3	2	－	－	－	－	－
陕西省	15	17	5	3	4	－	1	－	－
甘肃省	8	3	4	2	1	－	－	－	－
青海省	2	3	2	1	－	－	－	－	－
山东省	26	23	10	6	5	－	1	1	1
福建省	13	12	2	2	5	－	－	－	－
浙江省	21	18	5	4	4	－	1	－	2
河南省	12	17	10	4	4	－	1	－	－
湖北省	22	19	6	6	3	－	－	1	－
湖南省	13	14	3	6	2	－	－	－	－
江西省	15	5	5	4	1	－	－	－	1
江苏省	34	25	16	5	3	－	－	－	－
安徽省	14	7	7	5	1	－	－	－	－
广东省	26	31	8	8	1	－	1	1	5
海南省	2	2	1	1	－	－	－	－	1

地区＼专业设置	公共事业管理	行政管理	劳动与社会保障	土地资源管理	城市管理	海关管理	交通管理	海事管理	公共关系学
四川省	18	17	10	4	2	-	1	-	1
贵州省	13	8	7	6	4	-	-	-	1
云南省	15	9	5	5	3	-	-	-	1
内蒙古自治区	8	6	4	4	-	-	-	-	1
新疆维吾尔自治区	9	3	1	3	1	-	-	-	-
宁夏回族自治区	3	2							
广西壮族自治区	15	8	4	2	4	-	-	-	1
西藏自治区	2	2	1	-	-	-	-	-	-

资料来源：教育部高校招生阳光工程平台整理（数据统计截止日期 2021 年 12 月31 日）

公共事业管理专业在全国各地区的分布最为均衡，除重庆、山西、甘肃、青海、海南、内蒙古、新疆、宁夏、西藏分布数量较少外，大部分省区公共事业管理专业分布数量基本相当。其中，江苏省公共事业管理专业开设院校最多，广东、山东、湖北、北京也属于公共事业管理专业密集区。

行政管理专业分布也较均衡，其中广东、江苏、山东、北京、浙江、四川、陕西分布数量较多，海南、西藏、甘肃、青海、宁夏、新疆分布数量较少。

劳动与社会保障专业除宁夏没有高校设置外，全国均有分布，且较均衡。其中，江苏、上海、辽宁、山东、河南、四川、广东、北京、天津、河北等省份设置数量较多。海南、西藏、青海、新疆设置数量较少。

土地资源管理专业除宁夏和西藏地区没有高校设置该专业，全国均有分布。其中，广东、湖南、湖北、山东、安徽、贵州、江苏、河北地区设置高校较多。上海、海南、青海设置高校较少。

城市管理专业分布不均，只有24 个省区开设该专业，其中北京、浙江、山东、河南、福建、广西、贵州开设数量较多。

海关管理专业开设院校最少，北京 1 所，上海 1 所。

交通管理专业开设院校也较少，上海、辽宁各 2 所，天津、重庆、陕西、山东、浙江、河南、广东、四川各 1 所。

海事管理专业分布于辽宁、山东、湖北、广东、海南，每个省份1所高校。

公共关系学专业分布集中于上海、广东两地，分别有5所高校设置公共关系学，浙江有2所高校设置，此外，北京、重庆、山东、江西、海南省、四川省、贵州省、云南省、内蒙古自治区、广西各有1所高校设置。

公共管理类专业整体发展较好地区有北京、天津、上海、江苏、浙江、广东、山东等地区。青海、海南、内蒙古、新疆、宁夏、西藏等边远和经济欠发达省区公共管理类专业整体发展水平较低。

高等学校不仅是传授高深知识的场所，也是学生为未来就业做准备的场所，必须重视专业能力培养。从某种程度上讲，学生专业能力的高低能够直接衡量高校人才培养质量的高低。我国公共管理类专业经过多年的发展，已经取得长足的进步。公共管理类专业与其他专业相比，人才的培养需要充分发挥公共管理类专业的社会职责感和使命感，通过发挥专业特长，促进经济社会的和谐持续发展，需要不断提高自身的专业素养，与经济社会环境同步发展。因此，设置公共管理类专业的高校应该牢固树立应用型、实用型的办学定位，主动适应国家经济建设和社会发展的要求，坚持致力于管理与发展的一线，源源不断地培养富有实践能力、创新精神和社会责任感的应用型高端人才。公共管理类专业人才培养过程中，由于公共管理类专业的特点，不仅要注重专业知识和实践能力的培养，同时要注重思想整治教育，使公共管理类专业的毕业生有家国情怀，有社会担当，有专业素养，为国家治理体系、治理能力现代化贡献力量。

第三节　公共管理类专业思想政治教育目标

一、公共管理类专业学科发展总体目标

当前，全面深化改革快速推进国家治理体系和治理能力现代化，让一切劳动、知识、技术、管理、资本的活力竞相迸发，已经成为时代主题。公共管理是国家治理体系的重要组成部分，随着时代的发展，公共管理在国家和地区经济运转及社会进步方面起到越来越重要的作用，是经济发展和社会进步的重要支撑，并在相当程度上决定着一个国家政府运转的效率、经济社会发展水平和国家治理的现代化程度。作为极具发展潜力和应用价值的重要学科，公共管理善用综合知识以及科学方法探寻公共管理的内在规律，已成为社会科学蓬勃发展的中坚力量。同时，公共管理学科的发展与公共管理事业的需求紧密联系在

一起，如何为政府及公共组织提供高效公共服务和公共产品是本学科的发展目标。

二、公共管理类专业思想政治教育与学科发展的关系

公共管理类专业的思政教育强调要将思想政治工作贯穿到整个教学体系之中，教师在传授知识的同时也要兼顾学生道德与素质，引导学生将所学的知识转化为内在修养。将学生个人的发展与社会的发展、国家的发展紧密结合起来，树立忧国忧民的责任意识。公共管理类专业旨在培养具有较高公共管理素质、掌握现代公共管理理论以及科学的管理方法，具有较强的解决现实公共管理问题能力的专门人才。

公共管理类专业的本科教育决定社会科学领域未来的走向。在全国上下高度重视本科思想政治教育的大背景下，学校要以"三全育人"为抓手，对公共管理类专业本科生的培养和教育以培养德智体全面发展人才，适应社会主义市场经济发展的需要，为政府部门及各级公共管理部门提供高级专业人才为教育目标。按照"基础宽厚、支柱坚实、专业方向灵活"的要求，致力于为高层次培养输送人才，并努力培养适应国际化、市场化、法治化环境的公共管理各类人才。

三、公共管理类专业思政教育目标

1. 总体目标

（1）培养学生的社会关怀与公共精神

中国自古即有追求"天下为公"的传统，从尧舜的古代禅让制起，就传递着"天下为公"的尚贤精神。高校人才培养，尤其是公共管理类专业人才的培养必须致力于塑造学生公共精神。公共精神的塑造是教育质量提升的核心所在，公共精神培育也是大学生自身健康成长的需求。要引导学生自觉树立"公为天下""管法自然"的理想信念，明确公共管理目标理念，正确理解管理学内涵与原则，合理定位公共管理类人才的社会责任与行事标准，形成符合公共管理事业发展目标的人才形象与个人思想政治素养。

（2）培养学生崇高价值观念

公共管理专业致力于为政府部门及各级公共管理部门输送人才，可以说，公共管理专业学生的价值取向影响了整个社会未来的价值取向。因此，要以社会主义核心价值观为核心，以传承文明、探求真理、振兴中华、造福人类为己任，培养具有强烈忧患意识和较强主动性、责任感与合作性的专业人才。

（3）培养学生全球意识能力

当今世界处在变革调整期，我国的世界地位和综合国力都在提高，在参与全球治理中有了更多的话语权。全球治理是公共治理的题中之义，中国公共管理必须顺应中国与全球公共治理实践的新形势、新变化。因此，在实际教学中要注重培养学生的国际视野，对多元文化的包容心态和对公共事务与社会发展的洞察力，创造性地运用国际经验服务本土创新。

（4）培养学生善于实践的能力

我国高校公共管理学学科的教学承担着不断向社会输送高素质公共管理学学科人才的任务，也是我国公共管理学发展的重要动力。传统的公共管理学学科教学体系下，学生缺乏实践知识。良好的业务实践能力是公共管理类学科专业教学的基本目标之一。应注重引导学生树立正确价值观与职业观、具备良好的工作责任感与职业道德，培养具有勤劳、认真、刻苦、踏实等一系列优秀个人品质的专业人才。

（5）培养学生主体意识

培养学生的国家认知与家国情怀，家国情怀是民族大义，也是精神坐标。激发学生的信念，使学生认清自身在社会发展中的主体地位和肩负的社会责任，意识到自己的权利和义务，以民族复兴为己任，以服务社会、服务国家为目标并努力使自身的发展始终有利于民族、社会、时代的发展。培养学生解决社会关注的公共管理热点问题的能力，以更好地服务于地方政府的社会经济发展。

（6）培养学生创新意识

新时期公共管理专业致力于探索理论创新，开辟一条全新的科学发展之路。我国正处于社会转型时期，行政体制也在不断变革创新。应积极引导学生用创新思维解决当下时代背景的公共问题。学会分析当下公共管理体系的变革，善于运用新技术、新手段直面机遇与挑战。

（7）培养刻苦务实的修养品质

在知识探求的道路上，注重精勤进取的精神，脚踏实地，不慕虚名；勤奋努力，追求卓越；勤于思考，善于钻研。致力于公共管理创新，富有探索精神并渴望解决问题。具有统筹兼顾的能力，识别组织或社会的多元利益格局，善于协调不同利益诉求，达致互利双赢目标。

2. 各类专业思政教育目标

针对公共管理类不同本科专业的课程体系，正确划分不同内容特点的专业课程类型，不同专业思想政治教育的目标设置依各自专业特点和培养目标而有所侧重。

公共事业管理专业学科发展侧重公共安全、健康管理、体育管理、医疗保险、医事法学、健康产业管理、卫生事业管理、医药贸易与管理、政府应急与安全社区建设。这些领域都是民生的重点，健康无小事，该专业的思政教育目标应侧重培养学生爱国精神、奉献精神、求真精神、敬业精神以及悲天悯人的情怀。

行政管理专业学科发展侧重电子政务、行政文秘、金融事务助理、公共文化服务与管理和公共政策与政府治理等内容。这些领域更加追求公平和效率，该专业的思政教育目标应侧重培养学生"天下为公"、以情感人、以理服人的精神。

劳动社会保障专业学科发展侧重现代管理技术与方法、劳动就业、劳动法与劳动关系、社会保障法律法规等内容，该专业的思政教育应侧重以人为本思想、民主思想、民生意识等。

土地资源管理专业学科发展侧重土地调查、土地评价、土地规划、土地管理、房地产估价等内容。这些领域对于人地关系的深入认识有较高要求，该专业思政教育应侧重生态文明思想，刻苦务实、勇于实践和精益求精的精神。

城市管理专业学科发展侧重城市管理理论、方法和技术，能运用本学科基础理论、专门知识和专业技能，在城市建设和管理部门、城市管理政策及法规研究部门、城镇基层社会管理部门、城市社会团体综合部门、市政市容管理企事业单位等从事研究、教学及具体管理工作。该专业思政教育应侧重树立正确的城市发展观和社会公德心，培养深厚的家国情怀，具备良好的职业素养。

海关管理专业学科发展侧重对外贸易管理的法律、法规和方针政策及具体的通关制度，培养依法行政、为国把关的海关专业管理人才和通晓关务知识及业务的进出口关务专门人才，使学生能熟练运用英语处理涉外业务，进行国际交流活动。通晓经济贸易理论，掌握海关对进出口货物及物品的监管、验估征税、海关稽查、海关统计及其他通关业务的基本技能。该专业思政教育最核心的内容就是要树立为国把关的爱国主义精神、民族自豪感和自信心。

交通管理专业学科发展侧重以交通运输工程、经济学和管理学为核心的相关理论、知识、技能，具备交通规划、交通产品开发、运输资源配置等能力，能在交通运输行业从事发展规划、运输市场营销和车辆调度等相关工作的高素质应用型高级技术人才，该领域对于推动社会进步和经济发展意义重大。该专业思政教育应侧重树立新时代的"工匠精神"，主要包括敬业、精益、专注、创新精神。

海事管理专业学科发展侧重适应国家航运业发展，培养具有海上交通工程与航海技术、公共管理、海事法律理论基础，掌握海上交通安全、防治船舶污染海洋和航海保障技术能力的海事管理专门人才。该专业思政教育应侧重培养奉献精神、安全意识和团队意识。

公共关系学专业学科发展侧重培养具有国际视野、具备公共关系理念、系统掌握公共关系理论知识及实务技能，具有较强的公共关系写作技能和管理沟通能力，在政府机构、企事业单位、社会团体等从事传播管理、关系协调、公共危机应对、活动策划、声誉管理等的高级专门人才。"公关"的"公"即公众性、公开性、公益性、公共舆论，就是要有"公"心。该专业思政教育应侧重培养爱国主义精神，坚持实事求是原则，具备至诚至信精神和创新意识。

第四节　公共管理类专业思想政治教育定位

加强思想政治理论的建设，要加强高校青年学生思想政治理论的学习与教育工作，切实推进思想理论进教材、进课堂、进学生头脑，加强思想政治理论建设，真正内化于学生的知识体系中、思维意识中。公共管理作为一级学科，其涵盖的二级学科应发挥其内在的思政教育作用，树立明确、精准、恰当的思想政治教育定位意义重大。公共管理类专业思想政治教育的定位主要包括其地位及其主要内容。

一、公共管理类专业思想政治教育的地位

为适应时代快速发展、社会变迁与变革，公共管理类学科应运而生。公共管理类学科是探究公共管理组织连同其构成机理、管理过程与发展规律的学科。它是拥有多个二级学科、门类齐全、种类健全的学科体系，是极具发展潜力和价值的重要学科，实践性、社会应用性很强，所包含的二级学科与当今我国公共部门与公共事务管理关联密切，涉及范围十分广泛。其根本目标是间接促使公共组织有效地提供公共产品和公共服务，其教育目标是培养德智体全面发展的综合型、高素质人才，以顺应社会主义市场经济快速发展的趋势，满足各党政机关、事业单位、企业、社会团体等部门单位的需求。以培养素质水平高、能力强的人才为方向，致力于为各领域培养与输送专业的人才，并致力于培养适应国际化环境、市场化环境、法治化环境的公共管理的各类人才；具备公共责任与意识、公共精神、创新创业精神、意识与能力的人才；具有较高公共管理素质，掌握系统的现代公共管理理论、方法及技能，灵活运用公共管理学科

的基础理论、专业知识和专业技能，能够快速且有效解决实际公共管理问题的实践型、复合型人才。

中国自古即有追求"天下为公"的精神，高校人才培养，尤其是公共管理类专业人才培养必须致力于塑造学生公共精神。公共精神是指对公民权利的认同和尊重，对个体利益的维护及超越，对社会基本价值观和规范的倡导和坚持，对公共事务的关怀和参与，这种精神是美好社会的基础。各学院在人才培养中均应坚持"公为天下""明德为公""卓越为公""尚德为公、知行合一"，"公成天下、管法自然""学汇百家、公行天下""道济相器，兼有天下""公启正行，管济衡平""崇理明公、管泽天下""允公允能，求实求新""以天下为己任，以真理为依归""为民族立生命，为万世开太平""善政天下、良治中国""大道为公，善治天下""尚德尚公、求是求新""各美其美、美人之美、美美与共"等理念；秉承"学术创优、以人为本、民主管理、服务社会""中国问题、国际视野、服务社会"等宗旨；倡导"包容、创新、集成、致用""自强乐群、格致创新、厚文重义"等核心价值观；培养"远见、求实、创新、奉献""坚守、执着、创新、笃行""博学、明德、奋进、和谐""创新、开放、责任、卓越""博学力行""正气浩然，上善若水"等品质与情怀。以培养具有合格的政治素质、宽厚的知识基础、熟练的实践能力，具备全球视野、敬业精神、社会责任意识和创新精神的高层次复合型管理人才为目标。

高校的教育教学活动的根本目的在于培养出更高质量、更高水平的人才，没有好的"思政"教育功能，课程教学就会失去"灵魂"。高校在人才培养方案中应明确德育和素质的要求，并以此为标准制定课程体系和课程教学标准。在教学过程中，坚持以社会主义核心价值体系为主导，引导学生树立"四个正确认识"（教育引导学生正确认识世界和中国的发展趋势、中国特色与国际的不同、时代责任与历史使命、远大理想与脚踏实地）。"四个正确认识"强调要立足当下的世情与国情，剖析历史、面对现实与展望未来，激励学生勇于走在时代前沿，锐意进取，做时代的奋进者、开拓者。中国社会需要具有公共意识、公共精神的公共管理专门人才，要求学生本土意识和国际视野兼具，人文情怀和科学素养兼备，公共精神和职业技能融合，成为具有"信、敏、廉、毅"素质的创新创业型人才。

二、公共管理类专业思想政治教育的主要内容

公共管理类专业课程中的思政教育促进学生建立公共精神、价值观念、全球意识、主体意识、修养品质、科学素养等思想观念和意识，从而促进公关管

理类专业培养综合性人才，满足社会的发展与需要，以便于更好地服务社会、造福人民。

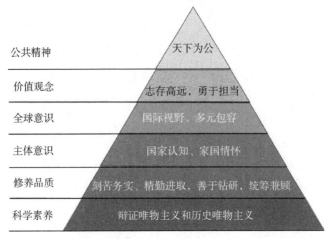

图 7.1 公共管理类专业"课程思政"的内容体系

1. 培育"天下为公"的公共精神

为适应市场经济的快速发展、社会现代化的趋势，个人主义的观念已不适应发展的需要，因此对公共精神的培育越来越重要。公共精神是指对公民权利的认同和尊重，对个体利益的维护，对社会基本价值观和规范的倡导和坚持，对公共事务的关注、关怀与参与，这种精神是构建美好社会的基础。公共管理类专业思政教育则通过不同类型的理论与实践课程，增强学生的公共责任意识，在公共场合与范围要维护公共利益，并不侵害其他人的利益，把利他作为行事准则。具有维持公共秩序的态度，积极主动承担社会责任。提升公共性社会事务的参与性，即密切关注社会的公共问题是否解决，监督公共资源的利用情况、公共政策的执行落实的效果与公共服务的提供等。教育学生要树立奉公守法的意识，在掌握公共管理学科相关的法律知识的基础上，牢记办事要遵守国家的法律法规，在学校遵守校纪校规，在工作岗位上遵守单位的规章制度。通过公共精神的构建促进学生树立"天下为公"的理念与集体主义观念，理解公共管理类学科的相关内涵与原则，为掌握相关工作的准则奠定基础，并提升学生的人际交往能力，形成符合公共管理事业发展要求的人才。

2. 树立"志存高远、勇于担当"的价值观念

青年大学生正处于价值观形成与发展的重要阶段，他们的价值取向在很大程度上影响今后整个社会的价值取向，因此要改变大学生价值取向的自由化与功利化倾向。推动社会主义核心价值观的培育和践行，是培养好未来接班人的

关键，是必须持续完成的重大任务。公共管理类专业思政教育应注重学生树立正确的价值观念，在潜移默化中使价值观和行为规范内化于青年大学生的思想政治的认识。增强学生对核心价值观的认同感，帮助学生建构与提升精神境界，使其具有崇高的理想和健全人格，形成正确的、崇高的价值观念。为青年大学生的发展提供精神动力与支持，为迷茫的学生指引未来发展的道路。从而使学生能够正确辨别事物，做到志存高远、勇于担当，以传承华夏文明、探寻科学真理、造福人类社会为己任。在树立远大的理想的前提下，立足现实与实际的基础上追求卓越，并努力为之奋斗，最终实现人生格局与眼界不断提升的目标。促进学生勇于承担责任并对自己的行为负责，善于担当、敢于担当，把握好机遇，提高积极性与主动性，培养遇到困难迎难而上、攻坚克难的精神，增强"在其位谋其职"的意识、"以身作则"的责任心及敬业精神。

3. 增强"国际视野、多元包容"的全球意识

为适应当今全球化的快速发展，公共管理学科思政教育十分重视培养青年大学生树立全球意识，使学生增强国际视野与国际价值关怀、交流合作等意识。引导学生认识世界历史的发展进程和国际形势，在国际形势的大背景下分析国内形势，不能孤立看待事物；增强人类命运共同体意识，加强国际交流与合作，在推动世界发展的基础上推动本国的发展；加强对国际性事务与全球问题的了解与认知，树立共同利益观念，共同解决全球性问题；培养学生遵守国际规则意识，在经济全球化的背景下，面对多元利益主体与随之而来的利益冲突，只有共同遵守国际规则，才能维护国际秩序，促进共同发展；教育学生树立国际平等意识，不以综合实力强弱为标准对待不同国家，各国要相互尊重主权、领土完整，互不干涉内政，要以真诚的态度与之合作；面对世界文化多元化、多样性的特征，要增强国际理解的意识，要学会尊重不同国家之间的差异，要学会包容与吸收，做到兼收并蓄，共同发展、共同进步。拓宽学生的国际视野，增强对外来文化的包容和对社会发展敏锐的洞察力，创造性运用国际经验服务于本土创新，促进学生以更开阔的视野制定更长远的发展规划，从而培育出国家发展需要的通识型人才。

4. 增强"国家认知、家国情怀"的主体意识

弘扬民族精神既是推动社会主义建设与发展的不竭动力，也是公共管理类专业思政教育中的重要内容。鼓励青年大学生传承、践行与发扬民族精神，增强民族意识，使学生熟知并牢记党和国家的发展历史与进程，尤其是近代史中的革命精神与时代精神的学习，做到爱国、知国与报国。增强学生民族自信心、自豪感并教导学生始终保持忧患意识，树立坚定的理想信念。以正确的价值追

求和政治导向为依托，引导学生为中华发展而树立远大的理想并肩负社会责任，使学生坚定"四个自信"，特别是面对世界文化多样性，要始终坚持文化自信。在教学中加强国情与世情的教育，使学生能够客观认识到我国的实际发展情况，清楚地看到我国与发达国家之间的差距，激励学生不断促进自身成长与成才，立志始终为民族复兴而艰苦奋斗。增强大学生的内生动力、生命力与创造力，使其认清自身对促进社会发展的重要作用和主体地位，意识到自身应当享有的权利与应尽的义务，并且要通过个人健康发展始终有利于促进民族、社会与时代的进步与发展并贡献自己的全部力量。提升学生解决社会关注的公共管理热点问题的能力，以更好地服务于地方政府与社会经济的发展，为国家的发展贡献自己的力量。

5. 塑造"刻苦务实、精勤进取，善于钻研、统筹兼顾"的修养品质

公共管理类专业的思政教育有利于使学生树立优秀的中华传统美德，让学生在家庭中、社会中承担起责任，重点加强学生的个人品德修养，提高自身精神境界。树立在奉献社会中实现自我价值的意识，保证学生德行修养的方向正确性，进而提高学生思想品德素质，并将学生的修养品质以实践的形式体现出来。培养学生"刻苦务实、精勤进取"的精神，做到脚踏实地，不慕虚名。树立求实意识、存真意识，做到尊重知识与科学，始终保持严谨认真的态度，做事专注，有坚定的意志，不被其他因素干扰，并摆正心态，平和对待，不心浮气躁，实现勤奋努力，追求卓越。学会刻苦坚韧，磨炼意志，挖掘潜能，不断进取，发扬刻苦学习的精神，积极主动克服阻碍与困难，砥砺前行，做到勤于钻研、勤于思考。学会从不同角度、不同层次思考问题，提高学生自觉性，加强自我管理与约束。实现开拓创新，具有公共管理创新精神、实证精神，富有解决难题的探索精神。要坚持实事求是，以现实为依据，做到不跟风，不唯书，只唯实，从实际出发。

6. 提升"辩证唯物主义和历史唯物主义"的科学素养

社会公众的科学素养的高低间接反映在综合国力的强弱，而教育是提升社会公众科学素养的主要因素，并且高校对青年大学生群体的教育是关键。公共管理类专业思政教育使学生掌握马克思主义哲学的相关理论，树立辩证思维，用科学的态度、科学的思维来理解和解释一些自然和社会问题，运用科学方法与手段达到认识和改造客观世界的目的。提升学生理解科学知识的能力，知道科学研究的过程与研究方法并明晰科学技术的重要影响。从科学素养的四大要素入手，首先，提升学生的科学兴趣，激发学生的求知欲。其次，掌握科学方法，知道运用什么科学方法解决实际的问题。再次，是理解、掌握并运用科学

知识。最后，促进学生树立科学精神，端正学习态度，对科学技术具有价值判断。始终保持并发扬崇尚科学、对知识的渴求与执着探索的精神，建立理性思维，对知识的批判与怀疑精神，用怀疑的眼光学习知识、阅读书本、思考问题，促进学生掌握并运用统计分析、调查研究、政策剖析等科学方法。学会观察现实生活中的各种涉及公共管理的问题与现象，深入思考这些问题与现象的本质，具备较强的洞察、探究、解决公共管理实际问题的能力。

为系统分析公共管理类不同本科专业的课程体系，正确划分不同内容特点专业课程类型，分别挖掘不同类型课程具有思想政治教育潜质，从而实现不同类型课程的思政目标设置。收集并参考公共管理类学科综合排名前100名的50所院校相关专业人才培养方案，如中国人民大学行政管理专业、土地资源管理专业，北京大学行政管理专业，南京农业大学土地资源管理专业、劳动与社会保障专业等，以设立较多的行政管理、劳动与社会保障及土地资源管理专业为例，探究公共管理类本科专业主要课程设置情况，构建公共管理类专业"课程思政"实施路径。

第五节　公共管理类专业课程特征及思政教育方向

一、公共管理类本科专业课程体系

通过调查研究发现，不同专业均有针对公共管理一级学科相关方向的基础课程设置，如社会调查研究方法、统计学原理、社会科学研究设计、数据分析与规范论文写作、地理信息系统技术与应用等方法课，以及公共管理学科导引课、管理学基础、经济学基础（宏观经济学、微观经济学）、政治学原理、社会学原理、公共管理学、公共政策概论等公共管理基础课。除此以外，各专业依据方向特点和人才培养目标，针对性设置主要专业课程体系，公共管理类主要专业课程体系统计结果如表7.13所示。

公共事业管理专业主要是为国家培养现代公共管理人才，加强公共政策与管理的深入研究，以促进国家的改革与发展。本专业具有研究性、实用性和综合性的特点。研究性表现在必须对公共管理理论与方法进行研究，加强中国社会与国际社会历史与现状的比较研究，并对当前国内公共管理的热点、重点问题与对策加以研究；实用性则表现为学生必须具有善于学习和勇于创新的能力、分析和解决实际问题的能力、适应环境变化和创业竞争的能力、与他人协作和

表 7.13　公共管理类专业主要课程

专业类别	本科专业	主要课程
公共管理	公共事业管理	管理学原理、管理经济学、管理信息系统、人力资源开发与管理、管理心理学、公共事业管理、运筹学、会计学、应用统计学、财务管理、市场营销、行政学原理、行政法学、公共关系学、管理伦理学、市政管理学、管理定量分析、宏观经济学、微观经济学、公共政策与分析、劳动保障和社会学等。
	行政管理	社会学概论、法学概论、公共管理学、政治学基础、行政管理学、中国政府与政治、中国政治思想史、宪法与行政法学、公共财政学、公共政策原理与分析、比较政府与政治、公文写作与处理、数据库技术与应用、统计学原理、领导学、公共组织与管理、行政伦理学、经济学原理、公共经济学等。
	劳动与社会保障	经济学原理、管理学原理、公共经济学、社会学概论、社会调查方法、社会保障学、社会保险、人口学、劳动经济学、福利经济学、人力资源管理、社会工作概论、世界社会保障制度等。
	土地资源管理	管理学原理、土地管理学、统计学、公共经济学、经济学、资源与环境经济学、区域规划、人文地理学、经济地理、土地资源学、土壤学概论、自然地理学、土地生态学、地理信息系统技术与应用、地籍管理、土地法学、土地利用规划学、不动产估价、房地产开发经营与管理、土地整理概论等。
	城市管理	城市史、土木建筑工程概论、城市规划原理、房屋建筑学、城市公用事业管理、城市建设与管理法规、现代城市景观、城市土地价格评估、运筹学、城市经济与管理、城市土地利用与规划、城市管理信息系统、城市安全与应急管理、社会经济统计学、房地产经营管理、经济地理学、工程项目管理、工程估价、专业外语、城市社会学等。

国际交往的能力；综合性即以政治学和经济学为主，以法学、社会学、管理学以及公共事业的活动，并通过对这些活动的本质与现象、主体与客体、观念与技术、内容与形式、制度与过程、历史与未来的研究，掌握公共事业管理的规律性，帮助和推动这些活动的科学化、法治化、合理化、规范化和时代化进程。该专业课程设置包括管理学原理、管理经济学、管理信息系统、人力资源开发与管理、管理心理学、公共事业管理、运筹学、会计学、应用统计学、财务管理、市场营销、行政学原理、行政法学、公共关系学等。

行政管理专业以各级党政机关、社会组织和企事业单位的行政管理事务为研究对象，以掌握马克思主义基本原理和我国的基本方针、政策，掌握行政管理的基本理论、基本知识，并了解本专业的发展动态为要求，培养具有较高的理论素养及实践技能、适应现代社会需要的高素质行政管理专门人才，造就引领现代政府决策、管理和咨询的杰出人才。该专业要求学生应具有现代行政管理创新理念，并兼具经济、法律修养，因此专业课程设置以符合相应要求课程为主，如社会学概论、法学概论、公共管理学、政治学基础、公共政策原理与分析、比较政府与政治、公文写作与处理、经济学原理、公共经济学等。

劳动与社会保障专业以培养具备比较扎实的劳动与社会保障及管理学、经济学专业知识，掌握现代管理技术与方法的高级专门人才为目标，要求学生在毕业后具备在政府部门、政策研究部门、大中型企事业单位从事劳动与社会保障工作的能力。其课程设置也多体现社会学相关原理与方法，主要课程有社会学概论、社会调查方法、管理学原理、公共经济学、社会保障学、社会保险、人口学、劳动经济学、福利经济学、人力资源管理、社会工作概论、世界社会保障制度等。

土地资源管理专业以土地、住房和房地产管理理论与实务为研究对象，培养适应现代社会需要的高素质管理人才，该专业所培养人才就业去向多为中央和大中城市的行政机关、企事业单位、科学研究部门、金融机构和房地产机构等。该专业综合性较强，因此专业课程涉及地理科学、社会人文科学等多个领域，主要课程有统计学、土地法、公共经济学、经济学、资源与环境经济学、人文地理学、经济地理、土地资源学、土壤学概论、自然地理学、土地生态学、土地信息系统、地籍管理、土地法学、土地利用规划学、不动产估价、房地产开发经营与管理、土地整理概论等。

城市管理专业是为了适应我国城市化和城市管理现代化的迫切需要而设立的，主要培养从事城市公共事务管理、公共政策分析、公共资源管理、市政项目评估、城市经营实践等领域的复合型专门人才。课程设置主要包括城市史、土木建筑工程概论、城市规划原理、房屋建筑学、城市公用事业管理、城市建设与管理法规、现代城市景观、城市土地价格评估、运筹学、城市经济与管理、城市土地利用与规划、城市管理信息系统、城市安全与应急管理、社会经济统计学、房地产经营管理、经济地理学、工程项目管理、工程估价、专业外语、城市社会学等。

二、专业课程分类与特征分析

当前学术界认为，课程思政不是特定的一门或一类具体教学科目或某一教育活动，课程思政作为一种泛化的概念，是指学校育人的所有教学科目和教育活动渗透和贯穿着思政教育，其特点是课程为载体，思政教育是灵魂，课程的育人功能和价值取向鲜明，而传统的课程边际淡化。不同类型课程所能涉及的思想政治内容存在整体一致性和个体差异性，因此，在教学活动实施过程中，课程思政的实施应坚持理论认识与情景认知相统一，依据不同类型课程特点有针对性地选择和引导学生提升思想政治修养水平。

不同专业课程设置依各自专业特点和培养目标而有所偏向，但从公共管理学科整体框架下来看，各专业课程设置存在一定的共性与一致趋向，针对公共管理专业人才所需具备的基本知识素养与工作技能，专业课程虽内容有差异，但在实质与特性上趋同。依据课程性质、特征及主要培养目标，公共管理类专业课程可大致分为以下几个类型（图7.2）：

1. 管理学原理类

管理学是适应现代社会化大生产的需要产生，目的是为研究在现有的条件下，通过合理的组织和配置人、财、物等因素，提高生产力的水平。管理学原理是由管理学在认识和实践过程中，通过对管理问题和现象的总结与分析所得出的一般规律性知识与原理。该类课程具有普遍性和综合性，其主要教学目标是传授公共管理及各不同领域管理相关的一般性规律与普适性做法，为相关专业本科生提供公共管理基本知识与原理。相关课程既有诸如管理学原理、公共管理学等普适性课程，又有不同专业领域原理型课程，如行政管理专业的行政管理学、领导学、公共组织与管理，劳动与社会保障专业的人力资源管理，以及土地资源管理专业的土地管理学等。

公共管理类专业人才培养必须致力于塑造学生公共精神。公共精神是指对公民权利的认同和尊重，对个体利益的维护及超越，对社会基本价值观和规范的倡导和坚持，对公共事务的关怀和参与，这种精神是美好社会的基础。因此，在管理学原理类课程授课过程中，应引导学生自觉树立"公为天下""管法自

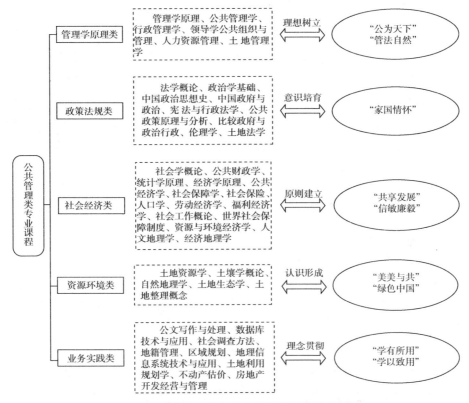

图 7.2 公共管理类专业主要课程及其思政目标

然"理想信念，明确公共管理目标理念，正确理解管理学内涵与原则，掌握管理相关工作开展经验与准则，合理定位公共管理类人才的社会责任与行事标准，形成符合公共管理事业发展目标的人才形象与个人思想政治素养。

2. 政策法规类

公共管理过程是以政府为核心的公共部门整合社会各种力量实现公共福利与公共利益的过程，对政策和法律方法的使用是公共管理实施的重要途径。因此，在公共管理类专业人才的培养过程中，政策和法律知识与意识培养是不可或缺的重要组成部分。各公共管理类专业在课程设置上均将政策和法律法规作为必修专业课程，其中行政管理专业因其对政策与法律的高度敏感性和依托性，尤为重视相关课程设置，如法学概论、政治学基础、中国政治思想史、中国政府与政治、宪法与行政法学、公共政策原理与分析、比较政府与政治、行政伦理学等。土地资源管理专业因其研究对象主要行使主体以政府为主，其课程中亦涉及诸如土地法学等政策法规相关课程。

在当前"依法治国"基本方略实施过程中，对学生的政策法律知识教育应着重体现社会主义法治建设重要性，培养学生对"依照体现人民意志和社会发展规律的法律治理国家"这一主体内涵的了解与认识。应重点培育学生"家国情怀"意识，深刻理解国家政策制定与实施的合理性和必要性，建立以社会主义核心价值观为导向的意识体系，时刻以国家政策与法律法规约束日常学习与生活，并指导未来公共管理相关的社会工作过程。

3. 社会经济类

熟知并会分析社会经济知识与原理是对公共管理类专业人才培养的基本要求，也是相关专业学生应掌握的重要技能。以劳动与社会保障专业为主要的代表性专业，其课程体系包含多种社会学、人口学范围内的课程，主要有社会学概论、公共财政学、统计学原理、经济学原理、公共经济学、社会保障学、社会保险、人口学、劳动经济学、福利经济学、社会工作概论、世界社会保障制度等。土地资源管理专业课程对地理学领域内人文社会及经济学原理等内容有所涉及，如资源与环境经济学、人文地理学、经济地理等课程均作为专业必修课程设置。

资源配置问题是社会经济类专业学科研究的核心问题，习近平总书记曾指出，"坚持以人民为中心的发展思想，是马克思主义政治经济学的根本立场"，这也表明中国特色社会主义政治经济学的主线应始终坚持"以人民为中心"。公共管理类人才未来面临着对公共组织及事务的调配与处理工作，这就要求其需要具备良好的社会经济学基础。在进行社会经济类课程讲授过程中，应以"共享发展"和"信敏廉毅"为主要内容引导学生建立对相关事务处理和自我发展过程的约束性原则，掌握社会主义社会基本性质，贯彻落实对中国特色社会主义政治经济学的正确认识。

4. 资源环境类

公共管理学科专业所开设的资源环境类课程主要是指基于地理学的自然资源相关基础课程，其主要内容包括对国内外资源现状介绍与分析、对资源变化规律及使用方式方法的探讨以及相关分析基础理论。资源环境类课程培养目标为引导学生正确认识资源的地域性、稀缺性等特性，归纳总结现存资源使用方式方法及优劣势，学会探究分析资源动态演化规律并应用于管理实践过程中。该类课程开设专业方向以土地资源管理专业为主，主要涉及土地相关的地理学、资源学、生态学等领域知识，如土地资源学、土壤学概论、自然地理学、土地生态学、土地整理概论等。

思想政治教育内容体系要把科学发展观作为社会主义核心价值的灵魂，将科学发展观与具体情况相结合，用科学发展观来指导具体的思想政治教育。资源环境类课程思想政治教育内容应紧紧围绕绿色生态发展理念，要引导学生树立可持续发展观，形成"美美与共"和"绿色中国"和谐发展认知，正确理解国内外自然资源地域性与稀缺性特点，在掌握客观分析资源环境现状与规律的方法前提下，以实现资源可持续利用目标为指导，构建科学理论知识体系，形成合理的相关管理与规划，制定工作执行模式。

5. 业务实践类

良好的业务实践能力是公共管理类学科专业教学的基本目标之一，是引导学生在学习过程中将理论付诸实践的重要媒介。除基本理论知识的学习与积累，公共管理类学科本科生专业学习过程中还开设系列业务实践类课程，如行政管理专业的公文写作与处理、数据库技术与应用、社会调查方法等，以及土地资源管理专业所开设的地籍管理、区域规划、地理信息系统技术与应用、土地利用规划学、不动产估价、房地产开发经营与管理等。该类专业课程面向学生毕业后工作需求，具有很高的实践性，与社会大环境接轨，能充分满足学生日后工作的技能经验需求，是高校本科生毕业步入社会之前所能接受的重要缓冲，也是培养学生日后工作理念与职业操守的重要媒介。

在进行专业相关业务与实践类课程教学过程中，应注重引导学生树立正确价值观与职业观，树立良好的工作责任感与职业道德，培养具有勤劳、认真、刻苦、踏实等一系列优秀个人品质的优秀专业人才。在教学过程中认真贯彻"知行合一"理念教育，让学生真正做到"学有所用""学以致用"，促进课程专业知识与社会工作实践相接轨，做到知识传授不空泛、理论与实践不脱节，培养对社会真正有用的公共管理专业型优秀人才。

第八章 公共管理课程的主要授课方式

对于在公共管理类课程中进行思政元素植入的教育方法的研究，是实现教学目标的重要条件，也是提升教学效果的重要因素。对教学方法进行系统深入的研究，既是推进公共管理类课程思政内容丰富和发展的重要内容和中心环节，也是推动公共管理类课程思政教学法实现科学化的必然选择。黑格尔认为，教学方法是串联起教师、学生和教学内容三者的必要中介和桥梁，是完整的教学过程的重要环节和因素。在动态教学过程中，为实现教学目标所采用的手段和行为方式就是教学方法。教学方法的选择和运用是否得当，直接影响教学目标、教学效果能否实现。

公共管理类课程的目标，旨在为政府部门和非政府机构以及企事业单位的人事和行政机构培养宽口径、复合型、应用型的公共管理高层次专门人才。公共管理专业旨在通过综合运用经济学、政治学、社会学等学科的知识培养学生对当前政府事务的综合分析能力。开设的专业主干课程有：公共管理、公共政策、人力资源管理、管理文秘、电子政务导论、行政学、公共关系学等。教学中采用课堂讲授、案例研讨、情景模拟训练、社会调查和专题讲座等多种方式，力求使学生熟练掌握公共管理的基础理论和公共部门管理的专业知识，熟悉相关法律法规、方针政策、制度体制、国际惯例和规则，具有较高的分析和解决公共管理与公共政策问题的技能，适应市场经济和依法治国新形势下的需要。而在公共管理类课程中进行思政内容的植入，则要围绕"立德树人""天下为公"等思想。因此，在教学实践过程中，采取案例教学法，可以实现在教学的育人功能。

由于教学内容及学生的差异，教师在上课过程中会采取不同的授课方式，如案例教学式、翻转课堂式、情景模拟式、课内讨论式等。不同的授课方式，教师在组织教学环节、处理专业课程内容与政治思想的关系是不一样的。以下几节，分别讨论采取多种教学法的原因、作用及效果。

第一节 案例教学法

案例教学法起源于西方的法律、医疗教学领域，对于培养学生独立分析、解决问题并加强团结协作的能力有着显著的效果。1870 年由美国哈佛医学院率先使用，后由哈佛商学院在 1921 年正式采用，通过教师选用商业管理中的真实情景或事件，采用提问的方式，启发和培养学生积极主动参与到课堂活动中，最终在全球范围内产生广泛的影响。2015 年我国教育部发布的《关于加强专业学位研究生案例教学和联合培养基地的意见》，提倡加强案例教学，推进教学改革，并指出案例教学具有重要意义，能引导学生发现问题、分析问题、解决问题，从而掌握理论、形成观点、提高能力，是强化学生实践能力，推进教学改革，促进教学与实践有机融合的途径；倡导各级相关部门高度重视案例教学，并将其作为今后专业学位授权点合格评估的重要内容。

一、课程思政中的公共管理案例的特点、功能与方法

课程思政中的公共管理案例教学法，以培养学生专业能力的同时，兼具育人功能的思想为指导，由教师选取主题恰当、时效性强的真实案例加以典型化处理，通过创设问题情境，形成供受训者分析思考、交流协作，并做出判断的公共管理案例，最终实现学生掌握理论知识和学习方法，提高综合能力和个人素质并实现育人功能的教学方法。案例分析法既是公共管理学重要的研究途径与方法，也是公共管理教学重要的教学方法。在公共管理教学中，如何植入思政内容，选取合适的案例和问题的设计成为了案例教学的关键。

课程思政中的公共管理案例教学需要选取符合教学目的、真实典型、具备时代性的案例进行教学。案例教学是为了加深同学对专业知识和思政内容的理解，因此，选取案例需要兼具专业性、思政性，通过对这样案例的学习，同学在加深对专业知识的思考的同时，接受思想政治教育，达到全面发展的目的。教学中使用的案例，需要对真实事件进行描述，为了更好地实现教学效果，可以对材料进行删减，更加精炼地体现主题，但是一定要保持真实、客观，不可以掺杂主观看法。同时还需要具有典型性，方便同学更快、更直观地接受专业知识和思政内容。第三，所采取的案例要具备时代性，所采用的案例要紧扣时代主题，围绕国家社会时事，青年学生关心的问题，这样能够极大地激发学生学习和参与课堂讨论的积极性。

课程思政中的公共管理案例教学需要具备教学手段多元化、师生角色平等化、学习的内容多元化以及学习目标综合化等特点。鉴于我们现在的在校生多为00后，熟悉在互联网上获取信息的渠道，所以教师在教学过程中，可以采取除传统的多媒体即声音、图像以及视频等形式的教学法，还可以课前采取网络检索、课中使用互联网授课（如雨课堂，可以共享教师PPT，学生可以发送弹幕，及时提出问题，表达观点等）、课后采取网络问卷对学生掌握情况进行测评等方式。使用案例教学法在公共管理类课程进行课程思政内容的植入，需要教师和同学双方调整在课堂中的角色，要求教师不仅对公共管理案例中的专业知识进行启发性教学，同时要激发同学对案例中"天下为公""立德树人"等思想进行提炼、归纳和总结，并作为评分标准的一部分。而学生则需要从专注对专业知识的学习，兼顾思政内容的学习，并内化到自己的思想中去。在这样的授课模式中，教师担任课堂的主导角色，负责编写案例、启发学生思考并验证学生学习效果；而学生则需要在课堂中放下手机，集中注意力在课程内容上，负责发散思维、分析案例、提升个人修养，并能够根据课堂分析的内容撰写逻辑清晰的报告。在公共管理类课程中融入思政内容，使教学目标多元化，起到一箭双雕甚至一箭多雕的作用。随着我国市场经济发展的深入，消费理念的升级，越来越多的高校学生变成了精致的利己主义者，可是作为公共管理类专业的学生，未来会成为政府部门和非政府机构以及企事业单位的人事和行政机构培养宽口径、复合型、应用型的公共管理高层次专门人才，应该具有为人民服务和甘为孺子牛的心态，故公共管理学课程"育人"目标应优于"教书"的目标。而长期以来，我们的教学中往往忽视了"育人"的内容，导致同学对提高自身修养，对自己未来的社会责任也没有引起足够的重视。而在公共管理类课程中使用案例教学法可以用一些生动的例子，典型人物对特定问题的处理，使思想政治内容可以自然而然地输入，并且可以巩固旧知、探求新知。教师选编的案例都来自真人真事，学生们可以利用已有的知识分析实际问题，找到解决办法，学生们的交流还可以培养同学奋进共赢、包容理解等品质，进而实现育人目标。

二、课程思政中公共管理案例教学的程序

利用案例教学法在公共管理类课程中实现课程思政内容的导入，需要教师在课前进行案例的选取和编写、多媒体设备调试以及多媒体工具的熟练操作等；在课中学生进行自主探究、协作探究、小组汇报以及教师总结；在课后进行教学反馈和反思等。

1. 课前：案例的选取

案例的选取和编写需要对目前现有的教学案例进行二次开发以及对现实问题中的思政元素进行挖掘。公共管理学现有教学案例内容丰富，教材繁多，尤其是公共管理有案例大赛，每年都有优秀的案例及分析的诞生，但是如何在其中开发出来适合教学内容又能体现思政教育元素的案例，则是教师备课的重点和难点。教师可以从已经出版的公共管理教学案例中寻找思政元素，也可以从思想政治教学案例中寻找符合公共管理特定教学内容的案例。还可以充分利用网络资源，全国公共管理专业学位研究生教育指导委员会的中国专业学位教学中心、中国公共管理案例中心、高校思政网站等进行检索。

在对案例进行筛选时，要选取那些既适合教学内容的重点难点也适合思政内容的挖掘的案例，既能帮助学生对课程内容本身加深理解和识记，同时也符合"天下为公""立德树人"这些内容的案例。如在《公共管理学》这门课程中，无论哪个版本的教材，每章中都有一些阅读材料，但是往往都是只符合教学内容而不适合思政内容的挖掘，并且案例内容不具备实效性，因此教师可以从以上来源来检索，丰富和发展公共管理类课程教学的内容。在进行案例筛选时，要注意符合授课对象的年龄特征和学科背景特征。当前在校的本科生，一半是2000年以后出生的，被称为"互联网原住民"，伴随着中国互联网的蓬勃发展而成长起来，他们熟悉的获取信息的方式是各种APP和互联网，与人的亲密度和信任度呈断崖式下跌，国家意识、天下为公的意识淡漠，相反，消费主义、精致的利己主义大行其道。因而，在针对这个年龄段的同学进行教学时，要多从选取他们熟知的典型案例、与他们年龄相仿容易产生共鸣的典型人物着眼，进行思政内容的植入。同时，按照国务院学位办的专业设定，公共管理一级学科下设行政管理学、教育经济与管理学、社会医学与卫生事业管理学、土地资源管理学以及社会保障学五个二级学科，学生们有不同的学科背景，故应该从更符合学生专业的、学生更熟悉的领域中选取案例来进行教学。对土地资源管理学专业的教学，可以选取突出"守土有责"思想的案例；对教育经济与管理学专业的教学，可以选取突出"德高为师，身正为范"的案例。

2. 课中：探究、汇报和总结

在利用案例教学法进行公共管理类课程教学课程思政内容的植入时，要注意探究、汇报和总结三个关键环节。首先，教师在案例准备过程中，对案例内容本身的撰写和问题的编写要对思政内容进行挖掘，材料内容可以以纸质、教师口述、多媒体技术或互联网技术等方式呈现给学生。在学生拿到相关案例以及思考问题后，要求学生在规定时间内，按小组进行讨论。每个小组成员都有规定任务，教师要充当"巡视员"，要促进学生既积极发言，又在指定的教学内容和思政内容范围内进行探讨。在小组讨论和全班代表进行发言后，要求教师结合案例和同学的发言进行总结、分析和评价。首先要求教师对同学的集中典型观点进行总结；其次要对学生有忽略的问题或分析层次不够的问题有点评和分析，激发学生进一步思考；最后要回归教材，回归所学理论，进一步深化同学对基础理论以及其中思政内容的认识。

3. 课后：教学反馈和反思

每次在课堂教学实践后，教师要对学生的反馈意见进行汇总，对教学环节、教学方式进行反思和总结。课后教师要对学生的反馈意见进行搜集，可以以书面作业、互联网问卷等方式对学生的学习成果和教学方式的满意度进行调研。教师还要从自身角度出发，对课堂分组方式、提问方式以及课堂环节有哪些得失、同学们的学习兴趣进行总结，以便对未来含有思政内容的教学案例选取和编写、课堂教学环节的优化起到重要的参考作用。

第二节 翻转课堂式

随着国际教育信息化进程的推进，"翻转课堂"教学模式得以诞生、发展和广泛应用。"翻转课堂"作为一种全新的教学方式，在国内外的高等教育改革理论和实践中都取得了丰硕的成果，成了教育领域的热门话题。张新明（2013）认为"'翻转课堂'是教育者借助计算机和网络技术，利用教学视频把知识传授的过程放在教室外，给予学生更多的自由，允许学生选择自己最适合的学习方式确保课前深入学习真正发生；把知识内化的过程放在课堂，以便学生之间、师生之间有更多的沟通和交流，确保课堂能引发观点的互相碰撞，把问题的思考引向更深的层次"。换言之，"翻转课堂"是把原来在课堂内进行的知识内容的传授过程和学生在课后完成作业的过程翻转过来，转为由教师提前录制并上传和有关课程知识内容的视频，学生提前观看、学习、测试，而在课堂内则由教师组织同学进行分组讨论，完成知识的吸收和内化的过程，形成了一种新的教学结构。

"翻转课堂"起源于 19 世纪早期的美国西点军校，当时 Ramsey Musallam 老师尝试让同学在课前准备当堂课程的重点难点，但受当时的技术手段和传播途径的限制，没有得到广泛的关注。随着互联网技术的迅猛发展，进入 21 世纪，美国籍孟加拉裔萨尔曼·可汗，由于毕业于麻省理工学院，受亲戚的委托，开始辅导表妹的数学，在 Youtube 上传了视频，结果越来越多的人开始观看，进而获得比尔·盖茨的投资，成立了非营利性的网络教学机构可汗学院，领域涵盖数学、历史、金融、物理、化学、生物学、天文学、经济学和计算机科学等，使"翻转课堂"在理论和实践上都得到了丰富和发展。截至 2012 年 7 月，可汗学院视频教程被点击数已超过 1.6 亿次，全球特定用户超过 500 万人，影响深远。麻省理工学院的开放课件运动（OCW）、耶鲁公开课、TED 视频和可汗学院微视频等大量的优质教学资源的产生，为"翻转课堂"这种新型教学模式提供了丰富的教学资源，促进了这种模式在世界范围内的推广和应用。我国于 2013 年 5 月由清华大学、北京大学率先加入美国在线教育平台 EDX，慕课学习的方式由此上线，其后复旦大学、上海交通大学、香港大学和香港科技大学也加入了慕课平台，为全世界的学习者提供最优质的课程资源。思想政治教育领域的慕课，开始于 2013 年 5 月，复旦大学马克思主义学院高国希教授开设的"慕课"《思想道德修养与法律基础》在我国知名的慕课平台"智慧树"上线，聆听该门课程的近 5000 名同学来自上海、北京、江西、湖北等地高校，这开启了高校思想政治课程新一轮的教学改革。

近年来，我国慕课、智慧树等教学平台不断产生，全国大中小学优秀教师将大量丰富的教学资源上传，使得我国的"翻转课堂"呈现爆发式的增长。

"翻转课堂"作为一种颠覆传统的教学模式，无论在国外还是国内都对高等教育教学改革造成了很大影响，成为教育领域的热门话题。"课程思政"作为对大学生人生观、世界观、价值观形成的途径，最重要的是将这些思政元素内化到学生的思维中去，而"翻转课堂"可以促使学生思考，最终使学生树立爱国主义、集体主义等思想。作为为国家培养合格的公共管理人员的公共管理类专业，不仅承载着对学生进行专业教育的责任，还承担着育人的任务，以避免"高分低能""高分低德"等现象的发生。"翻转课堂"的教学模式打破了传统的单一由教师传授专业知识，进而植入思政元素的模式，而是通过教师设计思政类的问题，引发同学的思考，通过小区讨论、学生代表发言、同学之间就有争议的观点进行讨论的模式，促进学生对思政元素的吸收和领悟，并且能够检验学生的吸收程度，这对公共管理类课程的思政元素的植入，起到了很好的促进和内化的作用。

一、翻转课堂在公共管理类课程中引入课程思政内容的优势

在公共管理类课程中引入思政元素，采用"翻转课堂"教学法，适应了学生在信息时代学习的个性化、自主学习的需求，对公共管理类学生强化专业知

识的学习和树立正确的三观都有着重要的作用。"翻转课堂"教学法摒弃了传统的填鸭式教学模式，以多媒体、计算机、互联网等信息技术为动力，以优质教育资源和信息化学习环境建设为基础，颠覆了教师和学生的角色，使课堂教学内容和课后作业进行互换，有利于培养公共管理类专业学生自主学习、自我管理以及自主探究的能力，激发学生发现问题、分析问题、解决问题的主观能动性。传统的单一由教师讲授的方式不利于学生对专业知识和思政元素的吸收和内化，而"翻转课堂"这种创新性的教学方式，能够有效地提高教学效果。

二、翻转课堂在公共管理类课程引入课程思政内容应遵循的原则

鉴于"翻转课堂"是一种全新的教学模式，在开始教学实践前要把握好如下几个原则，才能确保达到教学目标，而不至于使教学改革流于形式甚至失败。首先，教师在课前不仅要准备好教学内容和要思考的问题，还要学生针对问题的答案进行收集，并归纳出共性和个性的问题。运用"翻转课堂"教学法不是放任自流，而是针对基础不一样、学习能力不一样、思考问题角度不一样的学生，因此，只有做好充分的课前准备，才能使"翻转课堂"的效果真正实现有教无类、因材施教。第二要注意传授知识与思政内容相结合的原则。遵循这一原则的"翻转课堂"教学，能完成课堂知识内容的传授，提升学生利用理论知识解决实际问题的能力，通过课前学习设计和课堂探究活动，增强课程内容的育人效果，激发学生主动提升思想境界的动力。第三，以学生主动学习为导向的原则。"翻转课堂"的学习方式能使学生从被动听课、被动完成作业以及被动应对考试等变为主动，激发学生主动学习的动力，并且使学生变被动个体学习为合作学习、变机械学习为探究学习。以上一系列学习方式的翻转，都能使在公共管理类课程中的思政元素的植入效果事半功倍。

三、翻转课堂在公共管理类课程中引入课程思政内容的注意事项

首先要注意在合适的章节选择合适的角度进行思政内容的植入，并不是所有内容都适合思政内容的植入，如果硬性要求每章每节都有思政内容，可能会出现主次颠倒的情况，因为我们的目的是在公共管理课程内容中挖掘思政元素，课程内容不能以思政为主。其次要注意选取或制作高质量的视频资源，要围绕教学目标、把握好课程的重点难点、结合该专业学生专业背景进行选取和制作，避免出现为了翻转而翻转，脱离教学目标和学生实际接受能力的情况。再次要在公共管理类课程中植入思政元素，运用"翻转课堂"教学，要着力培养学生主动吸收思政元素的自觉性，而不能只关注专业知识本身的学习。最后要加强

学生在自主学习过程中的监督，避免学生在课前观看视频时分心，着力培养学生在做练习时进行深入思考、认真作答的能力。

四、实践：课前准备、课中教学、课后评价

学生的课前学习是"翻转课堂"实现知识传递的首要环节，也是课中教学能够有效实施合作学习的前提和基础。学生课前学习首先需要教师对课前教学任务下达明确的任务书。教学任务书需要教师在掌握教材内容和学情的基础上，明确教学重点、难点，并针对思政内容提出具有启发性的问题。学生在明确了学习任务之后，可以自行掌握学习进度，针对重点内容可以进行反复学习，并对思政内容进行思考。课前准备之二为教学微视频，教学微视频是课堂内容的重要载体，是指教师在教学目标的指导下，自行录制或在各大慕课、微课平台上筛选出合适的教学视频，并在课前下发给学生。在公共管理类课程中植入思政内容，使用"翻转课堂"教学法，由于学习的方式是学生自学，给学生下发的视频要融合文字、图片、声音等元素，并将抽象的知识生动具体化，逻辑清晰，在涉及思政内容的部分尤其要表达清晰，视频的画面应该像素高，保证学生收看的效果。课前准备之三则是要针对教学重点设计在线练习，在线练习不仅可以巩固学习效果，还可以测试出学生在课前学习环节中还有哪些具体知识点的遗漏，教师可以针对共性和个性的问题在课堂上进行答疑和知识强化，对思政内容进行提问，对学生答案进行收集、归类，掌握学生的想法，并在课堂上把问题引向深入。在线的习题要满足题型多样、题量中等、难度要从易到难等要求。学生在学习微视频后，不宜给学生布置过多习题，容易让学生心理负担重，产生逆反心理。在题型方面，要满足主观题和客观题相结合，客观题可以测试学生的学习效果，主观题还可以防止学生之间为了应付老师给布置的任务而互相抄袭。一般来说，给学生布置视频观看及在线学习的任务的时间要在课程开始前三天左右，并规定学生完成的时间要在课程开始的一天以前，以便教师能够收集、归纳并提炼学生的问题，并为深化书本知识、思政内容为翻转的课堂进行备课。

使用"翻转课堂"教学法进行公共管理类课程中思政元素的植入，在课堂环节要以服务学生为中心，促进学生个体积极内化知识内容和思政元素，鼓励学生间进行合作探究，课堂环节是使教学目标得以实现的关键环节。首先教师要根据教学内容和课前在教学平台上搜集的学生自主学习中出现的典型问题，创设问题情境，营造探讨氛围，激发学生主动发言、主动探究的积极性。教师在充分肯定学生课前学习结果的同时，还要针对学生的调查能力、思考能力、

查阅资料的能力以及教学内容中"立德树人""天下为公"等思政内容的挖掘能力进行培养。在课堂环节的设计上，还要注重设计学生之间合作学习的形式，既可以是小组讨论、观点互评，也可以是辩论赛等形式，学生之间可以同学合作学习、组间竞争加强感情互动、促进知识内化，同时对思政内容的讨论和辩论可以使学生之间达到相互教育，形成正确的三观的效果。除了典型问题的指导、小组探究学习等环节以外，"翻转课堂"的课堂环节还需要针对学生进行个别指导。个别指导既要针对课堂知识内容，更要针对思政元素的个性化指导。教师要在课堂环节中，针对思想价值存在误区、偏离价值观主线的同学，寻找合适的时机，及时进行价值观和思想的纠正。

在进行了课前学习和课中的知识深化及探究之后，学生学习了知识内容和思政元素，为了强化以上内容，教师应组织学生进行学习成果的汇报和展示。可以采用经验分享、个人总结、小组汇报等形式，最终由教师进行总评，使学生对知识内容、思政元素以及恰当的学习方法等有进一步的深化和提升。

翻转课堂教学模式在公共管理类课程中的思政元素的制度起到了重要的强化教学效果的作用，能够促使学生积极参与教学内容的学习和思政元素的内化，但是要把握好课前任务书的撰写、视频的选择或录制、在线测试题目的编写环节；课中的典型问题指导、小组合作探讨以及个别思想问题的发现与及时处理等环节；课后的学习成果展示、教师的总结与归纳等环节，只有切实落实好以上三个环节，才能最大限度地达到我们预想的教学目的。

第三节　情景模拟式

一般意义的情景模拟式教学法是指教师以让学生产生积极的情感为目的，创造生动形象的情景的一种教学方法。而在公共管理类课程中的"课程思政"模式中运用情景模拟教学法是指，教师课程内容和思政元素为基础，引入或创设与教学内容相适应的情景来辅助教学。也就是说，要围绕课程内容和思政元素，以学生的专业背景和接受能力为基础，营造一定的场景和氛围，激发学生的情感及兴趣，进而深化专业内容和思政元素的一种教学法。

以往的公共管理类教学模式以教师单方向的知识传授为主，削弱了学生学习的主动性，而情景创设的模式，通过学生的亲身经验体会和理解情景背后的理论知识，使理论教学不再是呆板的讲述，而是让同学们感知和思考生活中的具体情景，进而加深理论学习，树立正确的道德观念。我们公共管理类课程教材中的内容往往不具备时代性，而教师通过生动具体的具有时代感的情景的创设，使学生了解到新鲜前卫的事物，同样可以用我们书本中的理论来分析和阐释，这样拉近与学生的距离，有助于学生树立正确的"三观"，从而达到我们教育教学的真正目的。通过情景模拟来进行公共管理类课程的思政内容的植入，还可以培养学生多方面的能力，塑造学生的品格，激发学生自身的想象力去分析情景，认识情景，进而提出解决这样的困境中的问题的方案，增强学生学习和生活的能力，进而实现人的全面发展。

一、课堂内的教学活动

在课前准备阶段，教师要在对教材相关内容和思政元素进行挖掘的基础上，设计能够将教材内容和能让学生产生共鸣的情境。在实际教学过程中通过引入情境—体验情境—深化情境这三个步骤来对教学内容进行讨论和建构，引导和激发学生在学习过程中体验情境，感知学习内容，并且深化理解其中的思政元素。课堂导入环节是教学活动的起始部分，是能否调动学生积极性，迅速激发学生兴趣的重要开端。教学中的情境设计要贴近学生的生活或社会热点问题，"情境"往往可以是"困境"，激发学生强烈的动机去思考：在这样的困境中该如何抽丝剥茧，找到问题的关键？进而引入我们教材中的知识点，利用教材中的知识点来帮助同学对问题的认识更加深化。

二、采取多种手段进行情景模拟式教学

教师可以灵活采用多种方式进行情景模拟式教学法，如讲好中国故事、角色扮演以及采用 VR 技术等方式创设生动形象的情景进行教学，提升教学效果。讲好中国故事，教师只有寻找与时代相协调的优质文化宝藏，讲清中国情况，说明中国困惑，进而解决中国问题，才能创造出一个可以引人入胜的情境，让学生在学好课内知识内容的同时，感受中国魅力和中国精神，体验有尊严、有魅力、有活力、有底气的大国风范，使同学达到积极体验和深刻认同我国的精神内核的目的。讲好中国故事，要解决"讲什么"和"怎么讲"两个基本问题，这就要求教师首先要在明确教学目标的基础上，选取合适的中国故事；同时还需要教师在充分考虑学生的专业背景、精神需求的基础上，关注中国故事的组织结构和讲述方式，最终达到师生双向互动，引导学生积极参与的教学氛围。角色扮演的方式是以小品或情景剧等方式，由同学来扮演情景中的人物来体验角色的所处困境，可以由教师提供情景，由同学搜集资料编写剧本并进行演绎。角色扮演的方法可以激发同学在具体的情景中体验事件的真实情况，激

发学生思考，积极吸收课内知识和思政内容。教师还可以利用 VR 技术在情景模拟方面的独特优势进行教学。VR 技术起源于美国，是 Virtual Reality 两个词的缩写，是指虚拟现实。利用 VR 技术模拟出真实的、身临其境的感觉，这样的技术适应了教育发展的需要，促使高校教学逐步向虚拟化和智能化发展。在我国目前已利用 VR 技术进行教学的学校有清华大学、浙江大学以及哈尔滨工业大学等。这些学校根据教学内容开发了全景制作、漫游系统等，通过这些技术的应用，创造了内容有趣，甚至游戏化的教学方式，使学生参与度高，兴趣浓厚，弥补了传统教学吸引力弱、教学效果差等缺点。VR 技术的特点在于使用虚拟的技术将年代久远或与自己生活圈层相距甚远的场景营造出来，增加学生的感性认识，提升对课程内容和思政元素的理解。

第四节 互动式教学

在公共管理类课程中引入思政元素，可以使用互动式教学法，在教学流程中，围绕课程内容和思政元素，教师与学生之间、学生与学生之间进行探究和探讨，使教师和学生双方的积极性和主动性都能得到有效的发挥，从而增强课程的吸引力和感染力。大学生的价值体系的建构和培养，难以通过教师单项的灌输式教学来实现，因此有必要引入互动式教学法来使教师了解学生的吸收情况并根据学生的反映及时调整教学内容和教学模式。这可以在很大程度上使学生在学习状态上变被动为主动，能够在积极参与课堂教学的过程中形成正确的价值判断。而互动式教学可以是学生之间互动，教师通过教材与学生产生互动等模式。

一、必要性

公共管理类课程大纲和教材内容往往理论性强，教师在讲授的过程中实现师生互动较难，互动式教学执行起来会显得枯燥严肃，而要植入相应的思政元素，就需要从大学生思想实际和真实需求出发，有必要将严谨的教学内容转化成开放的互动式内容。公共管理类课程知识性强，要想导入思政元素，则需要对学生进行情感熏陶，互动式教学是教师了解学生知识储备以及思想状况的有效途径，可以提升专业知识传授的效果，触及学生的内心。通过有效的互动式教学方式能使课堂氛围积极活跃，使教学内容和思政元素深入学生的内心。

二、教学流程

实施互动式教学法首先要求教师转变教学理念，把原有的教师负责"传道"的角色转变为"解惑"，同时要认同学生的主体地位，课堂的学习是师生共同寻求真理的过程。教师是课堂学习的组织者和引领者，课前教师要围绕每次课程教学内容、思政元素精心设计互动问题，问题要围绕大学生的认知水平、社会热点问题，避免脱离实际的问题，引导学生运用正确的思想方法和知识原理来分析和探究问题产生的根源，通过学生的各抒己见、互动交流以及教师最终的答疑解惑，使学生的思想认识逐步走向深入。

第九章 公共管理课程思政人文素材

公共管理类专业旨在培养和储备高素质、专业化的新型国家公共管理人才，尤其是政府和公共组织管理人才，具有专业特殊性和知识领域综合性的特点。中国公共管理理论和实践的快速发展对公共管理类专业课程教学模式的创新提出了新要求，在理论知识传授与综合素质能力培养相结合、理论与实践相结合的原则下，灵活运用案例分析法、专题研讨法、情景模拟法和小组讨论法等新方法，提高教学效率，逐渐激发学生学习兴趣，从而实现培养目标的要求。其中，引经据典是案例分析法和专题研讨法的常用工具。中国古代文化灿若星河，许多文人志士既是修身齐家治国的典范，也是公行天下管理思想的传播者。因此，收集整理这些经典，不仅可以弘扬先进的中国传统文化，增强学生的文化自信，更有利于学生公共精神的塑造和公共思想的养成。

公共管理类课程思政选用经典分为八类：树立远大目标，塑造公共精神；增强自身素质，提升管理能力；培养创新意识，坚持与时俱进；培育合作技能，养成团队理念；增强责任意识，心怀家国大业；保持积极心态，培养乐观精神；体悟洞察人心，知人识人用人；行动必有收获，实践方出真知。

第一节 树立远大目标，塑造公共精神

1. 高瞻远瞩

出处：汉·王充《论衡·别通篇》："夫闭户塞意，不高瞻览者，死人之徒也哉。"

解释：瞻：视，望；瞩：注视。站得高，看得远。比喻眼光远大。

与公共管理学生素质培养的关系：一名优秀的公共管理人才不论是在生活中，还是在工作中都应当树立远大的目标和理想抱负，对未来要践行的道路应当具有计划性、理想性和可持续性。公共管理的学生不仅应当在现实的学习过

程中树立可付诸行动的长远目标，更要运用如炬的眼光洞察和挖掘实现理想的现实道路，并通过不断的努力实现既定的目标。能够把理想和现实充分结合并运用的践行者是能够将理想转化为现实的计划型人才，能够对未来的发展趋势和形式进行深刻的理解和探索是公共管理的学生应当具备和掌握的技能和素质，更是未来实现成功的必要条件。因此，树立远大的理想信念，才能真正成为一名出众的管理型人才。

2. 目光如炬

出处：《南史·檀道济传》："道济见收，愤怒气盛，目光如炬。"

解释：目光发亮像火炬。形容愤怒地注视着，也形容见识远大，能够长远考虑。

与公共管理学生素质培养的关系：作为公共管理的学生应当具备前瞻性的考量和思索，对未来发生的事情有良好的敏感性和意识，具有长远的思考和想法，可以充分分析当前现实的局势，能够良好预测和分析未来的发展趋势，对未来发展的节奏和要求能够实现良好的把控和调整。现实中有许多的事实和例子，如：管理者一语中的，成功分析成功的条件；金融家目光如炬，精确判断分析股市行情；房地产大亨树立长远目标，分析未来地产形式，并做出精准地块开发和使用等。一名优秀的管理型人才只有树立了长远的目标，通过收集和运用资源，才能够在生活和工作中取得突破和进展。

3. 天下为公

出处：《礼记·礼运》

解释：天下是公众的，天子之位，传贤而不传子。后成为一种美好社会的政治理想。

与公共管理学生素质培养的关系：先天下之忧而忧，后天下之乐而乐。不论是为官者还是为民者都应以天下、以国家、以民族复兴为己任。不论是公共管理的学生也好，还是工作者也好，都应有天下为公这样的素质，把天下为公的责任扛在肩上，放在心里。在后疫情时代，作为公共管理者更应该为国家、为社会、为百姓做出应有的贡献，承担更重要的责任，在保护好自己的同时，用自己的努力保护好其他人，这才是天下为公者的远大目标和责任。一名优秀的管理者应当对国家、对社会、对人民贡献自己的力量，树立远大理想和信念，脚踏实地，坚持不懈。

4. 冥冥之志

出处：战国·赵·荀况《荀子·劝学》："无冥冥之志者，无昭昭之明。"

解释：专默精诚的意志。形容有远大的理想和坚定信念。

与公共管理学生素质培养的关系：冥冥之志指的是远大的理想和信念，相较于现阶段的目标更加厚重而深远。作为公共管理的学生，应当在学习和生活中的每一个节点都心存冥冥之志，以更长远的目标作为自己发展和前进的方向。即使前进的道路中布满荆棘和坎坷，但仍然不失初心和梦想，始终坚持和追求理想、信念。未来永远是属于有准备、有梦想的人，在不断升华自己的同时，把握好正确的人生方向，胸怀冥冥之志，自当成就更加辉煌灿烂的人生。

第二节　增强自身素质，提升管理能力

1. 持筹握算

出处：汉·枚乘《七发》："孔老览观，孟子持筹而算之，万不失一。"

解释：指管理者在管理的过程中应当对未来可能发生的情况进行充足的准备，从而实现管理目标。

与公共管理学生素质培养的关系：公共管理的学生最应当具备和拥有的素质就是对事情的分析和计划能力。每一件将要发生的事情和方向都有它实质性的规律和角度，当我们运用自己的所学所感，充分计划和准备每一个细节，做到面面俱到，有理有据，把握目标下的相关性和联系，找到事情发展的规律和逻辑，就能够实现持筹握算的目标，更好地完成任务。持筹握算的能力是公共管理的学生应当具备的素质，如果能够在现实中加以运用和施展定能收获傲人的成绩。

2. 利析秋毫

出处：《史记·平准书》："故三人言利，事析秋毫矣。"

解释：指管理者在管理的过程中应当细心和精明，对管理的事务等认真仔细。

与公共管理学生素质培养的关系：利析秋毫的含义告诉我们如果想要成为一名出色的管理者和在工作上杰出的人，应当具备大局观和系统观，对事物的发展有清晰明确的逻辑，对管理的事务认真细致，精确到分毫，确保发展的过程万无一失。细致入微、明察秋毫都是一名出色管理者应当具备的能力和素质，踏实地做好每一件事，认真地完成每一个阶段，这都是管理者能力的体现，不仅是对宏观的把握，更是在微观上对事情发展的把控。

3. 干理敏捷

出处：《三国志·蜀志·张裔传》："汝南许文休入蜀，谓裔干理敏捷，钟元

常之伦也。"

解释：干理：管理，处理事情。指处理事情迅速、果断。

与公共管理学生素质培养的关系：公共管理的学生应当具备干理敏捷的优秀素质，在未来的管理工作中能够果断和冷静地处理问题、危机，具备敏捷的反应能力。最能够体现一名管理者是否出色的地方就在于处理事情的能力，当真正的困难和阻碍到来的时候，能够运用冷静的头脑给予最合理的解决办法无疑是一种最让人信服的能力。公共管理的学生应该时刻培养和锻炼自己处理事情的能力，果敢敏捷的同时能够保证质量和结果的可靠。

4. 治兵以信

出处：晋·马隆《握奇经·八阵总论》："治兵以信，求胜以奇。"

解释：要用信义来管理军队。

与公共管理学生素质培养的关系：公共管理的学生在素质培养的过程中应当有治兵以信的基本素质，能够真诚地对待他人。"他人"可能是你的工作伙伴，你的下属，也有可能是你的客户等，只要拿出真诚的态度和严谨的工作作风，就会赢得他人的尊重和信任。任何伟大成功的背后都不可能是一个人的昼夜交替，更多的是一个团队、一个集体努力的结晶。一名管理者想要更好地实现目标更应当学会如何管理，对于一个团队而言，领导者的信义和责任尤为重要，是一个组织的灵魂和保障。所以管理别人也好，面对他人也好，都应拿出百分百的信义和真诚，这才能为你赢得前进道路上的忠实伙伴。

5. 统筹兼顾

出处：清·刘坤一《复松峻帅》："同属公家之事，误望统筹兼顾，暂支目前。"

解释：总揽全局、科学筹划、协调发展、兼顾各方。

与公共管理学生素质培养的关系：公共管理的学生在专业学习的过程中应当培养一种系统观、整体观和全局观，兼顾发展过程的首尾，协调多方，兼顾多方，处理问题科学化。对待事情和在未来的管理工作中，应当关注并把控好工作的每个阶段，每处细节。细节决定成败，只有良好处理每一个步骤才能提升整体运转的效率和效果。如在新冠疫情防控阶段，对每一个领导者和管理者都是一次考验。怎样听取当前意见，如何做好疫情防控、复工复产、项目建设，公路保通、保畅、保运，稳外贸、稳外资、稳外企等，怎样分析研判疫情防控形势，把握关键节点，抓住主要矛盾，安排部署下步工作，进一步提高疫情防控工作的精准度和实效性，夺取疫情防控人民战争、总体战、阻击战的全面胜利。这些都是作为一名管理者统筹兼顾的体现，无论任何事情只有把握好事情发展的每一个节点才能够收获最终的胜利。

6. 博观而约取，厚积而薄发

出处：宋代·苏轼《稼说送张琥》

解释：经过长时间有准备的积累即将大有可为，施展作为。

与公共管理学生素质培养的关系：爱因斯坦在谈到读书时有段很精辟的话："在阅读的书中找出可以把自己引到深处的东西，把其他一切统统抛掉，也就是抛掉使头脑负担过重并将自己诱离要点的一切。"公共管理的学生在自身建设和发展的过程中，应当大量地储备和学习更多的知识和技能，这是施展才华和能力的基础。在发挥能力的同时还要清晰地分辨和判断发挥的幅度和空间，实现良好的把控。博观约取，厚积薄发整体上体现出一种谦虚、博学、慎取、精授的态度和思想，教育人们博览好学，在独立判断力的基础上去其糟粕、取其精华，以此来扩充自己的知识储备和技能水平。

7. 流水不腐，户枢不蠹

出处：《吕氏春秋·尽数》："流水不腐，户枢不蠹，动也。"

解释：意指长流的水不发臭，常转的门轴不遭虫蛀。比喻经常进行思考和思维的活动，生命力才能持久，才能有旺盛的活力，才能时刻保持最崭新的状态。

与公共管理学生素质培养的关系：生命在于运动，脑筋在于开动，人才也需要流动，运动是物质的根本属性，没有运动就没有世界，其中的奥秘就在于一个"动"字，运动才能求得发展，运动才能带来生机与活力。也就是说，在思想发展过程中，必须不断地对现有的思想进行批判和反思，不断地坚持批评和自我批评，才能使思想不僵化不保守，保持活力和先进。作为公共管理者应当每时每刻进行缜密的思考，对当今世界和国家的局势和发展趋势进行分析和解读，提升对政治的敏感度，只有不断分析和思考才能够不被时代淘汰。

8. 千里之堤，溃于蚁穴

出处：先秦·韩非《韩非子·喻老》

解释：很长很长的堤坝，因为小小虫蚁的啃噬，最后也会被摧毁。比喻不注意小事则会酿成大祸或不注意小事则会造成严重的损失。

与公共管理学生素质培养的关系：战国时期，魏国丞相白圭在防洪方面很有成绩，他善于筑堤防洪，并勤查勤补，经常巡视，一旦发现小洞，即使是极小的蚂蚁洞也立即派人填补，不让它漏水，以免小洞逐渐扩大、决口，造成大灾害。白圭任魏相期间，魏国没有闹过水灾。一次失败往往是由一点一滴的小错误汇聚造成的，公共管理的学生应当学会从小事入手，注重细节，尽可能保证分毫的精准和细致，不粗心不盲目，养成踏实求真的良好品质，这都是能够保证我们成功的关键。

9. 合抱之木，生于毫末

出处：《老子》

解释：粗大的树木都是由小树苗长成的。比喻做事要脚踏实地，一步一个脚印。

与公共管理学生素质培养的关系：从"大生于小"的观点出发，阐述事物发展变化的规律，形象地证明了从细事做起、小事做起才可能成就大事业。作为一名公共管理者应当对每一件细小的事情做到考虑周全，注重事情发展的细节，正所谓细节决定成败，只有对细节有良好把控的公共管理人才能够有更长远的发展。当然从幼小的萌芽长成合抱的大树，从第一堆泥土到建成九层高台，过程是艰辛的，要想有所成就，就要拥有坚韧不拔的意志，脚踏实地的努力。

10. 未雨绸缪

出处：《诗经·豳风·鸱鸮》

解释：天还没有下雨，先把门窗绑牢。比喻事先要做好准备工作。

与公共管理学生素质培养的关系：作为公共管理的学生要学会对未来发生的事情进行准备和计划，应该提早抓住解决问题的关键和中心，做到能够对即将发生的情况给予恰当和准确的解决办法。这需要我们做好前期的准备工作，搜集大量的资料，更需要我们具备敏锐的洞察力。一名出色的管理者不仅能够规划和设计美好的发展方向，更能对任何即将到来和发生的情况有准确的判断和分析，美好的设想和未雨绸缪的执行力相融合才是取得成功的关键因素和条件。

11. 磨砺以须

出处：《左传·昭公十二年》："摩以厉须，王出，吾刃将斩矣。"

解释：磨快刀子等待。比喻做好准备，等待时机。

与公共管理学生素质培养的关系：做事不急于求成，与人相处，不带有目的性。作为一名公共管理者应当具备这样的素质，对即将处理和应对的事情做好万全的准备工作，对可能出现的各种状况有明确的分析和解读，从而确保目标和计划的万无一失。

第三节 培养创新意识，坚持与时俱进

1. 除旧布新

出处：《左传·昭公十七年》："彗，所以除旧布新也。"

解释：清除旧的，建立新的。以新的代替旧的。

与公共管理学生素质培养的关系："改革增动力、开放添活力"。正是改革释放出发展的活力。身为公共管理的学生要培养自身的创新意识，能够在旧事物的发展过程中寻找到规律和方向，能够紧跟时代的步伐，找到并抓住实现改革和进步的途径和方法。数以万计的例子告诉我们，唯有改革能够引领时代的进步和发展，只有创新才是提高我们自身、我们社会和我们国家的方针和指南。创新不代表舍弃全部的文化和传统，而是在其基础上深化和升华，让传统散发出时代的魅力。

2. 不落窠臼

出处：宋·黎靖德《朱子语类》

解释：比喻不落俗套，有独创风格。

与公共管理学生素质培养的关系：创新是世界进步的动力，有了创新精神就有了前进的希望。正如小鸟飞行需要翅膀，世界进步需要创新，创新是进步的翅膀。在如今飞速发展的时代，创新精神显得尤为重要。只有拥有创新精神的国家，才能让自己立于世界强国之林。市场是无情的，竞争是残酷的，只有坚持创新，个人才能体现价值，企业才能获得优势，国家才能繁荣富强。公共管理的学生更应积极培养自身的创新能力和意识，只有坚持创新精神，勇于实践，才能够得到长足的进步和发展。

3. 推陈出新

出处：清·戴延年《秋灯丛话·忠勇祠联》："不特推陈出新，饶有别致。"

解释：指对旧的文化批判地继承，剔除其糟粕，吸取其精华，创造出新的文化。

与公共管理学生素质培养的关系：身为公共管理的学生，我们在做任何事情时总会有两种选择：一是墨守成规，沿着前人的路走下去；二是根据前人的经验，走创新之路。在社会主义现代化加速建设的今天，我们需要的是创新，不因循守旧、墨守成规，我们只有在现有的基础上，运用我们的知识，吸取他人的经验，不怕失败，从指导思想到各项具体的工作都进行不断的创新，才能以最快的速度实现现代化。如果不是远古人类敢于创新，去改变生活环境，也许我们现在生活的还是石器时代。也就是说，如果没有他们的创新，就不可能有现在的我们，也不可能有我们现在的生活条件。在进行社会主义现代化建设的今天，提倡创新更具有时代意义。如今，新技术革命的浪潮已卷席全球，带来了各个领域的创新与发展，如果我们在前人的基础上不思探索，不思发展，就必将被时代抛弃，现代化的建设就不可能顺利进行。所以公共管理领域的学生更应当紧跟时代的步伐，培养自身的创新意识和能力。

4. 匠心独运

出处：唐·王士源《孟浩然集序》："文不按古，匠心独妙。"

解释：匠心：工巧的心思。独创性地运用精巧的心思。

与公共管理学生素质培养的关系：公共管理者应当具有精巧的心思和别具一格的想法。管理是一门艺术，在这门艺术中，只有独特的心思和技巧才能够使管理焕发出时代的气息，不墨守成规，因循守旧，坚持用创新的思维和想法去引领管理艺术。公共管理者不是简单统筹规划，提出问题和建议，更重要的是带给组织和集体更有核心竞争力的创新水平，这就要求公共管理的学生应当培养自己的创新意识，学会挖掘和寻找新鲜的角度和思维，能够运用精巧的心思促使目标顺利的实现。

5. 吐故纳新

出处：《庄子·刻意》："吹呴呼吸，吐故纳新。"

解释：原指人呼吸时，吐出浊气，吸进新鲜空气。现多用来比喻扬弃旧的、不好的，吸收新的、好的。

与公共管理学生素质培养的关系：吐故纳新所强调的和表达的都是公共管理的学生或一个未来的公共管理者应当具备并开发的一种创新精神，在理论和知识的基础之上推陈出新，能够发现新的问题，培养创新意识。创新能够促进改革，能够拓展和更新知识理论和结构，同样能够为组织的发展和建设提供新鲜的力量。因此，作为公共管理的学生应当具备，更应该培育这种创新的意识和精神。

第四节　培育合作技能，养成团队理念

1. 群策群力

出处：汉·扬雄《法言·重黎》："汉屈群策，群策屈群力。"

解释：群：大家，集体；策：谋划，主意。指发挥集体的作用，大家一起来想办法，贡献力量。

与公共管理学生素质培养的关系：群体目标的实现和完成不是一个人就可以胜任的，更多的是一个集体或一个团队的智慧集合，是团队中的每一个角色承担的不同任务和责任通力合作最终得以实现的。身为公共管理的学生，应当学会建立团队意识，不单单能够管理和协调好团队当中的每一个成员，更应该能够挖掘团队当中每一个人的能力和特点，并给予相应的任务安排，从而使得团队的合作事半功倍。这不仅仅体现出了管理的魅力，更能够凸显出管理的能力，我们需要你争我赶、拼搏进取的竞争意识，我们更需要互帮互助、共同前进的伙伴。水涨船高，我们要的是合作，而不是水落石出，一骑绝尘。

2. 和衷共济

出处：《尚书·皋陶谟》："同寅协恭和衷哉。"《国语·鲁语下》"夫苦匏不材于人，共济而已。"

解释：衷：内心；济：渡。大家一条心，共同渡过江河。比喻同心协力，克服困难。

与公共管理学生素质培养的关系：一位勤劳的老果农数十年如一日地研究果树的新品种，终获得了成功。令人不解的是，他不是把种子收得严严实实，而是把自己的成果挨家挨户地送给邻居。在他的引导下，全村果园里种的都是他的优良品种。有人便好奇地问他为什么不保留自己的竞争力，他回答说："我是为了自己的果树。你想，如果邻居用的仍然是旧品种，那我的果树也会被传播的花粉污染。"他的话让人恍然大悟，这种做法既保存了老农自己的果树品质的纯洁，又使邻居获得新的品种，与他人合作进步，必然能够获得双赢。对于公共管理的学生而言，合作不仅能够高效地完成既定目标，也能够促进共同进步，公共管理的学生要能够深化合作交流，建立团队意识，这是当代管理思维的精髓，更是管理当中至关重要的方式和手段。

3. 单丝不成线，独木不成林

出处：元·无名氏《连环计》第二折："说甚么单丝不线，我着你缺月再圆"；汉·崔骃《达旨》："高树靡阴，独木不林。"

解释：一根丝绞不成线，一棵树成不了森林。比喻个人力量单薄，难以把事情办成。

与公共管理学生素质培养的关系：一个人的力量是有限的，只有依靠集体的力量，才能干成大事业。一滴水只有放进大海里才不会干涸，一个人只有把自己的事业和集体事业融合在一起的时候才最有力量。只有在集体中，个人才能获得全面发展，以集体为舞台，发挥自己的才干。身为公共管理的学生始终要明白的一个道理就是，集体的力量永远大于个人。集体当中的每一个人能够根据自身特点全面而突出地发挥出自身能力，这是管理的能力，公共管理的学生不仅仅要学会合作，还要学会让"1+1>2"。

4. 天时不如地利，地利不如人和

出处：《孟子》

解释：有利的时机和气候不如有利的地势，有利的地势不如人心所向，上下团结。

与公共管理学生素质培养的关系：在教学和实践的进程中应当培养公共管理的学生具备良好的团队意识，具有集体主义精神，学会团结和协作，学会和他人保持良好的人际关系。一个人的力量再怎么强大也敌不过团队人员的群策群力、集思广益和通力合作，这不仅是公共管理追求的精神和目标，同样是作为一名公共管理者应当学习并具备的能力和意识。

第五节 增强责任意识，心怀家国大业

1. 励精求治

出处：《新唐书·魏知古等传赞》："观玄宗开元时，厉精求治，元老魁旧，动听尊棹，故姚元崇、宋璟言听计从，力不难而功已成。"

解释：励：振作，振奋；治：治理国家。振奋精神，想办法治理好国家。

与公共管理学生素质培养的关系：作为公共管理的学生，应当树立远大的目标，树立远大的抱负，更应该具有崇高的理想和信念，心系祖国，心系人民。在公共管理课程的学习过程中应明确以公共利益为中心，以人民作为发展的中心和重心，培养天下为公、天下为己任的责任心和使命感。增强自身的责任意识，心怀家国大业，如果心里没有家国，不论再出色也不会被时代所铭记，自身也不会有骄傲感和使命感。只有真正把国家、把人民作为自己前进的动力，才能唤醒出骨子里的激情和热血，才能够在管理的领域中有所作为，有所成就。

2. 安得广厦千万间，大庇天下寒士俱欢颜

出处：唐·杜甫《茅屋为秋风所破歌》

解释：如何能得到千万间宽敞高大的房子，普遍地庇护天下间贫寒的读书人，让他们开颜欢笑，房子在风雨中也不为所动，安稳得像是山一样。

与公共管理学生素质培养的关系：身为公共管理的学生，可能在学习当中

还没有特别深刻的理解和感悟，但是当你真正开始管理一家企业、一个公司的时候就会发现，你承担的责任不仅仅只有自己，还有在你身后努力工作的员工，还有你负责的目标群体，还有那些与你或多或少有交集的人，而他们都将被你的行为所影响，所以要增强自身的责任意识，要多为他人、为集体、为社会考虑，这才是一个管理者应当有的胸怀和责任，如果肩负不起这样的责任，那就始终不能被称之为管理者。

3. 位卑未敢忘忧国

出处：南宋·陆游《病起书怀》

解释：虽然自己地位卑微，但是不敢忘记为国家分忧。

与公共管理学生素质培养的关系：人们总说爱国、爱家不分贵贱高低，对公共管理的学生而言同样如此。永远不要觉得自己的身后有多少光环和背景，在不认识的人眼中你只是一个平凡的普通人，没有地位的尊卑，更没有身份的贵贱。心系他人心系家国始终是每一个人永远不能忘却的责任，当自身利益和国家社会利益发生冲突的时候，要牢记自己的根，人不能忘本，更不能失掉初心。公共管理的学生不能忘记管理的本质，更不能忽视作为管理者的初心。

4. 先天下之忧而忧，后天下之乐而乐

出处：宋·范仲淹《岳阳楼记》

解释：把国家、民族的利益摆在首位，为祖国的前途、命运担忧发愁，为天下人民的幸福出力，表现出作者的远大政治抱负。同时，勉力后人发愤读书。

与公共管理学生素质培养的关系：所谓公共管理，"公共"说的就是多数人的利益、全社会的利益。不论你扮演着什么样的角色都不能忘记自己是这个国家的一分子，国家民族的利益永远要摆在首位。我们应当做的是用自身的微薄力量，为国家、为社会做出一点贡献，通过积极的努力实现自身价值，从而更好地为国家和社会服务。

5. 天下兴亡，匹夫有责

出处：顾炎武《日知录·正始》

解释：意为保护一个朝代不致被倾覆，是帝王将相和文武大臣的职责，与普通百姓无关；而天下的兴盛、灭亡，关乎所有人的利益。因此，每一个老百姓都有义不容辞的责任。

与公共管理学生素质培养的关系：公共管理的学生应当学习并提升这样的素质，树立正确的价值观、人生观，心系百姓、心系祖国。把祖国发展进步，社会和谐友善的使命和责任担负在自己的身上，牺牲小我成就大我，使自己的胸怀宽广，拥有坚定不移的精神，始终以祖国和人民的利益为出发点。

第六节 保持积极心态，培养乐观精神

1. 长风破浪会有时，直挂云帆济沧海

出处：唐·李白《行路难·其一》

解释：相信乘风破浪的时机总会到来，到时定要扬起征帆，横渡沧海！

与公共管理学生素质培养的关系：作为公共管理的学生，应当学会在面对困难和坎坷时不轻言放弃，积极进取，努力克服，具备乐观向上的心态和精神，从荆棘中发现问题和机会，找寻解决问题的方式和方法。每个人的生命都存在不确定性，可能价值非凡，也可能一文不值。决定生命价值的首先不是你的技艺，而是你的心态。心态积极乐观的人，可以扫除前进道路上的障碍，而心态消极的人，可能会被障碍阻隔，离成功渐行渐远。世间事物，都存在对立统一的关系，"有无相生，难易相成"，没有绝对好，没有绝对坏，当你用悲观消极的心态看待事物时，你眼中的一切都不好；当你用积极乐观的心态看待事物时，你会发现困难并没有那么可怕。世上无难事，只怕有心人。用乐观的精神面对出现的问题和困难，多一份坚韧，少一份退缩；多一份努力，少一份抱怨。

2. 路漫漫其修远兮，吾将上下而求索

出处：战国·楚·屈原《离骚》

解释：在追寻真理（真知）方面，前方的道路还很漫长，但我将百折不挠，不遗余力地（上天下地）去追求和探索。

与公共管理学生素质培养的关系：命运的航向，全靠自己掌握；生命的价值，全靠自己赋予。具有乐观心态的人，会以积极的行动经营生命，人生自然充满了希望。追求真理的道路是曲折的、遥远的，但是也要不惜一切去寻求真理，要始终要求自己追求真理的执着、不屈、矢志不渝的无畏精神和坚定信念。

3. 沉舟侧畔千帆过，病树前头万木春

出处：唐·刘禹锡《酬乐天扬州初逢席上见赠》

解释：沉船的旁边正有千帆驶过，病树的前头却是万木争春。

与公共管理学生素质培养的关系：公共管理的学生应当学习和培养积极乐观、开阔豁达的心胸。在未来的工作和学习中会遇到很多的困难和挫折，在面对问题和困难的时候我们不应该挫败，失去信心，应当振作精神，用最饱满的热情和决心去迎接挑战。生活和工作中总有不顺利的时候，但我们要相信困难只是暂时的，只要坚持不放弃，努力积极，光明的远方一定会到来。不要因

为失败而颓废，不因挫折而懊恼，我们应该做的就是把握住当下的每一个时刻，用最积极和饱满的心态去迎接挑战，去战胜困难。

4. 海纳百川，有容乃大；壁立千仞，无欲则刚

出处：清·林则徐

解释：大海因为有宽广的度量才容纳了成百上千条河流；高山因为没有钩心斗角的凡世杂欲才如此的挺拔。

与公共管理学生素质培养的关系：公共管理的学生应当培养和树立良好的大局观，具有高瞻远瞩的意识，广阔的胸怀和气质。心系祖国和人民，时刻以公共利益的建设和发展作为最重要的使命。要有宽广的胸怀，学会包容他人，学会把消极的力量转化为督促自己、鼓舞自己前进的动力。只有拥有这样的心态和胸怀才能够成为一名出色的公共管理者，能够顺利地实现管理的目标和任务。

第七节 体悟洞察人心，知人识人用人

1. 我劝天公重抖擞，不拘一格降人才

出处：清·龚自珍《己亥杂诗》

解释：我希望皇帝重新振作精神，不要局限于一种规格或方式去选用治国的人才。

与公共管理学生素质培养的关系：作为公共管理的学生，我们要学会如何去细致入微、洞察人心，知道别人的所思所想，从而挖掘人才和知己，知人善任，继而为己所用。观人不是泛泛地看，而是深入体会和观察，从一个人的外在到内在，不以貌取人。作为一名公共管理者最大的困难和责任就在于如何有效地用人，知人已经是非常的不容易，而善任则更难，一位贤明的公共管理者要具备知才、觅才、聘才、任才、留才、育才、用才和尽才的本领才能够体悟和洞察人心。

2. 善用物者无弃物，善用人者无废人

出处：川口寅三《发明学》

解释：善于运用物品的特点和用途的人，对于他们而言没有遗弃的物品；善于发现人才、运用人才的人，对于他们而言，每个人都有能够发挥的长处和优点。

与公共管理学生素质培养的关系：作为未来的公共管理者应当学会并具备

识人用人的技能，对一个人的评价要吸取广泛的意见，不能以一己之好恶定夺。对人才的任用，要充分考虑其品行和能力，以德为先，德才兼备者用之。能力有短板不要紧，要在实际工作中给予机会和时间。能够良好地知人、识人、用人，体悟洞察人心对于公共管理者是难能可贵的素质。对一个国家发展最重要、最基础的准备就是人力资源的准备，能够良好地识人、用人会促进个人、社会和国家更长远的建设和发展。

3. 兼听则明，偏信则暗

出处：汉·王符《潜夫论·明暗》

解释：意谓听取多方面的意见，才能明辨是非；听信单方面的话，就无法分清是非。

与公共管理学生素质培养的关系：公共管理的学生要学会在学习和工作的过程中听取多方的意见和建议，发现这些意见和建议当中有益的地方，从而完善自身。谦虚地学习他人在处理和解决问题时的方式和方法，不陷入片面和不充分的误区。判断某一件事的是非，要同时听取各方面的意见，才能正确认识事物，只相信单方面的话，必然会犯片面性的错误。对于正在发生和未来将会发生的事情，在进行选择和甄别的时候永远不会是一个选项，偏听偏信不仅容易蒙蔽自己，还会影响我们做出正确的选择，我们应该多方听取意见，从而挖掘事情发展的脉络，做出最正确的决定。

第八节 行动必有收获，实践方出真知

1. 纸上得来终觉浅，绝知此事要躬行

出处：宋·陆游《冬夜读书示子聿》

解释：书本上能够学习到的东西终究是有限和浅显的，要想真正理解和学习事情的本质需要身体力行，亲身实践。

与公共管理学生素质培养的关系：实践是检验真理的唯一标准。将理论与实践相结合，从理论到实践，只有一步之遥，而执着成就实现。从理论到实践需要吃苦的勇气，需要无畏挫折的执着，更需要淡泊名利的心境。路途无尽，行者无疆。作为公共管理的学生应当学会用实践的眼光去看待工作和生活当中每一个细节和任务，只有通过实践才能发掘事物形成和发生的本质。

2. 读万卷书，不如行万里路

出处：明·董其昌《画禅室随笔·卷二》

解释：读万卷书：是指要努力读书，让自己的才识过人。行万里路：是指让自己的所学，能在生活中体现，同时增长见识，也就是理论结合实际，学以致用。

与公共管理学生素质培养的关系：作为公共管理的学生，在学习和生活中应当积极大量地储备知识力量，学习能够促进自身发展、社会进步和国家富强的本领和才能，但真正检验知识的储备多少的标准在于实际的行动，任何知识和理论只有在实践的过程中才能得到真正的检验。公共管理不是纸上谈兵的理论逻辑，更多的是结合时代的发展，结合人民、社会、国家的需要，实现管理的价值和魅力。

3. 博学之，审问之，慎思之，明辨之，笃行之

出处：西汉·戴圣《礼记·中庸》

解释：博学，学习要广泛涉猎；审问，有针对性地提问请教；慎思，学会周全地思考；明辨，形成清晰的判断力；笃行，用学习得来的知识和思想指导实践。

与公共管理学生素质培养的关系："博学"是指广博地学习、广泛地学习，就是掌握足够的知识。"审问"就是对照我们自己人生，仔细地去审查问难，对我们所学习的知识去认真研究，是否已经熟练掌握，有不清楚的地方就要去请教，不留存疑问；"慎思"是指不仅要对所学的知识掌握好，还要学会谨慎地思考，通过谨慎地思考了解更深的内涵；"明辨"就是明晰地辨别我们所学的知识，有清晰的判断力；"笃行"就是专一坚定地去执行，在执行的过程中"博学之、审问之、慎思之、明辨之"，去广泛地学习、去谨慎地思考、去细致地分辨、去举一反三地研究，专一坚定地去做。作为公共管理的学生为了未来更好地发展和进步，要找到更加适合自己的方向，多学多问，学习到更多、更广泛的知识作为自己的底蕴和基础，多向别人学习和提问，学会全面地考虑问题和细致地思索，对事情的发展有明确的判断力，将理论和实践相结合从而实现更长远的进步和发展。

第十章　公共管理类专业课程思政
典型教学案例

第一节　《土地管理学总论》课程思政典型教学案例

一、课程简介

1. 基本信息

课程名称：土地管理学总论

授课对象：土地资源管理专业大二本科生

教学章节：第一章 第一节 土地的特性

第三章 第三节 土地管理的组织设计

第五章 第一节 土地制度与土地产权

第六章 第五节 实施土地利用管理的主要手段

第七章 第四节 土地征收

选用教材：《土地管理学总论》中国农业出版社

教学课时：10 学时

教学设计特点：线上线下混合式

2. 课程目标

（1）知识目标

通过对土地及土地管理的基本概念、原理以及土地管理活动的组成与运作的深入学习，夯实专业理论基础，掌握土地管理专业及学科的基本理论。

通过学习我国当前土地制度下土地管理的内容体系，能够了解自然资源管理部门的机构设置、基本职责，了解我国土地资源管理体系。

（2）能力目标

能够运用土地管理的相关知识，分析全球化和我国社会经济快速发展中呈现出的土地利用热点和难点问题。

能够通过积极参与翻转课堂、组建授课团队、备课等环节，培养自主学习能力、沟通交流能力、团结协作能力，形成良好的规矩意识、前沿意识、创新意识。

能够通过积极参与课堂上知识点抢答、案例分析（学生授课），培养应变能力、语言表达能力。

（3）素质目标

通过土地国情教育，使学生认识到我国山河的壮丽与美好，培养学生爱国情怀；

将"绿水青山"的理念传递给学生，塑造学生的人文精神；

树立人地和谐的伦理观和正确的资源观，使学生认识到可持续发展的作用，自觉承担起自己的社会责任；

使学生了解制度及法治建设与土地管理的重要意义，认识到违法的危害与自身面临的工作的重要性，从而建立守法、敬业的基本素质；

结合现实问题，让学生深入了解制度与政策的内涵，思考制度创新的途径，推动学生的自我思考、科研能力及创新精神。

3. 课程思政教学整体设计思路

（1）教学设计理念

面向"课程思政"的课程目标设计：三维的课程目标包括满足知识与技能（双基），过程与方法（让学生学会学习），情感态度与价值观（价值观、态度体验、师生共鸣）。面向"课程思政"的课程目标设计要把培养学生具有科学的世界观基础和优良的道德品质作为课程目标的重要内容。

面向"课程思政"的课程内容设计：挖掘《土地管理学总论》教材内在的思想因素，要用马克思主义的立场、观点和方法，深入研究课程标准和教材，挖掘教材内在的思想性，有目的地对学生进行情感态度和价值观念的教育。寓教育于教学之中，力图做到水乳交融。

面向"课程思政"的课程实施设计：在课程实施过程中，伴随着教学过程，教师自身的价值观、情感及态度会同课程内容一样，对学生的思想产生深刻的影响。教学中用自己高尚的思想和情感、严谨的治学态度、实事求是的作风来影响学生，体现教学的科学性与思想性。教师要具有正确的价值观和较高的政治修养水平，并在课程实施过程中有意识地渗透给学生，润物无声，收到较好的课程思政教育效果。

面向"课程思政"的课程评价设计：在评价课程思政效果时，应该采取多种评价的方法。对不同的内容采用适合该评价内容特性的评价方法，以便实现更好、更准确、更有效的评价，最终提高课程思政学习效果评价的实效性。在评价内容上，改变以知识的获得、智育的发展为主要评价内容，逐渐融入情感、态度、价值观的改善，智育与德育汇为一体，使学生智育发展的过程同时成为德育成长的过程。在评价主体上，改变以教师为主体的评价方式，实现学生自评、同学互评等方式相结合，使教学评价能够全方位、立体化、客观地展现学生的整体面貌。

（2）教学实施过程

坚持立德树人的理念，强化课程育人功能。按照"一门课程，四个目标"的思路实施，围绕《土地管理学总论》一门课程，将专业素养、哲学素养、政治素养和道德素养四个目标相融合，将课程思政融入《土地管理学总论》课程目标、课程内容、课程实施、课程评价设计的全过程。

4. 《土地管理学总论》课程的教学改革成果

（1）主持课题

东北农业大学"课程思政"试点课程建设项目（2018 年）

黑龙江省教育厅高等教育教学改革研究项目《公共管理类专业"课程思政"实施路径的理论与实践问题研究》（2019 年）

（2）主编教材及专著

"十四五"本科规划教材《土地科学导论》科学出版社

《课程思政的理论与公共管理类专业实践》科学出版社

（3）发表论文

课程思政实践的研究进展及展望［J］. 中国农业教育，2019 年第 5 期

在线教学的元素构成与教学改革［J］. 中国农业教育，2021 年第 5 期

（4）参加相关教学会议并做报告

中国自然资源学会 2020—2021 年学术年会，报告题目《土地资源管理专业"课程思政"理论与实践》

中国自然资源学会教育工作委员会线上特别研讨会《云教学与自然资源科学创新》，报告题目《土地资源管理一流专业申请与建设思路》

（5）获得教学奖励

东北农业大学教学质量奖三等奖　东北农业大学　2018.05

东北农业大学教学成果奖一等奖　东北农业大学　2022.05

二、案例一 土地的特性与"绿色"发展

1. 教学内容：第一章 绪论

2. 教学目标

（1）知识与技能

了解土地对人类生存和发展的重要意义；

理解和掌握土地的基本概念；

区分土地资源和土地资产；

理解土地的主要功能和基本特性；

系统掌握土地资源管理学的基础理论；

明确土地管理学研究的对象及研究方法；

中国的土地管理学发展。

（2）情感、态度及价值观

①专业素养

正确认识土地资源自然特性中的位置的固定性和面积的有限性，归纳总结现存土地资源使用方式方法与土地保护的关系，学会探究分析土地资源动态演化规律并应用于管理实践过程中。

②哲学素养

土地自然特性和经济特性中蕴含着量变质变、普遍性和特殊性、主次矛盾、系统观、实践观等哲学思想，将课程内容与哲学观点相互渗透与融合，从而加强学生对课程内容的掌握，促进其科学思维方法的培养。

③政治素养

把科学发展观作为社会主义核心价值的灵魂，将科学发展观与土地退化与保护具体情况相结合，紧密围绕绿色生态文明建设理念，引导学生树立可持续发展观，形成"绿色中国"和谐发展认知。培育学生深刻理解国家政策制定与实施的合理性和必要性，建立以社会主义核心价值观为导向的意识体系，时刻以国家政策与法律法规约束日常学习与生活，并指导未来的工作。

④道德素养

通过学习土地自然特性相关知识，培养学生保护土地资源的意识，对于那些由于不合理开发引起的土地质量下降的人为因素敢于说"不"，培养学生的社会责任感和职业道德。

3. 教学过程

教学过程设计		
讲授步骤与内容	教学设计与教学方法	效果
导入	播放黑土地保护的视频资料，引导学生总结自然特性与经济特性的种类。	学生注意力集中，认真思考。
一、土地的自然特性 （一）位置的固定性 （二）面积的有限性 （三）质量的差异性 （四）功能的持续性	对学生表述的土地自然特性进行总结归纳，通过师生互动的方式系统阐释其主要内容。 　　课程思政设计：哲学素养的培养——系统观的建立：科学认识土地自然特性的相互联系、相互制约的关系，尤其是正确认识其功能的持续性，人类一方面掠夺式地从自然环境中获取资源，另一方面又将生产和消费过程中产生的废弃物排放到自然环境中去，加之不可再生资源的大规模消耗，导致了自然资源的渐趋枯竭和生态环境的日益恶化。 　　政治素养的培养——生态文明建设要求树立尊重自然、顺应自然、保护自然的生态文明理念，形成人与自然和谐相处的思想观念。保持土地资源保护与经济发展的协调性正是对生态文明建设绿色发展、循环发展、低碳发展的有力践行。	课堂气氛活跃，师生互动效果较好。
二、土地的经济特性 （一）供给的稀缺性 （二）利用方向变更的相对困难性 （三）报酬递减的可能性 （三）利用后果的社会性	互动式教学法和讲授法相结合，帮助学生厘清土地的经济特性。运用案例法，选取主题恰当、时效性强的真实案例加以典型化处理，通过创设问题情境，形成供学生分析思考、交流协作，并做出判断的案例，最终实现学生掌握理论知识和学习方法，提高综合能力和个人素质并实现课程的育人功能。 　　课程思政设计：哲学素养的培养——系统观的培养：不当的土地利用不仅危害资源环境，也对农业乃至整个国民经济产生破坏作用。因此，土地利用具有社会、经济性质。 　　课程思政设计：专业素养的培养——通过土地供给稀缺性的拓展阅读，归纳总结我国及世界土地供给概况。 　　课程思政设计：道德素养的培养——工作中面对土地不合理利用造成土地遭受严重破坏，土地质量严重退化，生产力急剧下降，有的甚至不能再利用的现象及时制止，并通过所从事的土地整治相关工作对土地资源利用过程进行有效监督管理，对破坏的土地和生态环境积极治理和修复。 　　课程思政设计：政治素养的培养	学生踊跃发言，问题分析全面深入。 　　选择案例法生动自然地将课程思政内容通过典型案例展现出来，既提高了学生的学习兴趣，又加深了对思政内容的理解。

续表

讲授步骤与内容	教学设计与教学方法	效果
	——国策、法律和法规中明确了土地资源保护的内容，包括对土地资源数量的保护、防治土地资源污染的环境保护、维护土地的生产潜力和提高土地资源生产力的地力保护。培育学生"家国情怀"意识，深刻理解国家政策制定与实施的合理性和必要性，建立以社会主义核心价值观为导向的意识体系，时刻以国家政策与法律法规约束日常学习与生活，并指导未来的工作。 ——紧密围绕绿色生态发展理念，引导学生树立可持续发展观，正确评价土地利用方式及其生态环境效应，确定科学的土地利用结构及其生态环境，形成"绿色中国"和谐发展认知。	

4. 教学效果

通过本次教学活动，不仅完成了知识与技能培养目标，同时也较好地完成了思想政治教育目标。

（1）相关教学资源

书目：《习近平关于社会主义生态文明建设论述摘编》

网站信息：习近平生态文明思想引领"美丽中国"

（2）学生学习典型成果

本次以《土地管理学总论》"第一章绪论"中"第一节 土地的特性"为内容展开的课程思政教学活动，成功之处在于通过营造思想的场景、思想的素材、思想的契机，更好地引导学生知行合一。通过课程内容奋其志、激其情，从而实现发其智，引其疑，启其思，广其知，添其翼，炼其毅，倡其辩，授其法，增其识的授课效果。

5. 教学反思

本次教学活动中值得思考的问题是如何在后续教学活动开展中实现课程思政的可持续融入，教与学的过程不仅要有师生之间追求真理的同频共振，而且也要有情感共鸣。努力做到使学生"带着一种高涨的激动情绪从事学习和思考，对面前展开的真理感到惊奇和震惊；在学习中意识和感觉到自己的智慧力量，体验到创造的欢乐，为人的智慧和意志的伟大感到骄傲"。

三、案例二　调控"土地供给闸门"维护人民利益

1. 教学内容：第三章 土地管理活动的组成与运作 第三节土地管理的组织设计

2. 教学目标

（1）知识与技能

了解土地管理的主体——政府；

掌握我国土地管理目标的设置；

理解土地管理的组织结构及机构设置；

明确土地管理职能运作的方式；

了解土地管理过程中的监督与调控。

（2）情感、态度及价值观

①土地管理机构的变革体现了历史发展的必然。社会发展阶段发生变化，社会的主要矛盾随之改变，世界是运动的，运动是绝对的，体制的发展变化也是必然的。当前，我国处于新时代中国特色社会主义阶段，土地管理面对的社会主要问题不同，组织机构的职能也不同。

②维护土地所有制，调整土地关系，监督土地利用，土地管理的任务需要由土地管理机构承担。土地管理机构和我国其他政府机构一样，都是将以人民为中心作为宗旨，将实现中华民族伟大复兴中国梦作为使命的。

③职业道德是职业活动的客观要求。职业活动是人们由于特定的社会分工而从事的具有专门业务和特定职责，并以此作为主要生活来源的社会活动。它集中地体现着社会关系的三大要素——责、权、利。土地管理机构的工作人员承担着科学利用土地、促进经济可持续发展的职责，要在国家法律法规的范畴内行使权力，将国家与人民的利益置于首位。

④引导学生思考政府作为重要的组织存在的必然性，带领学生讨论建设服务型组织的意义；从组织机构的作用，引出治理体系与治理能力的作用，观看有关"治理体系与治理能力现代化"的视频，思考我国当前提出此项任务的初衷；循序渐进地介绍我国土地国情变化下，土地管理机构的改革历程，讨论并认识改革的必然性与必要性；分析土地管理工作中作为工作人员应该"为什么"以及如何有所为。

3. 教学过程

<table>
<tr><td colspan="3" align="center">教学过程设计</td></tr>
<tr><td>讲授步骤与内容</td><td align="center">教学设计与教学方法</td><td>效果</td></tr>
<tr>
<td>导入</td>
<td>　　以提问的方式，带学生回忆第一章中教授的土地管理的内容与框架，将土地管理与组织机构关联起来。</td>
<td>学生注意力集中，认真思考，积极回答问题。</td>
</tr>
<tr>
<td>一、组织的含义与特点</td>
<td>　　对学生表述组织的含义与特点，通过举例说明承载公共职能的政府组织的定位与作用。让学生了解政府与市场两种职能的差别，懂得服务型政府的含义。
　　课程思政设计：
　　政治素养的培养——以人民为中心是我国政府的宗旨，实现伟大复兴中国梦是政府组织的使命，使学生意识到中国共产党领导下的政府，是为国家长远发展着想的，是将人民的利益看得高于一切的。作为国家的一员也要意识到，我们从事的土地管理工作也是为着中华民族的进步发展服务的，也是为着人民群众服务的。</td>
<td>带动学生层层思考，课堂气氛活跃，师生互动效果较好。</td>
</tr>
<tr>
<td>二、组织设计和组织结构</td>
<td>　　案例教学法和讲授法相结合，让学生了解到组织的结构的类型及其差别。懂得组织中责权利的对等关系及组织中人财物的配置对组织作用的发挥都至关重要。同时，让学生了解我国政府治理体系与治理能力现代化建设的过程与趋势。
　　课程思政设计：
　　哲学素质的培养——组织的设计与机构的设置是为了构建更适用于经济社会发展与人们生活提高的制度。党和国家提出的治理体系与治理能力现代化是对传统国家观念的重大突破，突出强调了国家治理的社会职能，更加注重于维护最广大人民根本利益，最大限度地实现国家治理和社会自治的良性互动，维护社会稳定和促进社会发展。
　　政治素养的培养——组织的设计体现于我国政府治理体系与治理能力的现代化建设中，这是完善和发展中国特色社会主义制度的必然要求，表明党对社会主义社会发展的规律有了更新的认识，是为了全面深化改革的总目标，也是为中国特色社会主义现代化建设提供保障。</td>
<td>学生踊跃发言，问题分析全面深入。</td>
</tr>
</table>

讲授步骤与内容	教学设计与教学方法	效果
三、土地管理组织机构 （一）土地管理组织机构设置 （二）土地管理组织机构变革	运用讲授法与提问相结合，使学生了解土地管理机构的沿革与我国当前土地管理机构的设置，理解土地管理机构的定位与作用，明晰作为土地管理工作者的责任与使命。 　　课程思政设计： 　　哲学素养的培养——土地管理机构的变革史是历史发展的必然，是为解决社会存在的主要矛盾，经过不断地否定之否定，建立的适应当前生产力发展的生产关系、上层建筑。与服务型政府及治理体系与治理能力现代化建设相适应的土地管理机构的设置与改革，是与我国的发展阶段匹配的，也将随着我国生产力的发展不断地发展，机构的不断改革是方向。 　　政治素质的培养——土地是稀缺的资源，是人类生存发展必不可少的物质基础，我们党和政府秉承提高人民生活福祉，实现国家富强昌盛的愿景，永远把为人民服务放到首位，机构的设置及改革都是在寻求有利于实现其宗旨与使命的最佳路径。土地管理的任务之一就是要维护土地所有制，维护我国根本的政治制度，我国的土地管理制度。学生要认识到国家的阶级性及我国公有制性质决定了我国的土地管理机构的设置方式。 　　道德素养的培养——土地管理机构是为社会公共利益，为广大人民的切身利益，为中华民族伟大复兴中国梦实现而服务的组织。作为土地管理的工作者首先就要爱岗敬业，在工作中用可持续利用土地资源，推动经济可持续发展理论指导自己的行为。其次要做到办事公道，特别是政府的公职人员，因土地管理承担着调整土地关系，监督土地利用的任务，对人民群众的利益有切实影响，所以办事公道维护的是社会公平及人民政府的威信。	选择案例法生动自然地将课程思政内容通过典型案例展现出来，既提高了学生的学习兴趣，又加深了对思政内容的理解。

4. 教学效果

通过本次教学活动，不仅完成了知识与技能培养目标，同时也较好地完成了思想政治教育目标。

（1）相关教学资源

书目：《习近平谈治国理政》

网站信息：

人民网

中国共产党新闻网

自然资源部门户网站

《习近平治国方略：中国这五年》

（2）学生学习典型成果

首先学生认识到政府组织在服务社会、服务公众中有其存在意义性，它是市场的有效补充，特别是在我国社会主义公有制为主的经济制度下，政府管理土地具有必然性；其次，学生也认识到我国政府组织机构设置是与国家治理体系与治理能力现代化的目标相统一的，是党和国家的使命，是历史的必然，土地管理机构的设置与变革亦是如此。

5. 教学反思

本次以《土地管理学总论》"第三章土地管理活动的组成与运作"中"第三节土地管理的组织设计"的内容展开的课程思政教学活动，成功之处在于通过案例的分析与讨论，引导学生对组织、政府、职能有正确的认识，理解基于土地管理的内容，土地管理机构的变革与设置的意义与作用，学生对我国土地管理体制从理论与现实两个方面都有了正确的认识，学生获得专业知识的同时，也树立了辩证唯物主义思想，更直接地认识到新时代中国特色社会主义在现实生活中是如何显现的。

与此同时，本次教学活动中值得思考的问题是如何在短短的课程教学中，将如此丰富的思政思想生动而有选择性地表达出来，并让学时理解接受。

四、案例三　以宅基地改革推动乡村振兴

1. 教学内容：第五章 土地权属管理 第一节 土地制度与土地产权

2. 教学目标

（1）知识与技能

掌握土地制度的概念，土地的所有制、使用制及二者之间的关系；土地产权与物权；我国的土地所有权与使用权。了解土地制度与国家体制；我国当前的土地制度。拓展"三权"分置与土地承包经营权制度、宅基地使用权制度、集体经营性建设用地使用权制度改革。

（2）情感、态度及价值观

①专业素养

掌握土地制度与土地产权的理论，掌握土地产权制度的规定及其调整，学生能够利用所学理论研究当前土地产权制度中存在的问题，探讨土地产权完善的路径。

②哲学素养

通过学习使学生认识到土地制度是国家的根本经济制度之一，我国土地社会主义公有制是历史发展的必然选择。改革开放后，土地使用制度的建立是对

我国所有权制度的发展，体现了制度的先进性。随着土地使用制度的发展，由所有权衍生出的土地使用权逐渐细化，产权的制度化也不断改革并日臻完善，这种完善经过多次修正，在否定之否定的扬弃过程中日益适应我国的发展要求。

③政治素养

国体不同，一个国家的所有制就会不同，土地制度也会不同。我国的土地制度是具有中国特色的社会主义经济制度，是为实现中华民族伟大复兴中国梦而服务的。学生通过学习要明晰土地使用制的发展及物权制度的建立亦是为了维护现有的土地所有制；懂得现行的土地使用制度及其管理制度，在推动经济社会发展的同时，以人为本，切实维护广大人民群众的合法权益。

④道德素养

道德素养的培育，来自人们从事各种活动的态度与行动。学生道德素质的培养渗透在他们的学习生活中。面对土地产权的发展与完善，引导学生学会思考、钻研与创新，培养他们严谨认真的态度是十分必要的。

3. 教学过程

教学过程设计		
讲授步骤与内容	教学设计与教学方法	效果
导入	播放有关宅基地使用权"三权"分置的视频，引导学生认识土地产权与土地制度。	学生关注视频内容，认真思考，积极回答问题。
一、土地制度概述 （一）土地所有制度 （二）土地使用制度 （三）土地使用制与土地所有制的关系	由视频引出两个名词：土地制度与土地产权，解释土地制度的含义，介绍土地所有制与土地使用者的内涵，讨论分析二者之间的关系。 课程思政设计： 哲学素质的培养——历史的发展有其必然性。我国社会主义公有制确定，是时代的产物，也是人民的选择。土地所有制的两种形式中，农村集体经济组织所有制是一种特殊的形式，是因土地而产生的社会关系的重要来源之一，以对比的方式使学生清楚其实当前公有制产生的社会矛盾的主要方面，是管理的重点。随着改革开放，土地有偿使用，土地承包经营、集体建设用地使用权入市，使用制度的发展与完善是对土地所有制的发展，物质的运动是绝对的，秉承发展的观点才能得出正确的结论。 政治素养的培养——通过讨论为什么我国土地所有制必须是公有制，因为其是有中国特色社会主义的产物，是有助于推动中华民族伟大复兴中国梦的实现的，从而使学生意识到社会主义是有着无比的优越性的。	带动学生层层思考，课堂气氛活跃，师生互动效果较好。

续表

讲授步骤与内容	教学设计与教学方法	效果
二、土地产权概述 （一）土地产权的含义 （二）我国土地所有权主体、客体、内容 （三）我国土地物权主体、客体、内容	举例与讲授相结合，介绍我国的土地产权制度体系，让学生了解我国土地所有权和他物权的内容。让学生清楚我国物权制度建立的过程，以及当前土地产权制度改革的趋势。 课程思政设计： 哲学素质的培养——为适应改革开放的需要，我国借鉴了国外及港澳台地区土地制度，建立了有中国特色的国有建设用地有偿使用制度，该制度的建立解决了土地资源浪费、资源配置不合理的现象，也为地方经济的发展提供了巨大的支持，土地出让金成为地方财政的主要来源。但是经济发展中，突出的人地矛盾，使得耕地流失，非农化已经影响了耕地安全，为此国家修订了出让制度，限制了出让的范围。同时，为了解决建设与吃饭争地的问题，国家又逐步探索集体经营性建设用地入市。这种改革，出现新问题，再进行改革的过程，可以分析得出，任何事物的发展，都不是一帆风顺的，是曲折性和前进性的统一，是在否定之否定的过程中不断发展的，是为扬弃。 政治素养的培养——以土地承包经营权的发展让学生懂得党和国家始终将维护广大人民群众的切实利益放在首位。当"大锅饭"带来的不公平低效率，温饱成为亟待解决的问题时，国家初设了土地承包经营权；当土地承包经营权性质不明，农民的利益时常受到损害时，国家出台了《物权法》，从立法上明确了土地承包经营权的物权性质；当前为促进土地资源合理利用，构建新型农业经营体系，发展多种形式适度规模经营，提高土地产出率、劳动生产率和资源利用率，推动现代农业发展，国家又提出了"三权"分置。对比制度的变化，让学生明白以人为本始终是我们党和国家的根本宗旨，中国特色社会主义的优越性不言而喻。 道德素养的培养——介绍宅基地制度改革的相关课题的内容和开展，让学生通过实例了解从事科学研究必需的严谨、奉献、钻研与创新精神。给学生机会参与教师的科研项目，让他们身体力行地体验科研工作的辛劳，建立正确的工作态度。	学生踊跃发言，问题分析全面深入。

4. 教学效果

通过本次教学活动，不仅完成了知识与技能培养目标，同时也较好地完成了思想政治教育目标。

（1）相关教学资源

书目：

祝之舟. 农村集体土地统一经营法律制度研究［M］. 北京：中国政法大学出版，2014.

房绍坤. 承包地"三权"分置的法律表达与实效考察［M］. 北京：中国人民大学出版社，2018.

苏艳英. 三权分置下农地权利体系构建研究［M］. 北京：知识产权出版社，2019.

网站资源：

人民网

中国共产党新闻网

自然资源部门户网站

土流网

（2）学生学习典型成果

首先学生认识到我国土地社会主义公有制存在的必然性和必要性；土地制度改革的发展性和进步性；其次，学生也认识到我国土地产权体系的建立与完善，是国家基于我国国情开展的，是将以人为本贯彻到具体制度中的根本体现。

5. 教学反思

本次以《土地管理学总论》"第五章 土地权属管理"中"第一节土地制度与土地产权"的内容展开的课程思政教学活动，成功之处在于通过案例的分析与讨论，以及参与科研项目的体验，引导学生掌握我国土地制度以及土地产权体系的内容，了解我国当前土地产权制度改革的方式和趋势，学生在获得专业知识的同时，也树立了发展、扬弃的观点，认识到国家对于土地产权制度开展的改革自始至终都是对人民群众利益的保护。

当然，让学生参与教师的科研活动，是本着学生自愿的原则开展的，使得一部分学生无法获得科研精神的培育机会，在培养效果上打了一定的折扣。

五、案例四 协调"吃饭"与"建设"的矛盾

1. 教学内容：第六章 第五节 实施土地利用管理的主要手段

2. 教学目标

（1）知识与技能

掌握土地规划的作用与体系；土地利用管理手段的类别；国土空间规划的产生及作用。了解土地利用计划、土地集约利用的内容与作用；用途管制、土地利用动态监测与调控的内容与作用。拓展"多规合一"的作用。

（2）情感、态度及价值观

能够全面认知中国土地基本国情，深刻领悟耕地保护与粮食安全国家战略，并能够应用土地利用基本原理提出相关解决对策。培养学生懂国情、爱专业的情怀。

①讲授土地利用规划的作用及体系，对各类土地从整体上进行的统筹安排，是以因地制宜利用土地资源、实现经济可持续发展为原则的，它体现了人类遵循自然规律，追求人与自然和谐共存。然后引出土地是地球整个生态系统的一部分（或是其子系统），它们是整体起作用的，以往的多个规划各自为政，不但不能实现规划的目标，还出现相互矛盾，降低规划效力的现象，让学生提出"多规合一"的思想，再告诉他们当前规划发展的新趋势是研究制定国土空间规划，讲授制定国土空间规划的理念，与学生互动探讨其中包含的哲学思想。

②土地是人类生存发展必不可少的物质基础，同时还是稀缺的自然资源。随着土地利用的深入，其对人类的影响日益深远，多手段地对人类利用土地的行为进行管理成为必然。我国人多地少，人地矛盾突出，不合理的土地利用引发的生态环境问题也日趋严重，这就要求我们改变发展理念，树立创新、协调、绿色、开放、共享的新发展理念，搞好顶层设计，构建起人类命运共同体，秉承以人为本、生态优先的原则，保护生态环境，缓解人地矛盾。

③土地利用是人类掌握自然规律，形成人与自然和谐共存的态势。认识管理对象的客观规律，在实践中顺应规律利用管理对象，体现了主客观的辩证统一。土地是生态系统的组成部分，自身也是一个有机的系统，多层次、相互转化的多系统间物质能量的流动交换充分表明物质的运动性原理和普遍联系原理，管理如此复杂的系统，既要考虑整体也要考虑局部，从而有效地应对土地利用管理面临的不确定性。

④在土地利用管理中常常面临着官僚行政的干扰，如地方政府机构对规划制定的干预。面对这种问题，应该坚持真理，不畏权势。土地利用管理面临的新问题比较多，这就要求管理人员结合实践经验，勇于创新，开拓进取。土地利用管理的手段是多举措协作，需要人财物的配合，团结协作的精神是必不可少的。

3. 教学过程

教学过程设计		
讲授步骤与内容	教学设计与教学方法	效果
导入	通过提问，带领学生回忆土地利用管理的内容与任务，分析适用于土地利用管理的手段。	学生认真思考，积极回答问题。
一、土地利用总体规划 （一）土地利用总体规划的特性 （二）土地利用总体规划的作用 （三）土地利用总体规划的体系和内容 （四）土地利用总体规划的审批和实施 二、土地利用年度计划 三、土地集约利用机制 四、土地用途管制 五、土地利用动态监测与调控	讲解土地利用规划的概念、作用与体系，为学生理解国土空间规划做准备。让学生思考土地和国土的关系，土地与整个地球生态系统的关系，让学生认识到规划的必要性、普遍性，引导他们提出"多规合一"，再介绍当前规范的发展新趋势——国土空间规划的制定已提上日程。国土空间规划显现的理念是"思政"思想的具体化。 课程思政设计： 政治素养的培养——国土空间规划包含着深刻的哲学思想，由教师层层剖析，举例说明更易于学生接受。 国土空间规划是应然与实然的统一。国土空间规划的实然性就是基于事实的国土空间系统认知，是对自然、城市、乡村、人与社会的现实状况的考察和认识，并进一步揭示对象的客观规律。规划的应然性来自规划决策和管理中基于经济发展、社会伦理的规范性判断，以及人们带有主观目的性的认知和实践，是一种带有目的性和基于规则判断的对土地空间的认识。应然与实然在哲学上是对立统一、辩证转化的。 基于系统论视角，国土空间规划中人类与自然关系的内核是人地关系。诸多的理论与实践证明了人地关系的系统连锁性，即"山水林田湖草"与"人"的生命共同体的本质特征。我国面临的资源环境制约、长期积累的人地关系矛盾十分突出，因此规划是本着以人为本、生态优先的原则协调解决我国特定的人地关系矛盾，并在此前提下引导国土空间资源的高效、节约和永续开发利用；另外规划也是守住人地关系底线，即守住资源红线、生态安全红线、环境红线和保障人民生产生活的综合安全红线，以及合理规范各类空间上的人工行为等，并根据各类底线、红线及上限等设定动态适宜的阈值体系；规划始终有作为整体的对象和局部的对象，有整体的问题与局部的问题，整体与局部的关系是相对的、具有层次性的。最后，整体要素与局部要素彼此是辩证转化的。	带动学生层层思考，课堂气氛活跃，师生互动效果较好。

讲授步骤与内容	教学设计与教学方法	效果
	政治素养的培养——讨论、案例分析与讲授相结合，让学生讨论国土空间规划的目标，一方面和我们国家建立绿色发展理念，构建人类命运共同体的价值取向是一致的。其中绿色发展理念代表着效率、和谐、持续，是为着促进人与自然和谐共生，有度有序利用自然；人类命运共同体涵盖着可持续发展的理念。另一方面是与党和国家提出的"两个一百年"及"中华民族伟大复兴中国梦"的奋斗目标一致。学生通过讨论分析可以自然得出国土空间规划更加注重落实新发展理念，促进高质量发展，更加注重坚持以人民为中心，满足人民对高质量美好生活的愿望，更加致力于提高空间治理体系和治理能力现代化的结论。 道德素养的培养——将学生分成若干小组让他们初步做一个规划设计，让他们体会到规划的制定与实施需要制定的主体间团结协作，让学生认识到合作共享的重要性。提出问题让学生思考现有国土空间规划如何将主体功能区规划、土地利用规划、城乡规划等空间规划融合，解决规划统一所面临的不协调，让学生学会面对困难深入思考、勇于创新，同时在面对压力时学生要能敢于担当，从而培育他们的责任感与使命感。	

4. 教学效果

通过本次教学活动，不仅完成了知识与技能培养目标，同时也较好地完成了思想政治教育目标。

（1）相关教学资源

书目：

吴次芳. 国土空间规划［M］. 北京：地质出版社，2019.

（2）学生学习典型成果

学生认识到我国国土空间规划的是基于系统的观点，从整体与局部，应然与实然形成对立统一的辩证关系。国土空间规划和其他土地利用管理手段一样体现了我国绿色的发展理念和现代化治理能力。

5. 教学反思

本次以《土地管理学总论》"第六章 土地利用管理""第五节 实施土地利用管理的主要手段"的内容展开的课程思政教学活动，成功之处在于通过案例的分析与讨论，引导学生了解土地利用管理通常采用的手段，了解国土空间规划制定的提出与发展状态，在阐述国土空间规划的理念时，让学生感受其中深刻的哲学思想。

因为国土空间规划的制定还处于试点阶段，所以只能进行理论的探讨，缺乏实际的案例，课程资源的丰富性和课程的生动性都受到影响。

六、案例五　德国磨坊的故事

1. 教学内容：第七章 土地市场管理 第四节 土地征收

2. 教学目标

（1）知识与技能

掌握土地征收概念和特征、"公共利益"的范围；征地补偿安置的规定；征地审批的职权划分。了解征地中的主体及他们形成的社会关系；当前征地制度改革的理论与实践。拓展征收农用地区片综合地价制定。

（2）情感、态度及价值观

①通过讲授土地制度的内容及其变迁的过程，使学生掌握我国征地制度运行机制及法律规范，让学生面对引发社会突出矛盾的征地制度时，能够认识到国家始终关注对社会公共利益和农民合法权益的维护。征地制度涉及国家、地方政府、农村集体经济组织和农户等多方复杂的利益关系。平衡各方利益关系，保障农民的利益不受损失，是治国理政中，构建和谐社会的重要内容。

②征地制度是为了公共利益将集体土地征收为国有的一种制度。土地征收中国家为了避免乱占耕地，严格征地审批权限，严格限制公共利益的征地范围，以更好地实现政府法制化管理。在征地过程中为保证农民的权益不受损失，在提高征地补偿标准、保障失地农民安置等方面一如既往地坚持以人民为中心，让人民群众有更多的获得感，维护社会的和谐稳定。

③征地制度的问题涉及多个方面，涉及多个组织和个人。维护公共利益、保护耕地、促进区域经济发展与维护集体和农民的切实利益均要兼顾；中央政府、地方政府、用地单位、农村集体经济组织、农户之间形成错综复杂的利益关系，都要平衡。因征地引发的矛盾层出不穷，抓住主要矛盾和矛盾的主要方面，实事求是，依靠群众才能解决这一问题。

④征地的复杂性，使得从事征地工作的人员面临的问题常常十分棘手。因此在守法的同时，还要有较高的道德情操。面对被征地的农民要耐心细致，做好服务，敬业、奉献，顺利推进征地工作。

3. 教学过程

教学过程设计		
讲授步骤与内容	教学设计与教学方法	效果
导入	播放有关征地的视频，引导学生认识征地制度，了解征地中出现的问题。	学生关注视频内容，认真思考，积极回答问题。
一、土地征收的概念 （一）土地征收的含义 （二）土地征收的特征	提出土地征收是什么的问题，引导学生归纳出土地征收的定义，讲授土地征收的特征。组织学生讨论征地所涉及的"公共利益"的范围，思索征地制度建立的初衷，将"思政"思想融合其中。 课程思政设计： 哲学素质的培养——征地制度的实施是为社会公共利益服务的。从现实角度看，所谓公共利益是公共理性与利益多样化对抗后的一种平衡（楼利明，2013），实现公共利益有助于社会经济的发展，当然也可能会打开"潘多拉"的盒子，因此对这一制度要辩证地看待。为避免制度实行的偏差，规范"公共利益"。让学生通过讨论，认识到公共利益与个人利益之间形成了一种对立统一关系，全面的，以联系和发展的观点看待问题。 政治素养的培养——政府承担着为人民提供公共服务的职能，特别是在我国，党和国家自始至终都本着为人民群众谋福祉，为中华民族谋复兴的精神，更关注"公共利益"，关注"四个全面"。通过案例与讨论，使学生在了解征地制度的同时，懂得这种对私人利益的限制是必要的，是站在为全国人民根本利益的高度的。	带动学生层层思考，课堂气氛活跃，师生互动效果较好。
二、土地征收补偿与安置标准 （一）征地补偿费的构成 （二）征地补偿费标准	讲授我国当前《土地管理法》对征地补偿安置的规定，组织学生讨论制度中的矛盾集中之所在，引导他们思考征地触及的主体及各主体之间存在的利益纠葛，探讨平衡利益的方式。 课程思政设计： 哲学素质的培养——征地涉及的核心就是利益的分配与再分配，中央政府与地方政府都关注社会公共利益，但是二者的诉求并不一致，农村集体经济组织与农户都是被征地的利益主体，二者的利益也不统一，在这些主体之外还有政府官员、征地	学生踊跃发言，问题分析全面深入。

续表

讲授步骤与内容	教学设计与教学方法	效果
	单位、村干部等个体利益的表达。此外，征地又与安置就业、耕地保护、土地出让、经济发展、社会稳定等密切相关。复杂的社会关系，引发诸多社会问题。学生在讨论的过程中学会解决问题要抓住主要矛盾和矛盾的主要方面。利益的分配是征地的主要矛盾，中央政府与地方政府、地方政府与失地农民之间的利益平衡是矛盾的主要方面。 政治素养的培养——征地涉及的利益主体多，利益关系复杂，但是不能因公共利益的缘故而牺牲集体和个人的利益。学生政策分析的过程中可以看到党和政府始终坚持农民利益不受损这条底线，全面建成小康社会的建设不是以牺牲农民利益为代价的，改善民生是以人民为中心，是要让群众得到实际利益。所以征地制度的改革，利益分配的调整，保障的是人民群众共享发展成果，实现社会公平正义。 道德素养的培养——介绍征地工作的内容及面临的问题，让学生思考在土地管理中征地工作比其他工作更需要责任感和奉献精神。特别是失地农户，当他们对征地方案不满时，更需要耐心解释和沟通。	
三、土地征收与农用地转用的审批权限 （一）土地征收的审批权限 （二）农用地转用的审批权限	讲授土地征收与农用地转用的审批权限的相关规定，引导他们思考为什么国家对土地征收与农用地转用的审批权限规定得如此严格，让学生对新的历史条件下的治国理政方略有更深入的认识。 课程思政设计： 哲学素质的培养——通过历史分析，让学生清楚，国家将土地征收与农用地转用的审批权限上收，集中于中央政府及省级方政府，是在吃饭与建设这两个对立统一的矛盾当中，将耕地保护看作是主抓的重点，在我国耕地红线不突破的底线以及耕地非农化的严峻形势下，选择维护粮食安全。 政治素养的培养——土地征收与农用地转用的审批权限的划分，在征地中限制了地方政府的权利，减小了其直接参与利益分配的机会，学生通过学习要了解到在面对耕地保护、粮食安全这种国家利益层面的诉求，国家将审批权限集中更能发挥制度优势，提高治理效能。而提高治理效能还有赖于制度的创新。	学生踊跃发言，分析问题全面深入。

4. 教学效果

通过本次教学活动，不仅完成了知识与技能培养目标，同时也较好地完成了思想政治教育目标。

（1）相关教学资源

书目：

张鹏．从土地征收到土地准征收：原理和政策［M］北京：科学出版社，2018.

徐国良．农民土地依恋问题与征地制度改革［M］．南京：南京大学出版社，2019.

蔡乐渭．中国民主法制出版社［M］．北京：知识产权出版社，2019.

（2）学生学习典型成果

学生认识到我国是国家维护人民群众利益，在实现全面建成小康社会中，坚持底线，不以牺牲部分个体的利益为代价，并善于抓住主要矛盾和矛盾的主要方面，这也指导了学生能对立统一地看待和解决问题。

5. 教学反思

本次以《土地管理学总论》"第七章 第四节土地征收"的内容展开的课程思政教学活动，成功之处在于通过案例的分析与讨论，引导学生掌握我国土地征收制度内容，明确了不同主体在土地征收中的利益诉求，明白了征地工作为何社会矛盾突出，也思考了创新征地制度的途径。当他们在面对征地矛盾时能够有一个客观的认识。

征地问题的复杂性，以及课时的限制，使得对学生的引导及思想政治的培养不能更为深入。

第二节　《行政法与行政诉讼法学》课程思政典型教学案例

一、课程简介

1. 基本信息

课程名称：行政法与行政诉讼法学

授课对象：行政管理专业大二（三）本科生

教学章节：第一章、第二章、第四章、第五章、第十一章、第十四章

选用教材：《行政法与行政诉讼法学》高等教育出版社（马工程）

教学课时：10 学时

教学设计特点：线上线下混合式

2. 课程目标

知识目标：学生了解行政法知识体系，掌握行政主体、行政行为、行政程序、行政复议、行政赔偿和行政诉讼等概念、原则及相关法律规定等知识内容。

能力目标：通过学习强化学生的行政管理能力，熟悉国内外行政管理领域的相关法律法规，具备依法行政的能力，能够运用行政法规则初步具备解决行政争议、处理行政纠纷、化解矛盾纠纷的能力；运用行政法原理解决控制和规范行政权的相关问题。

素质目标：培养学生具有良好的法治信仰和职业道德，具有一定的政治素质和文化素质，实现学生专业技能与道德提升相互促进的良性互动。

3. 课程思政教学整体设计思路

（1）教学设计理念

《行政法与行政诉讼法学》课程思政教学设计借鉴线上消费行为模型，创建课程思政教学对应学生关键学习行为的 AISAS 模式。以建设一门有温度、有高度、有热度课程为总体设计理念，对应学生学习行为中"注意、兴趣、搜集、行动、分享"关键环节，精准嵌入"课程思政"元素，有效提升学生受教的主动性。将教学理念、教学目标、教学内容、教学方法、教学手段、教学实施等内容，与师生的交互、教师的情感投入和对学生的激励融入教学设计和教学实施之中。（如图 10.1 所示）

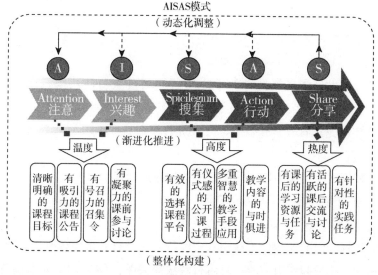

图 10.1 课程思政教学设计的 AISAS 模式

（2）教学实施过程

推动"行政法与行政诉讼法学"课程开展"课程思政"教育教学的整体思路如下：坚持立德树人的理念，把课程教学变成课程教育，强化课程育人功能。以学生为中心，以学生的积极参与为手段，贯穿课程教学全流程。按照"一门课程，二个目标，三个环节"的"123"思路实施，围绕《行政法与行政诉讼法》一门课程，将课程教育与课程教学两个目标相融合，在课程设计、课程实施、课程反思三个教学环节进行整体施工。（如图 10.2 所示）

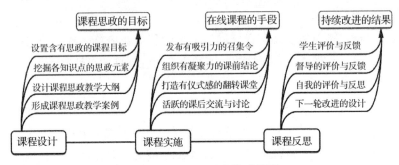

图 10.2　课程思政实施路线图

4.《行政法与行政诉讼法学》课程的教学改革成果

国家级（教育部）课程思政示范课程《行政法与行政诉讼法学》

课程负责人荣获国家级（教育部）课程思政教学名师

黑龙江省教育厅"黑龙江省高等学校课程思政建设示范课程"

黑龙江省一流课程（线上线下混合式）

黑龙江省教育厅认定为"黑龙江省高校优秀在线教学案例"

东北农业大学一流（在线）课程

2019 年黑龙江省高等教育教学改革研究项目《行政法与行政诉讼法学》"课程思政"实施路径的理论与实践问题研究 黑龙江省教育厅

2022 年黑龙江省教学成果二等奖 黑龙江省教育厅

二、案例一　"我的家乡"与我国法治政府建设

1. 教学内容：第一章 行政法概述

2. 教学目标

知识目标：（1）学生全面认识和理解行政法、行政法学体系；（2）识记行政法的概念、特征和作用；（3）理解行政法律关系；（4）理解并掌握我国行政法的历史发展与渊源。

能力目标：（1）学生能够熟练运用行政法律关系的相关知识，对实务中的公权力与私权力的界限做出判断和分析；（2）掌握用政府网站、政务 APP 等电子政务资源查阅知识信息的能力；（3）学会运用行政法规则，具有行政法律思维意识。

课程思政教育目标：牢固树立学生"为人民服务、对人民负责、受人民监督"的理念；培养学生具有"解决人民群众最盼、最急、最忧的突出问题，使人民群众更有获得感"的为民情怀与法治信仰。

3. 教学过程

<table>
<tr><th colspan="3">教学过程设计</th></tr>
<tr><th>讲授步骤与内容</th><th>教学设计与教学方法</th><th>思政元素融入</th></tr>
<tr>
<td>1. 教师导课：
讲述习近平担任福建宁德地委书记时，经常带着律师下访，现场化解矛盾，为人民群众解决难题的故事。渗透马克思主义的立场、观点和方法。
2. 学生分享调研成果
学生分享家乡法治政府调查 PPT，展示学习成果。师生之间提问交流。
3. 教师总结，提出完善建议。
掌握运用法治方式解决社会问题，培养法治底蕴。</td>
<td>1. 教学设计：
线上线下混合式教学设计
2. 教学方法：
（1）线上课堂：
方法与形式：布置任务与学生自主学习
通过 MOOC 平台自学第一章视频，引导学生课前线上观看纪录片《法治中国——奉法者强》，阅读线上学习资源，了解中国特色社会主义行政体制。
布置学习任务——家乡法治政府调查。
（2）线下课堂（翻转课堂）
方法与形式：生讲生评、生讲师评
通过学生对全国各地法治政府建设的情况调研分享，充分理解习近平总书记提出的：人民对美好生活的向往就是我们的奋斗目标。</td>
<td>1. 学生通过对家乡法治政府调查，了解家乡建设与发展情况。
2. 学生关注焦点集中在家乡服务型政府、政府信息公开、诚信政府等问题。
3. 通过翻转课堂的汇报，唤起学生的家国情怀，树立以为人民服务为职业信仰，理论联系实际能力明显增强。</td>
</tr>
</table>

4. 教学效果

（1）有效提升学生主动学习能力

从翻转课堂学生分享的学习成果看，本次线上线下的混合式教学设计比较成功。学生立足家乡的研究视角，唤起学生对"家乡"的热爱与期待，调研过程中通过对"家乡"法治政府建设情况的认知，培养了家国同构、共同体意识，在家国情怀的触动下，学生的学习积极性很高，师生交流非常及时，有效提高了学生主动学习的能力。

（2）个性化学习效果明显

本次教学活动有效带动了学生的主动思考、调动了学生的问题意识，学生不仅关注个人家乡建设发展问题，很多同学在分享调研成果过程中推广了家乡有代表性特色文化和特产，自豪表达对家乡的热爱之情，而且通过其他同学的成果分享，了解了全国各地各级政府的法治发展状况，找寻发展差距，为家乡发展谋思路，个别学生通过政务 APP 为家乡法治政府建设与发展献计献策。

5. 教学反思

本章教学设计线上资源与学习任务安排比较合理，实现了自主学习与个性化学习。由于管理专业自身特点对学生的语言表达能力要求较高，管理型职业需要与社会上不同的人打交道的职业，特别是对于在党政机关、企事业单位等公共部门从事管理工作的人才来说，必须具备较强的语言表达能力，才能在未来从事的管理工作中具有感召力量。在线下翻转课堂上，通过学生分享学习成果的课堂表现来看，发现有部分学生的语言表达能力需要进一步加强，培养其正确、清晰的语言表达能力至关重要。因此，在以后教学中，对加强学生的语言表达能力要进行有针对性的专门训练。

三、案例二　"民之所望，政之所向"坚守人民立场

1. 教学内容：第四章公务员法

2. 教学目标

知识目标：（1）使学生系统全面的认识和掌握《公务员法》；（2）了解公务员的品位分类与职位分类、熟记公务员的义务与权利、公务员的录用。（3）理解并掌握公务员的职务任免、公务员退出机制、公务员激励机制。

能力目标：（1）学生能够运用《公务员法》的知识，分析和解决行政执法过程遇到的问题；（2）提高学生的公共治理实践能力和法治素养。

课程思政教育目标：（1）《公务员法》树立的公仆意识，同时也是从事公共管理事业追求的价值目标，要树立全心全意为人民服务的职业精神。（2）帮助学生深刻理解从事行政管理工作的社会角色，提高职业素养和责任心。

3. 教学过程

教学过程设计		
讲授步骤与内容	教学设计与教学方法	思政元素融入
1. 教师导课： 讲党史故事。从抗日战争时期"马锡五审判方式"讲党的群众路线。引入宪法第二十七条规定内容是我国公务员法的重要宪法依据。 2. 教师讲授： 我国公务员法的"为人民服务"的立法宗旨、服务型政府的建设，十八大以来"法治国家、法治政府、法治社会一体化建设"社会主义现代化建设目标的落实与《公务员法》的联系。 3. 学生交流两会民生话题。 4. 教师总结。	1. 教学设计： 线上线下混合式教学设计 2. 教学方法： （1）线上课堂： 方法与形式： 学生自主学习与布置任务 通过 MOOC 平台自学第四章授课视频，学生阅读线上学习资源进行拓展学习，观看相关视听材料全国"人民满意的公务员"等内容，引导学生自主深入学习。 布置学习任务——关注两会有关"民生"话题的提案和相关立法。 （2）线下课堂（翻转课堂） 方法与形式：讲授法、生讲生评 智慧教学工具： 头脑风暴、投票、课堂问答、随机点名	1. 结合行政管理专业特色，挖掘并运用党在不同历史时期成功应对风险挑战的党史故事，树立学生正确的党史观。 2. 将党史与国家发展的历史背景相结合，围绕中国共产党为什么"能"、马克思主义为什么"行"、中国特色社会主义为什么"好"，汲取党史智慧，让学生理解我国公务员制度为什么要坚持"党管干部"。

4. 教学效果

（1）立足民生话题，提升课堂讨论互动效果

学生通过线上学习资源，对"人民满意公务员"榜样的了解、对两会期间的民生热点问题的关注，树立公仆意识。感动是最好的教学效果，模范人物的感召力对学生的触动很大。从翻转课堂上的交流话题发现，学生对民生热点关注涉及教育、住房、乡村振兴、养老保障、疫情防控措施等话题。课堂讨论学生参与度高，展开积极交流与互动，有的同学从个人成长故事探讨我国教育体制改革的必要性，有的同学从家乡电视台关注民生问题的电视栏目交流民生话题……通过分享式学习，学生深入了解新时期人民群众的新需求，深刻领会"民之所望，政之所向"，在课堂讨论互动过程中，坚定学生"人民至上"的法治信仰与职业理念。

（2）找准育人角度，增强课程的价值引领功能

学生通过线下课堂教师讲述，了解中国共产党自成立之初，即把自身发展与国家发展紧密相连，坚持全心全意为人民服务；了解我国从党的干部制度到公务员制度的演变历史，增强行政管理专业学生自身的时代责任和历史使命。深刻把握中国共产党"一切为了人民、一切依靠人民"的价值立场，促成学生以"解决人民最关心、最直接、最现实的问题"为己任，学好本门课程，夯实专业基础，提升个人对社会主义建设的服务能力。

5. 教学反思

（1）教师可以通过党史故事，让学生了解党的智慧，学史力行

行政管理专业的学生如果对历史陌生，不但无法理解所执行的法律对其产生的社会历史条件的依赖，还会对法律的判断产生偏差。作为本门课程的专业教师应梳理党史上关于我国法治国家、法治政府、法治社会建设进程中的重大事件、重要会议和重要人物，运用唯物史观的基本立场，讲好中国法治化进程的故事，引导学生挖掘自身为人民服务的动因，引导他们自觉把个人的理想追求融入国家和民族的事业中。

（2）从"师生互动"到"生生互动"，增强学生的获得感

在翻转课堂上的互动多为师生之间点对点的问答，表现为以教师为中心的互动，本次教学活动发现，在"生生互动"环节中，当学生体会到思辨的快乐、朋辈间的表达与倾听，学生体验到关系平等的交流，能够增强学生学习研究的获得感，一个可以产生共鸣的话题或者问题，则会引发学生们的广泛参与。

四、案例三　立志做"敬业"的"执法者"

1. 教学内容：第五章 行政行为

2. 教学目标

知识目标：（1）使学生识记行政行为概念、特征；（2）熟记行政行为的合法要件和效力规则；（3）理解行政行为的分类标准与基本类型；（4）辨识各种行政行为，熟记相关法律条文内容。

能力目标：（1）使学生能够应用行政行为的合法要件和行政法的效力内容来分析实际问题，判断案例中行政行为是否合法、有效的相关问题。（2）通过对行政行为思辨能力的训练，强化对各种行政行为相关的实务问题做出理性判断。（3）能够运用一定的研究方法和理论知识对行政行为进行客观分析。

课程思政教育目标：（1）通过树立学生职业伦理理念，塑造其法治人格；（2）培养学生扎实的专业知识和实践技能，内化法律知识，领悟法律精神，升

华法律信仰；（3）培养学生"为人民服务，为中国共产党治国理政服务，为巩固和发展中国特色社会主义制度服务，为改革开放和社会主义现代化建设服务"的专业信念与信心。

3. 教学过程

教学过程设计		
讲授步骤与内容	教学设计与教学方法	思政元素融入
1. 教师导课： 讲述行政法学泰斗、新中国行政法学的启蒙者和奠基人王名扬老先生怀着"法律救国"的理想，古稀之年撰写"外国行政法三部曲"的故事。从穷乡僻壤的农家子弟，到著作等身的法学泰斗，他严谨治学，法学根基扎实，知识面广，外文娴熟，为我国行政法治建设做出了卓越贡献，成为法学界学习的楷模和典范。 2. 学生分享学习成果： 五名学生分享行政行为学习的研究报告PPT，展示成果并报告内容。每人时长10～15分钟。分享研究思路、方法和技术路线，师生之间交流互动。 3. 教师总结，提出完善建议： 强调行政管理是一项实践性很强的工作。工作人员既是管理者，又是"执法者"，不经过法律实践则无法真正学好法律、执行好法律，学好法律的同时，教会学生获得学习各种法律条文以外的实际知识、能力和技巧。	1. 教学设计： 线上线下混合式教学设计 2. 教学方法： （1）线上课堂： 方法与形式：布置任务与学生自主学习 通过MOOC平台自学第五章、第六章授课视频，学生阅读线上学习资源进行拓展学习。通过线上提供阅读文献资料、必读法律条文、相关视听材料等内容，引导学生自主深入学习。 布置学习任务——选择感兴趣的行政行为进行深度学习，并作出研究报告，旨在学会用科学的分析方法分析行政行为的实际运行和操作。 （2）线下课堂：（翻转课堂） 方法与形式：生讲师评、生讲生评 智慧教学工具：头脑风暴、投票、课堂问答、随机点名 学生1："放管服"与行政许可行为 学生报告，教师点评，学生评议 学生2：治安管理处罚的实施 学生报告，教师点评，学生评议 学生3：药品监管行政强制措施 学生报告，学生评议，教师点评 学生4："自动化"行政行为 学生报告，学生提问，教师点评 学生5：行政许可行为办公方式改革 学生报告，教师点评，学生评议	1. 从职业素养的角度，要求作为"执法者"的行政管理专业学生要不断研究新的管理理论，研究新的法律规范。此外，还应具备高要求的文字和语言表达能力，具备更多的学习技能。 2. 将我国法治政府建设和发展的新突破、新动态与学生的人生规划、职业定位相联系，引导学生努力钻研行政管理专业知识为社会主义事业发展担使命、做贡献。 3. 充分肯定分享研究成果的学生的学习态度和勇于探索的科研精神，鼓励学生成为具备独立思考、创新创业能力、有社会担当能力的中国特色社会主义建设者与接班人。

4. 教学效果

（1）从学习效果看，学生学习主动性和专业自信心明显增强

翻转课堂分享的研究报告内容涉及学术前沿、社会热点焦点、政府改革具体方案，从行政行为理论研究到实践成果，学生学习内容均有涉猎，兴趣范围广泛。有同学在家乡法治政府调研基础上，深入研究了当地采矿权的行政审批程序，有同学研究新修订的行政处罚法"首违不罚"原则，还有同学深入研究"行政行为"的理论基础、概念源起等，理论在实践中得到了检验，学生对专业产生浓厚的兴趣，学习主动性增强，感受到专业自信。

（2）从能力培养看，学生研究能力、语言表达能力、综合分析能力提升明显

学生学习的内驱力直接关系到学生的学习兴趣和学习效果，大学生普遍重视学习体验与学术体验。本次教学活动中学生文献搜集、统计数据等方面研究方法呈现多样化，北大法宝和知网等数据库的应用频率有所增加，专业培养需要的法律技术达到了综合训练的要求，从文本分析到法律适用能力都得到有效训练。学生自学过程和成果考验了科研能力；学生课堂报告和交流锻炼了表达能力；在体验式学习中提升了综合能力。

5. 教学反思

（1）教师要改变"居高临下"的说教，实现人格魅力引领

教师要善于用榜样的力量影响学生学习的内驱力，用榜样的理想信念对学生学习动机产生影响力和说服力。教师自身的专业水平和敬业态度对学生未来工作态度影响很大，教师的人格魅力对学生的身心健康发展又起着积极的促进作用。所以，教师应该通过言传身教，提升自身道德素养和政治觉悟，用高尚的人格潜移默化地影响学生，只有教师拥有精湛的专业技术水平、严谨的科学态度，学生才能崇尚科学，求学态度端正。教师还要善于运用"四个自信"的时代指向与理论渊源，帮助学生树立专业自信心，鼓励学生以坚定的理想信仰，坚持因事而化、因时而进，自觉坚持和践行社会主义核心价值观，努力使自己成为社会主义建设需要的新型人才。

（2）教师要做到"授人以鱼，不如授人以渔"

从以往经验看，行政管理专业的毕业生通常管理实践能力较弱，缺乏应有的管理经验和实际操作能力，造成这一现象的主要原因是我国传统的管理学教育往往只注重理论知识的传授，对学生所必须掌握的实际操作方法教育不足。因此，教师在培养学生理论思维的同时还要注重行政管理实践的方法与技巧的传授，强化方法论教育。

五、案例四 "无自律，则无廉政之美誉"

1. 教学内容：第十一章 行政监督

2. 教学目标

知识目标：（1）了解监督行政的概念与类型，识记行政机关的一般监督与专门监督；（2）理解政治监督、社会监督、国家司法机关监督的表现形式；（3）掌握行政执法监督与审计监督的不同特点。

能力目标：（1）培养学生法治思维，提高运用法律规则的能力；（2）培养学生对监督行政发现问题的能力，提高分析问题和处理问题的能力，并能提出防范问题的对策。

课程思政教育目标：（1）培养学生明确权力低于法律的原则和道理，任何事务都需要受到法律的约束，不做任何超越和挑战法律的尝试；（2）培养学生遵守职业道德规定，要以职业道德规定要求自我，同时要兼具奉献和服务的意识，以人民群众广大利益为根本出发点，领会"让人民监督权力，让权力在阳光下运行，把权力关进制度的笼子"。

3. 教学过程

教 学 过 程 设 计		
讲授步骤与内容	教学设计与教学方法	思政元素融入
1. 学生案例分享 聚焦侵害群众利益、聚焦治理基层的"微腐败"案例。 2. 教师讲授和总结： 从事公共管理职业，必须遵守的职业道德"忠于法律、维护正义""刚正不阿、廉洁自律"。理解我国监督行政的具体措施和管理体制，利于培养学生公平正义与职业良知等精致品质，理解作为一名国家机关工作人员的道德底线。	1. 教学设计： 线上线下混合式教学设计 2. 教学方法： （1）线上课堂： 方法与形式： 布置任务与学生自主学习 通过 MOOC 平台自学第十一章授课视频，观看《国家监察——第二集：全面监督》，搜集"微腐败"相关案例。 （2）线下课堂：（翻转课堂） 方法与形式： 生讲师评，生讲生评，讲授法 智慧教学工具：脑风暴、投票、课堂问答、随机点名	1. 国家公职人员要将法律外化于行动，内化于精神，即忠于法律。 2. 法律寄予人民对正义的要求与渴望，国家机关的工作人员必须将人民的利益看作高于一切的任务，维护正义。 3. 廉政是国家公职人员获得社会尊重的基础，培养自律能力，抵御外来诱惑与不良势力。

4. 教学效果

（1）激发学生兴趣，促使学生成为学习的"探索者"

"兴趣是最好的老师"，通过案例教学，可以激发学生对知识的求知欲和探索欲。通过搜集个人感兴趣的案例探究问题本质，引发深度思考，创设新思维。鼓励学生将对案例思考分析的结果用讨论、交流、评价等形式充分发表个人观点，本次线下课堂讨论中学生参与度广，拓展学习较深入，互动教学效果好。

（2）感悟职业，促使学生成为学习的"主动者"

将教学内容结合学生的人生规划和职业定位，可以让学生快速感悟职业，提升学生职业素质培养的自觉性，把适应国家需求和满足个人成长诉求相统一，使学生感到学习任务的应用价值，有利于培养学生具有严格的自律意识和良好的职业伦理，可以在未来的学习中，充分调动其主观能动性。

5. 教学反思

（1）教学时间分配应进行科学合理设计

如果教师在线下课堂主讲时间过长，使学生参与、互动的时间短，会导致学生缺乏积极参与的学习热情；如果与学生互动时间长，使教学进度受到影响，会导致课堂节奏难以掌控。因此，对各教学环节的时间安排，要进行科学而合理的设计。

（2）在学生关注的热点中发掘"思政元素"

学生关注的热点有可能是其思想的困惑点、行为的冲突点，教师应当在教学准备中予以足够重视，以打造教学亲和力。选择恰当教学形式，让学生主动挖掘"思政元素"，鼓励学生主动讲出个人在学习或研究过程中，如何克服困难、遇见何种感动、怎样激励自己的故事，进行教育与自我教育。

六、案例五　乡村善治"案例说"

1. 教学内容：乡村振兴与"治理有效"

2. 教学目标

知识目标：（1）了解党的十九大报告的重大决策"乡村振兴战略"的任务、目标、要求与原则；（2）掌握《中华人民共和国乡村振兴促进法》关于乡村治理的具体举措；（3）了解"三治结合"的乡村治理体系。

能力目标：（1）培养学生能够运用行政法规则化解农村社会矛盾纠纷；（2）培养学生具有独立分析和解决农村社会实际问题的能力；（3）培养具有农业综合行政执法能力。

课程思政教育目标：（1）厚植"三农"情怀，培养农业院校的学生必须

"知农、爱农、兴农"的责任使命；（2）弘扬耕读文化，助力乡村振兴，鼓励学生践行"把论文写在祖国的大地上"。

3. 教学过程

教学过程设计		
讲授步骤与内容	教学设计与教学方法	思政元素融入
1. 教师导言： 我们应当秉承袁隆平院士"心在最高处，根在最深处"的精神，心怀"国之大者"，为国分忧、为国解难、为国尽责。 我们应当用掌握的专业知识解决乡村振兴过程中出现的问题，提出有效的治理措施。 2. 学生案例分享： 学生汇报关于乡村振兴的典型案例。从绿色发展、电商新业态、产业化联合体，到完善乡村组织治理体系、治理方式、权力监督机制等相关案例分享。 3. 教师总结： 评价并总结学生案例研究汇报情况。	1. 教学设计： 线上线下混合式教学设计 2. 教学方法： （1）线上课堂： 方法与形式： 布置任务与学生自主学习 通过 MOOC 平台学生自学行政救济专题。 布置任务：搜集乡村振兴典型案例，搜集解决农村矛盾纠纷相关案例。 （2）线下课堂：（翻转课堂） 方法与形式： 生讲师评，生讲生评，讨论法 讨论话题：助力乡村振兴，我们能做哪些事 非诉讼解决农民矛盾纠纷的方式 学生报告：分享关于"乡村振兴"主题的案例	1. 引导学生深刻领会习近平总书记提出的"中国要强农业必须强，中国要美农村必须美，中国要富农民必须富"理念，这也是"大国三农"情怀的集中体现。 2. 激励学生树立"强国兴农"的理想信念，充分认识到农业院校的学生是未来我国乡村振兴的中坚力量。 3. 引导学生争当推进乡村全面振兴的"急先锋"，用杨善洲精神、塞罕坝精神武装头脑，为乡村振兴的治理有效而努力学习。

4. 教学效果

（1）通过案例教学，使学生成为知识的"运用者"，提高专业技能

案例教学法是行政管理专业行之有效的教学方法，不仅有利于学生快速获取实践经验，提高专业技能，还可以将培养治理能力的专业知识、相关理论与实践应用相结合，建立起专业与职业的良性互动。

（2）通过植入"乡村振兴"元素，引起学生广泛关注，提升技能与情怀

为了落实习近平总书记给涉农高校书记校长和专家代表的回信中提出要"拿出更多科技成果，培养更多知农爱农新型人才"这一人才培养目标，专门设计本次教学活动。旨在引导学生深刻理解有关"乡村振兴"的职业背景、形成对职业价值的高度认同感。围绕"乡村振兴"这一主题，重点研究《乡村振兴

促进法》，探讨如何用专业技能实现"助力乡村振兴"，提升学生对三农问题的兴趣和关注，增强职业自信心。本次教学学生参与效果很好，实现了学生的"有效学习"。

5. 教学反思

（1）通过针对性的训练，进行"主题式"教学设计

培养大学生具有"三农情怀"，是农业院校的使命，培养行政管理专业学生的"农趣"，要通过专门的教学设计方可实现。引入"乡村振兴"主题教育，将学生研究视角聚焦"三农"，用专业知识解决"三农"问题，为"乡村振兴"而提升治理能力，为发展"三农"而献计献策。

（2）改进教学方法，引进新技术、新载体

在教学中，问题导向是引导学生深度思考的方向，只有触及学生"精神需要"的教学方法才能更好地发挥效用，从本次教学活动的学情反馈与教学反思发现，学生学习热情很高，很多同学都做了"三农"问题的深度研究，渴望与师生交流讨论，但由于线下课时所限，需要延伸课堂，进行交流。通过教学反思，决定改变教学方法，建议学生用自媒体形式录制案例，上传课程平台拓展教学空间，用"案例说"形式促成讨论问题的线上深度学习和交流。

参考文献

一、著作

[1] 马克思，恩格斯．马克思恩格斯选集（第1卷）[M]．中共中央翻译局，北京：人民出版社，1995.

[2] 马克思，恩格斯，马克思恩格斯选集（第4卷）[M]．中共中央翻译局，北京：人民出版社，1995.

[3] 马克思，恩格斯，马克思恩格斯全集（第19卷）[M]．中共中央翻译局，北京：人民出版社，1995.

[4] 马克思，恩格斯，马克思恩格斯全集（第19卷）[M]．中共中央翻译局，北京：人民出版社，1995.

[5] 中共中央文献编辑委员会．邓小平文选 [M]．北京：人民出版社，1993.

[6] 中共中央文献编辑委员会．江泽民文选 [M]．北京：人民出版社，2006.

[7] 中共中央文献编辑委员会．毛泽东选集 [M]．北京：人民出版社，1991.

[8] 白月桥．课程变革概论 [M]．石家庄：河北教育出版社，1996.

[9] 陈万柏，张耀灿．思想政治教育学原理 [M]．北京：高等教育出版社，2015.

[10] 程裕祯．中国文化要略 [M]．北京：外语教学与研究出版社，2017.

[11] 付子堂．马克思主义法学理论的中国实践与发展研究 [M]．北京：中国人民大学出版社，2020.

[12] 赫尔巴特．普通教育学 [M]．李其龙，译．北京：人民教育出版社，2015.

[13] 胡荣．社会学概论 [M]．北京：高等教育出版社，2009.

[14] 黄光雄，蔡清田．核心素养：课程发展与设计新论［M］．上海：华东师范大学出版社，2017．

[15] 黄政杰．课程设计［M］．东华书局，1991．

[16] 加涅，韦杰，戈勒斯，凯勒．教学设计原理（第5版）［M］．王小明，庞维国，陈保华，汪亚利，译．上海：华东师范大学出版社，2007．

[17] 江山野．简明国际教育百科全书·课程［M］．北京：教育科学出版社，1991．

[18] 教育部课题组．深入学习习近平关于教育的重要论述［M］．北京：人民出版社，2019．

[19] 拉夫尔·泰勒．课程与教学的基本原理［M］．罗康，张阅，译．北京：中国轻工业出版社，2014．

[20] 蔡立辉，王乐夫．公共管理学［M］．北京：中国人民大学出版社，2022．

[21] 方其桂．微课/慕课设计、制作与应用实例教程［M］．北京：清华大学出版社，2018．

[22] 林崇德，姜璐，王德胜．中国成人教育百科全书·心理·教育［M］．海口：南海出版公司，1994．

[23] 刘红宁，左铮云．大学课堂教学方案设计［M］．南昌：江西高校出版社，2015．

[24] 骆郁廷．当代大学生思想政治教育［M］．北京：中国人民大学出版社，2010．

[25] 马克思，中共中央马克思恩格斯列宁斯大林著作编译局，译．马克思恩格斯全集（第4卷）［M］．北京：人民出版社，1995．

[26] 马克思．1844年经济学哲学手稿［M］．北京：人民出版社，2002．

[27] 潘懋元．新编高等教育学［M］．北京：北京师范大学出版社，2009．

[28] 乔治·A.比彻姆．课程理论［M］．黄明皖，译．北京：人民教育出版社，1989．

[29] 宋秋前，陈宏祖．教育学［M］．杭州：浙江大学出版社，2010．

[30] 陶仁．教育学［M］．成都：电子科技大学出版社，2010．

[31] 庹登磊，周高健．教法与学法［M］．武昌：华中师范大学出版社，1991．

[32] 亚当·肯顿．行为互动［M］．北京：社会科学文献出版社，2001．

[33] 张东良，周彦良．教育学原理［M］．北京：北京理工大学出版社，

2017.

[34] 张耀灿. 现代思想政治教育学科 [M]. 武汉：湖北人民出版社，2003.

[35] 中共中央马克思恩格斯列宁斯大林著作编译局马列部. 马克思主义经典著作选读 [M]. 北京：人民出版社，2008.

[36] 中共中央书记处研究室，中共中央文献研究室. 坚持四项基本原则反对资产阶级自由 [M]. 北京：宣传手册编辑部，1987.

[37] 钟启泉，李雁冰. 课程设计基础 [M]. 济南：山东教育出版社，2000.

[38] Bonnie Armstrong, Helen (Annette) Jones, Susan Rudasill, etc.. 大学教学设计——教师实践手册 [M]. 孙爱萍，陶炳增，译. 杭州：浙江大学出版社，2016.

[39] H. Blumer. Symbolic Interactionism：Perspective and Method [M]. California，Calif，USA：University of California Press，1986.

二、期刊

[1] 陈华栋，苏镠镠. 课程思政教育内容设计要在六个方面下功夫 [J]. 中国高等教育，2019（23）.

[2] 陈会方，秦桂秀. "课程思政" 与 "思政课程" 同向同行的理论与实践 [J]. 中国高等教育，2019（9）.

[3] 成桂英. 推动 "课程思政" 教学改革的三个着力点 [J]. 思想理论教育导刊，2018（09）.

[4] 崔运武. 论当代公共管理变革与学科专业发展和教材建设 [J]. 云南行政学院学报，2016，18（04）.

[5] 杜国明，韦春玲，黄善林. 课程思政实践的研究进展及展望 [J]. 中国农业教育，2019（05）.

[6] 杜晶波. 专业教育与思想政治教育融合的有效路径研究 [J]. 沈阳建筑大学学报（社会科学版），2019，21（03）.

[7] 方鸿志，刘璐，邓婉琦. 高校 "课程思政" 与 "思政课程" 协同育人研究 [J]. 渤海大学学报，2021（03）.

[8] 方黎. "课程思政" 为什么受青年学生喜爱——基于青年文化选择的学理分析 [J]. 广西社会科学，2019（04）.

[9] 逄索. 高校实施精准思政的核心理念与路径选择 [J]. 思想理论教育，

2020 (5).

[10] 付淑琼. 高等教育系统中的专业性协调力量——以美国大学教授协会为例 [J]. 外国教育研究, 2009, 36 (11).

[11] 高大伟. 浅析我国公共事业管理专业的发展现状与前景 [J]. 中外企业家, 2020 (01).

[12] 高德毅, 宗爱东. 从思政课程到课程思政: 从战略高度构建高校思想政治教育课程体系 [J]. 中国高等教育, 2017 (01).

[13] 高德毅, 宗爱东. 课程思政: 有效发挥课堂育人主渠道作用的必然选择 [J]. 思想理论教育导刊, 2017 (01).

[14] 高君. 高校课程思政与思政课程的协同效应 [J]. 天津师范大学学报 (社会科学版), 2022 (02).

[15] 高燕. 课程思政建设的关键问题与解决路径 [J]. 中国高等教育, 2017 (23).

[16] 葛红兵. 隐性教育理论对我国高校思想政治教育教学路径创新的启示 [J]. 当代教育实践与教学研究, 2016 (07).

[17] 郭风旗. 努力做有志向有情怀有担当的新时代青年 [J]. 秘书工作, 2021 (11).

[18] 韩宪洲. 课程思政的发展历程、基本现状与实践反思 [J]. 中国高等教育, 2021 (23).

[19] 韩宪洲. 深化"课程思政"建设需要着力把握的几个关键问题 [J]. 北京联合大学学报, 2019 (04).

[20] 何红娟. "思政课程"到"课程思政"发展的内在逻辑及建构策略 [J]. 思想政治教育研究, 2017, 33 (05).

[21] 何秀成. 经济发展与大学自身要素对高等教育专业设置的影响 [J]. 高教探索, 2004 (03).

[22] 洪亮. 大学本科公共事业管理专业发展现状调查与思考 [J]. 经济研究导刊, 2014 (14).

[23] 姜博, 赵映慧, 雷国平, 等. 东北农业大学土地资源管理专业学科发展现状与展望 [J]. 安徽农学通报 (下半月刊), 2010, 16 (22).

[24] 金浏河, 高哲. 对"课程思政"的几点思辨 [J]. 现代职业教育, 2017 (18).

[25] 李晨, 何延岩. 大类招生模式下学生专业选择的行为分析 [J]. 高教探索, 2015 (01).

[26] 李丹. 浅谈公共事业管理专业的发展现状及建设路径 [J]. 中国市场，2019（16）.

[27] 李凤. 给课程树魂：高校课程思政建设的着力点 [J]. 中国大学教学，2018（11）.

[28] 李国娟. 课程思政建设必须牢牢把握五个关键环节 [J]. 中国高等教育，2017（Z3）.

[29] 李欢欢，韦湘燕，范小红. "思政课程"向"课程思政"的发展逻辑及路径探索 [J]. 黑龙江教育学院学报，2019，38（04）.

[30] 李建华，张响娜. 如何把社会主义核心价值观转化为行为习惯 [J]. 理论视野，2019（05）.

[31] 李璞玉. 试论中国化马克思主义的人的全面发展理论 [J]. 马克思主义与现实，2008（01）.

[32] 李维意，杜萍. 论高校社会主义核心价值体系"滴灌"教育模式 [J]. 理论导刊，2014（01）.

[33] 李欣，卡力比努尔·伊明，胡雪瑛. 基于社会主义核心价值观的高校专业课课程思政建设路径研究 [J]. 中国多媒体与网络教学学报（中旬刊），2020（03）.

[34] 李峭书，王勇. 互动式教学与研究生法理学教学模式改革 [J]. 吉林省教育学院学报，2019（10）.

[35] 李玉霞，王鹏飞. 供给侧改革背景下应用型本科人才培养模式改革与实践 [J]. 延边教育学院学报，2019，33（06）.

[36] 林流动. "思政课程"与"课程思政"的协同要素探析 [J]. 闽南师范大学学报（哲学社会科学版），2018，32（04）.

[37] 刘承功. 高校深入推进"课程思政"的若干思考 [J]. 思想理论育，2018（06）.

[38] 刘广珠. 我国高校城市管理专业的历史沿革和现状 [J]. 城市管理与科技，2016，18（05）.

[39] 刘梦溪. 论知耻 [J]. 北京大学学报（哲学社会科学版），2017，54（06）.

[40] 卢岚. 反思与重构：现代思想政治教育社会生态定位与价值 [J]. 思想政治教育研究，2004（04）.

[41] 陆道坤. 课程思政推行中若干核心问题及解决思路——基于专业课程思政的探讨 [J]. 思想理论教育，2018（03）.

[42] 陆道坤. 新时代课程思政的研究进展、难点焦点及未来走向 [J]. 新疆师范大学学报, 2022 (05).

[43] 路振华. 我国高校土地资源管理专业发展概述 [J]. 安徽农学通报, 2014, 20 (14).

[44] 罗晓路. 大学生心理健康教育的现状与对策 [J]. 教育研究, 2018, 39 (01).

[45] 罗珍颖. 课程思政视角下参加大学生的素质能力培养研究 [J]. 时代教育, 2018 (10).

[46] 梅强. 以点引线 以线带面——高校两类全覆盖课程思政探索与实践 [J]. 中国大学教学, 2018 (09).

[47] 孟旭琼, 汤志华. 改革开放以来课程思政教育理念的历史演进 [J]. 河南师范大学学报, 2021 (05).

[48] 闵辉. 课程思政与高校哲学社会科学育人功能 [J]. 思想理论教育, 2017 (07).

[49] 牛秋业. 以专业课教学为平台创新思想政治教育模式 [J]. 思想政治教育研究, 2015, 31 (01).

[50] 牛宇飞, 赵少慧, 贺玉娇. 基于立德树人根本任务的思政课程与课程思政的有机结合 [J]. 西部素质教育, 2019, 5 (20).

[51] 欧阳雪梅. 毛泽东"又红又专"思想的提出及影响 [J]. 毛泽东研究, 2015 (04).

[52] 裴悦. 提升高校思想政治课实效性的路径研究 [J]. 智库时代, 2020 (12).

[53] 邱仁富. "课程思政"与"思政课程"同向同行的理论阐释 [J]. 思想教育研究, 2018 (04).

[54] 沈贵鹏. 心理学视域中泛课程思政的特点诠释 [J]. 思想理论教育, 2018 (09).

[55] 沈树永. 基于思想政治教育视角的"课程思政" [J]. 教书育人 (高教论坛), 2019 (06).

[56] 沈跃珊. 寓大学生传统美德教育于中国传统节日之中 [J]. 牡丹江大学学报, 2021, 30 (04).

[57] 石书臣. 正确把握"课程思政"与思政课程的关系 [J]. 思想理论教育, 2018 (11).

[58] 史巍. 论以"课程思政"实现协同育人的关键点位及有效落实 [J].

学术论坛，2018（4）.

［59］宋笑雪，吴粉侠."一流"建设背景下新建地方本科院校发展路径研究［J］.陕西教育（高教），2020（04）.

［60］孙寅璐，姜宏月，熊英."课程思政"背景下的分析化学专业人才培养探究与实践——以色谱教学为例［J］.大学化学，2021，36（03）.

［61］谭晓爽.课程思政的价值内涵与实践路径探析［J］.思想政治工作研究，2018（04）.

［62］田鸿芬，付洪.课程思政：高校专业课教学融入思想政治教育的实践路径［J］.未来与发展，2018，42（04）.

［63］田鸿芬，付洪.课程思政：高校专业课教学融入思想政治教育的实践路径［J］.未来与发展，2018，42（4）.

［64］田志伟，赵常兴.新时代高校思政教育中落实立德树人的必要性及其实践路径［J］.实事求是，2018（05）.

［65］汪晓村，鲍健强，池仁勇.我国大学本科专业设置与调整的历史演变和现实思考［J］.高等教育研究，2006（11）.

［66］汪永芝.再论高校思政课的性质、地位和功能［J］.求知导刊，2018（33）.

［67］王国勇.浅谈高等学校专业课授课方式的革新［J］.科教文汇（下旬刊），2014（09）.

［68］王华华.课程思政背景下高校思政课教学实效性提升策略研究［J］.辽宁教育行政学院学报，2019（05）.

［69］王磊，张景斌.学科育人的理论逻辑、价值内容与实践路径［J］.教学与管理，2019（10）.

［70］王丽华.高职院校"思政课程"与"课程思政"协同育人模式构建的逻辑理路探究［J］.中国职业技术教育，2019（18）.

［71］王前新，刘欣.我国应用型本科教育学科建构的基本理论探讨［J］.中国高等教育评论，2011，2（00）.

［72］王茜."课程思政"融入研究生课程体系初探［J］.研究生教育研究，2019（04）.

［73］王宇凡，孙轶斌.思想政治教育与专业教育创新融合模式探索［J］.高校辅导员，2017（06）.

［74］温海红，衡百琦.劳动与社会保障专业人才培养现状分析及其发展措施［J］.劳动保障世界，2019（02）.

[75] 吴红斌，刘金娟. 我国普通高等本科院校专业设置结构的实证分析 [J]. 山东高等教育，2017，5 (04).

[76] 习近平. 做党和人民满意的好老师——同北京师范大学师生代表座谈时的讲话 [J]. 中国高等教育，2014 (18).

[77] 徐剑波，刘云林，等. 大学生社会主义核心价值观的培育系统与路径——基于社会生态系统理论的视角 [J]. 当代青年研究，2017 (02).

[78] 杨德成. 浅析高校课程结构类型及课程设置的原则和特点 [J]. 金田 (励志)，2012 (10).

[79] 杨涵. 从"思政课程"到"课程思政"——论上海高校思想政治理论课改革的切入点 [J]. 扬州大学学报（高教研究版），2018，22 (02).

[80] 杨守金，夏家春. "课程思政"建设的几个关键问题 [J]. 思想政治教育研究，2019，35 (05).

[81] 杨威，汪萍. 课程思政的"形"与"质" [J]. 马克思主义与现实，2021 (02).

[82] 姚莺歌，翟奎凤.《大学》"絜矩之道"思想的历史诠释与现代价值——以朱子为中心的讨论 [J]. 东岳论丛，2020，41 (09).

[83] 余祥越. 应用型本科教育理论与实践创新 [J]. 中国出版，2019 (07).

[84] 张昌辉，王晶晶. 论辩论式教学法在本科法理学课程中的应 [J]. 黑龙江教育学院学报，2018 (6).

[85] 张驰，宋来. "课程思政"升级与深化的三维向度 [J]. 思想教育研究，2020 (02).

[86] 张国峰，孙秋柏，樊增广. 整体化立德树人的时代特质及其实践路径 [J]. 黑龙江高教研究，2019，379 (12).

[87] 张琳琳，金江军，宗海静，等. 确立教学标准提升创新能力——城市管理专业调查分析和发展对策研究 [J]. 城市管理与科技，2019，21 (03).

[88] 张文林，李景生，等. 大学生人际交往心理健康问题透视及对策研究 [J]. 中国成人教育，2013 (11).

[89] 张兴海，李姗姗. 高校课程思政改革的"四论"[J]. 中国高等教育，2020 (Z2).

[90] 张雅梅，朱玉芳. 专业教育有机融合思想政治教育的途径探析 [J]. 高教学刊，2019 (08).

[91] 张亚群，王毓. 论高等教育的专业性与通识性 [J]. 中国地质大学学

报（社会科学版），2016，16（04）．

[92] 张玥，张露青，王锦帆．医学院校专业课"课程思政"的逻辑解释与实现路径 [J]．南京医科大学学报（社会科学版），2019（05）．

[93] 张正光．"思政课程"与"课程思政"同向同行的逻辑理路 [J]．思想政治课研究，2018（04）．

[94] 赵婵娟．大学生情感教育生活化的实践路径探析 [J]．中国成人教育，2017（07）．

[95] 赵继伟．"课程思政"：涵义、理念、问题与对策 [J]．湖北经济学院报，2019，17（02）．

[96] 赵建超．近十年来我国隐性思想政治教育研究述评 [J]．长春教育学院学报，2016（11）．

[97] 赵秋成．劳动与社会保障专业建设和发展路径选择 [J]．东北财经大学学报，2015（03）．

[98] 朱妍洁，江玉岚．大学生职业道德教育研究综述 [J]．兰州教育学院学报，2011，27（03）．

[99] 朱漪．论课程思政的辩证法特征 [J]．教书育人（高教论坛），2019（12）．

[100] 朱漪．论课程思政的辩证法特征 [J]．教书育人·高教论坛，2019（04）．

三、学位论文

[1] 陈立．面向个性化学习的 MOOC 建设与应用实践研究 [D]．武汉：华中师范大学，2019．

[2] 冯甜甜．基于泛雅平台的 SPOC 教学设计与应用 [D]．兰州：西北民族大学，2019．

[3] 高巍翔．全面建设社会主义时期党的思想政治教育研究（1956-1966）[D]．武汉：武汉大学，2010．

[4] 李力．新时代高校立德树人理论协同策略研究 [D]．长春：东北师范大学，2019．

[5] 李忻洁．教-学-评一致性教案的编制研究 [D]．济南：山东师范大学，2019．

[6] 林泉伶．"课程思政"：新时代高校思想政治教育新途径研究 [D]．南京：南京邮电大学，2019．

［7］彭兴卫．SPOC 移动学习平台的设计与实现［D］．黄石：湖北师范大学，2018.

［8］苏真真．混合式教学实施的个案研究［D］．郑州：河南大学，2019.

三、报纸及网址

［1］曹淑敏．把思想政治工作贯穿教育教学全过程［N］．人民日报，2021-11-19（9）.

［2］曹文泽．以"课程思政"为抓手创新育人手段［N］．学习时报，2016-12-26（008）.

［3］陈宝生．切实推动高校思想政治工作创新发展——深入学习贯彻习近平总书记教育工作重要讲话精神［N］．光明日报，2017-08-04.

［4］陈延斌，田旭明．明确"核心价值观是一种德"的现实意义［N］．光明日报，2014-11-19（13）.

［5］黄汀．培养新时代青年要遵循"六个下功夫"［N］．经济日报，2019-05-06.

［6］邱开金．从"思政课程"走向"课程思政"［N］．光明日报，2017-07-20（14）.

［7］谢波．唤醒学生在思政课中的主体性［N］．中国教育报，2020-3-30（5）.

［8］许涛．构建课程思政的育人大格局［N］．光明日报，2019-10-18（15）.

［9］于向东．围绕立德树人根本任务探索思政课程与课程思政有机结合［N］．光明日报，2019-03-27（06）.

［10］中国共产党第十八届中央委员会第四次全体会议通过．中共中央关于全面推进依法治国若干重大问题的决定［EB/OL］．中央政府门户网站，2014-10-28.

［11］中共中央国务院．关于加强和改进新形势下高校思想政治工作的意见［EB/OL］．新华社，2017-02-27.

［12］王钰慧．从"火神山"到"雷神山"：东北大学把"课程思政"建在"云端"［EB/OL］．中国教育新闻网，2020-03-03.

［13］陈志武．耶鲁教授揭露残酷真相：童年被透支的孩子，往往很难形成健全人格［EB/OL］．搜狐网，2019，2019-12-09.

［14］习近平．把思想政治工作贯穿教育教学全过程开创我国高等教育事业

发展新局面［EB/OL］.人民网，2016-12-09.

［15］教育部.专业知识库公共管理专业介绍［EB/OL］.教育部高考招生阳光工程指定平台.

［16］教育部.教育部关于加强高等学校在线开放课程建设应用与管理的意见：教高〔2015〕3号［A/OL］.中华人民共和国教育部官网，2015-04-16.

［17］中共中央文明委，中央宣传部.中共中央关于印发《公民道德建设实施纲要》的通知：中发〔2001〕15号［A/OL］.中央政府门户网站，2001-09-20.

［18］中共教育部党组.中共教育部党组关于印发《高校思想政治工作质量提升工程实施纲要》的通知：教党〔2017〕62号［A/OL］.中华人民共和国教育部官网，2017-12-05.